道法有道

—— 初中道德与法治石波名师工作室
优秀作品集

石　波　咸万林

编著

东北师范大学出版社

长　春

图书在版编目（CIP）数据

道法有道：初中道德与法治石波名师工作室优秀作品集／石波，咸万林编著. — 长春：东北师范大学出版社，2021.5

ISBN 978-7-5681-7610-1

Ⅰ.①道… Ⅱ.①石… ②咸… Ⅲ.①政治课–初中–教学参考资料 Ⅳ.①G633.202

中国版本图书馆CIP数据核字（2021）第089349号

□责任编辑：石　斌　　　　　　　□封面设计：言之凿

□责任校对：刘彦妮　张小娅　　　□责任印制：许　冰

东北师范大学出版社出版发行

长春净月经济开发区金宝街118号（邮政编码：130117）

电话：0431-84568115

网址：http：//www.nenup.com

北京言之凿文化发展有限公司设计部制版

北京政采印刷服务有限公司印装

北京市中关村科技园区通州园金桥科技产业基地环科中路17号（邮编：101102）

2022年4月第1版　2022年4月第1次印刷

幅面尺寸：170mm×240mm　印张：19.75　字数：321千

定价：45.00元

前　言

　　庚子年，新疆生产建设兵团初中道德与法治名师工作室的第一本教育教学教研成果集终于面世了，它给了一直关注和支持我们潜行的石河子第十中学、石河子市政府、石河子教育局、兵团教育局等领导一个汇报和回报，给了我们自己一个交代，也给庚子年难忘的岁月刻下了一个美好的印痕。这本书之所以起名叫"道法有道"，是因为我们工作室由一群富有创造力、富有活力的专业道法老师组成，他们是咸万林老师、卢森老师、张前英老师、秦桂莲老师、张瑜遐老师、陈敏老师、尹兰老师、杨红玲老师、李晶老师、马凌平老师、方燕老师、赵婕老师、陈燕老师、谭英老师、雷海燕老师。本书共分五辑：第一辑教学探究，共13篇作品；第二辑教学设计，共21篇作品；第三辑教学案例，共5篇作品；第四辑教学感悟，共9篇作品；第五辑教学随笔，共8篇作品。其中教学设计在"第二届、第三届全国名师工作室创新发展成果博览会"成果评审中被评为"优秀教学设计特等奖、一等奖"。教学探究是大家潜心研究的成果，有一定的思想含金量，教学感悟、教学随笔是大家平常所想一触即发、灵思飞扬即兴挥洒而就，有哲理、有诗意，教学案例则是针对教学难点、学生痛点堵点的教学实践，会给正在摸索的你眼前一亮的感觉。

　　能与这些优秀的老师同行，就是值得感恩的一件幸事；能把这些优秀的道法教师集结在一起为兵团的思政教育教学教研事业做一些惠及师生的事情，就无愧于流逝的时光，无愧于这个伟大的时代。"三立"是我国伦理思想史上的一个命题，春秋时鲁国大夫叔孙豹称"立德""立功""立言"为"三不朽"。"立德"，即树立高尚的道德；"立功"，即为国为民建立功绩；"立言"，即提出具有真知灼见的言论。此三者是虽久不废、流芳百世的。我们这些道法教师潜心教书育人，躬耕于三尺讲台，岁岁年年花相似，一茬一茬人不同。我们匠心独运，精心磨课，立德树人，渡人自渡，育人自育，这是道法教师才能享受的幸福，与外人不可道也。习近平总书记2019年3月18日在学校思想政治理论课教师座谈会上讲话：青少年阶段是人生的"拔节孕穗期"，这一时期心智逐渐健全，思维进入最活跃状态，最需要精心引导和栽培。"蒙以养正，圣功也。"就是说青少年教育中最重要的是教给他们正确的思想，引导他们走正路。思政课是落实立德树人根本任务的关键课程，思政课作用不可替代，思政课教师队伍责任重大。既然我们所教授的是关键课程，那么我们就是落实立德树人根本任务的关键人物，道法有道，立古今不朽德，树天地"大写人"，我们道法教师，责无旁贷！

作为一名思政教师，我也是个诗歌爱好者。一生心事为花忙。诗城石河子，灯光下、晨光中，走在路上，就想一直沉醉在她的怀抱里。春天欢畅，夏季热烈，秋天沉静，冬天更是一个童话世界。这样诗意氤氲的城市，即使再没有诗心的人也可以催生出来，即使再汲汲于功名的人也会抖落一身尘埃，浑身轻松自在。石城，诗城。石城，最适合人类居住的城市，无非让人诗意地栖居在大地之上。

时光从没有轻饶任何人。能让时光讨饶的都是经得住时光反复验证的。

用什么对抗虚无的岁月？用什么充塞苍茫的岁月？用什么对抗必死的宿命？用什么对抗永逝的流水？我们把大地上的火炉烧得通红！一个铁匠抡起生命的大锤在时光的砧子上锻打一枚心的忠诚和纯粹。唯有永恒的爱和不灭的价值在时光的河流中熠熠闪光！

石 波

写于2020年11月10日

目 录

1

第一辑

教学探究

初中政治课堂教学中学生慧性
图文思维能力的培养

石河子第十中学　石波

　　政治教材中有很多抽象的概念、刻板的原理和理论，有没有一种善巧方便的方法让教师和学生感到形象直观、简单易学呢？所谓教学，就是让学生越学越觉得容易、上瘾，越学越智慧；让教者越教越觉得轻松、有趣，越教越智慧。

　　现代脑科学也逐步揭示了人类思维的生理机制，一个人的左右半脑存在明显分工。左半脑是抽象思维中枢，右半脑是形象思维中枢。左半脑思维材料侧重语言、逻辑推理、数字符号等，右半脑思维材料侧重事物形象、音乐形象、空间位置等。科学研究还发现，如果对两半脑中的未开垦处给予刺激，激发它积极配合另一半脑的作用，大脑的总能力和效率就会成倍地提高。形象能增强记忆，利用形象又能开发右脑。日本医学博士品川嘉也在他所著的《儿童右脑智力开发》一书中指出：“如果将人的左右脑比作人，那么，左脑就是那种循规蹈矩、缺乏情趣之类型的人；而右脑则是意外型洋溢着创作欲望、充满活力之类型的人。”近年来，思维导图作为一种革命性的思维工具带来了学习的革命，它是表达发射性思维的有效的图形思维工具，思维导图就像神经细胞一样由一个点散发出多条线。思维导图运用图文并重的技巧，把各级主题的关系用相互隶属与相关的层级图表现出来，让主题关键词与图像、颜色等建立起记忆链接。思维导图充分运用左右脑的机能，利用记忆、阅读、思维的规律，协助人们在科学与艺术、逻辑与想象之间平衡发展，从而开启人类大脑的无限潜能。中国国学大师熊春锦在《别把孩子教笨了》一书中也有类似的表述：右半脑是人的慧性大脑，左半脑是人的智性大脑。总之，通过图文思维能力的训练就可以唤醒、开掘孩子的慧性大脑，激活孩子的想象力、创造力。下面就慧性图文思维能力的培养在思想品德课堂教学中的应用试举几例，轰轰烈烈的革命就隐藏在平时的课堂教学中。

（1）图文思维训练在学科基本概念、基础原理中的运用，可以让学生很容易弄清概念间的逻辑关系，某些基本原理通过图形或者图示表达出来，看起来会比较直观、简洁。

比如我们在初二教材中学习"合格公民的要求"时，可以引导学生在空白处填写学科专业术语关键词，从而绘出这样一幅简图，如图1。

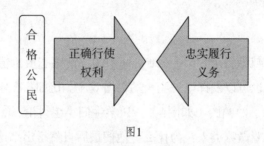

图1

再比如在学习"公平合作意识的意义"时，学生理解和记忆都感觉很困难，我们不妨引导他们绘制这样一幅简图，如图2，启发孩子总结"意义类"问题的思维方法：从个人和社会两个向度思考。

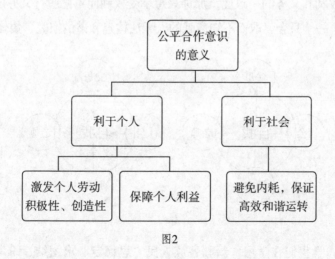

图2

再比如引导学生绘制下面这幅图，如图3，如此学生对"初级阶段的生产力决定初级阶段的基本经济制度""初级阶段的基本经济制度又决定初级阶段的劳动产品分配制度"这样一个政治学基础理论便会一目了然。

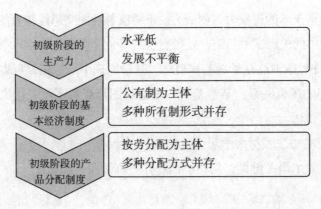

图3

（2）图文思维训练围绕学科三维目标中的"情感态度价值观"，在价值澄清和价值引领方面也可以发挥以一当十的倍增效应。比如：在学习"不言代价与回报"时，我出示了两幅图（如图4），让学生们小组讨论：①评价现实生活中的两类人。②你渴望做哪类人？为什么？他们最后自然得出结论：我们要做太阳般的人，将自己的爱和智慧散发出去，给周围的人、给社会带来温暖、力量，感动父母、老师、同学、社会；能自觉履行道德义务、忠实履行法定义务，将责、权、利很好地统一起来，培养社会责任感，养成亲社会习惯；不做自私自利的人，不割裂权利和义务的一致性，那种只想享受权利而不愿履行义务的人是不会被人悦纳的，一个只会索取而不知奉献的人无法构建和谐的家庭、集体、社会。

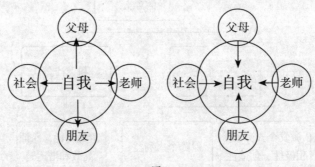

图4

再比如：学生们在学习"新疆各族人民'思稳定、求团结、盼发展、争富强'的愿望"时，我们画了这样一幅图（如图5）：图形的上下箭头、上下位都形象地表明了"稳定团结"与"发展富强"之间的关系。即经济社会发展是巩固和发展各民族大团结的牢固基石；"民族团结是新疆各族人民的生命线，是做好新疆一切工作的重要保证。"这样在学生们的心里就澄清了一个价值判断。

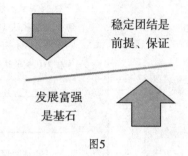

稳定团结是
前提、保证

发展富强
是基石

图5

（3）图文思维训练在学科课堂小结、单元复习、专题复习中发挥的效用更惊人。通过这种思维训练，学生们可以把分散在各章节中的相关知识点串联起来，发现知识点之间的内在联系，在对旧知的重新排列组合中发现求知的奥秘和乐趣，尽情释放自己的想象力，在搭积木般的过程中构建知识大厦，尽享创客空间。对于复杂难懂、易混易错的难点，可以让他们有洞若观火般的明晰，免除师长对他们挂一漏万的担忧。在知识的全息系统中，学生们多角度、全方位思考问题的思维品质有所提升，思维的灵活性增强，分析问题和解决问题更加游刃有余。

下面试举几例，如我们在复习"建设美丽中国、法治中国"时，围绕这两个主题，引导学生们绘制下面两幅图（如图6、图7），大大提高了复习效率，让他们对重点、难点不再惧怕。

坚持依法规范生产；落实新发展理念，转变发展方式，科学、高质量发展；建设现代化经济体系，处理好经济发展与生态保护之间的关系；深化供给侧结构性改革，走绿色、循环、低碳发展之路；坚持绿色富国、绿色惠民；严守资源消耗上限、环境质量底线、生态保护红线

建立健全相关法律法规，规范垃圾分类行为，节约资源和保护环境基本国策，可持续发展战略、依法治国基本方略，科学发展观、坚持发展新理念：创新、协调、绿色、开放、共享，坚持"两山理论"。建设"两型三生"社会，坚持以人民为中心的发展思想

企业　建设美丽中国　国家

公民　　　　　社会

树立人与自然和谐共生理念、绿色发展理念、节约资源环境保护意识、法治意识、垃圾分类意识，养成绿色生活方式；从身边小事做起，自觉履行保护环境义务；积极宣传有关环保的法律、垃圾分类知识；及时举报破坏环境的违法犯罪行为

加强宣传引导，提升人民群众的节约、环保意识；引导人们转变生活习惯和消费方式，倡导绿色生产、生活方式

图6

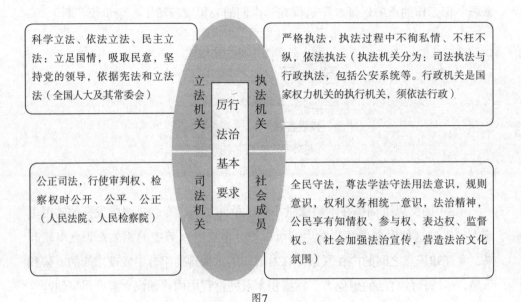

科学立法、依法立法、民主立法：立足国情，吸取民意，坚持党的领导，依据宪法和立法法（全国人大及其常委会）

严格执法，执法过程中不徇私情、不枉不纵，依法执法（执法机关分为：司法执法与行政执法，包括公安系统等。行政机关是国家权力机关的执行机关，须依法行政）

公正司法，行使审判权、检察权时公开、公平、公正（人民法院、人民检察院）

全民守法，尊法学法守法用法意识，规则意识，权利义务相统一意识，法治精神，公民享有知情权、参与权、表达权、监督权。（社会加强法治宣传，营造法治文化氛围）

立法机关　执法机关　司法机关　社会成员　厉行法治基本要求

图7

再比如，我们在复习"未成年人犯罪的原因和预防未成年人犯罪的对策"这一类问题时，也可以引导学生们绘制这样一幅图（如图8）。这样他们多角度思考问题的习惯就会慢慢培养起来，用图形画出思想飞翔的痕迹，用图形显现思维的缜密，从而会觉得自己很牛。

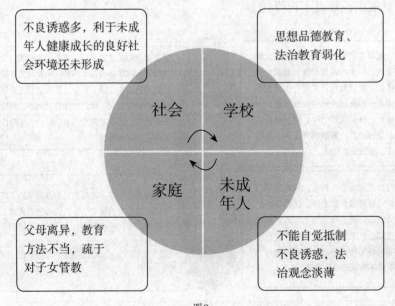

不良诱惑多，利于未成年人健康成长的良好社会环境还未形成

思想品德教育、法治教育弱化

社会　学校　家庭　未成年人

父母离异，教育方法不当，疏于对子女管教

不能自觉抵制不良诱惑，法治观念淡薄

图8

（4）图文思维训练引导学生体验深度学习，发现学习过程的乐趣。新教材在学科专业知识的深度、宽度、高度上对师生都提出了更高的要求。我们在引导学生们梳理知识点时，可以让他们学习绘制思维导图，这样枯燥的专业知识就会变得更加异彩纷呈。

在七年级下册《道德与法治》的学习中，我们可以将"情感的本体性价值和工具性价值"两方面的作用，用这样的图示（如图9）引导学生们归类整理。

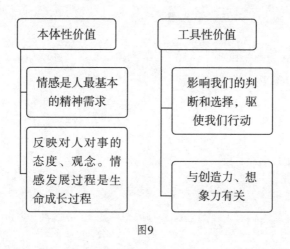

图9

在七年级下册《道德与法治》的学习中，为了让学生理解"我和我们"之间千丝万缕的关系，我们可以引导他们画这样的思维导图（如图10）。

集体生活的意义，如下图所示：

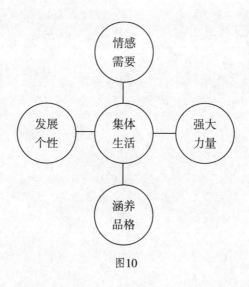

图10

7

图文思维能力训练在预习中也可以发挥作用，学生们学会围绕导学案中的逻辑框架图搜索教材关键信息，渐渐就学会了设问。总之，图文思维能力的培养在政治课堂教学中值得实践，当学生们的慧性大脑被激活了，诱发出的灵性之光就能让他们尽显慧智同运的能量，也能彰显品格和能量。

体验深度学习 落实核心素养

——2020年新疆维吾尔自治区中考道德与法治两道试题评析

石河子第十中学 石 波

2020年新疆维吾尔自治区初中学业水平考试道德与法治试题，在坚持科学性和规范性的基础上，立足学科立德树人目标，从社会热点、乡土材料、学生生活中取材，采用生活化情境，时代气息、生活气息浓厚，学科特色鲜明。试题稳中有变，守正出新，突出考查学生调用所学初中六本教材的知识分析社会现象、解决具体问题的能力，注重价值引导、体现学科核心素养，坚持以促进学生发展为核心的课程评价理念，重视考试评价对教学的导向作用，体现新课改理念。下面仅对学生失分较多的两道材料分析题进行评析，希望能对命题老师、学科教师、应试学生有所启发。

一、好的试题应能体现深度学习的效度

所谓深度学习，有学者这样定义：就是在教师引领下，学生围绕着具有挑战性的学习主题全身心积极参与、体验成功、获得发展的有意义的学习过程。在这个过程中，学生掌握学科的核心知识、理解学习的过程，把握学科的本质及思想方法，形成积极的内在学习动机、高级的社会性情感、积极的态度、正确的价值观，成为既具有独立性、批判性、创造性，又具有合作精神、基础扎实的优秀的学习者，成为未来社会历史实践的主人。那么好的试题应该能甄别、激发既具有独立性、批判性、创造性，又具有合作精神、基础扎实的优秀的学习者。

下面仅对学生失分较多的一道材料分析题进行评析。我希望自己成为既具有独立性、批判性、创造性，又具有合作精神的学习者。

2020年新疆维吾尔自治区初中学业水平考试道德与法治试题第16题：（14分）阅读材料，运用所学知识回答下列问题。

材料二："2019最美科技工作者"黄才发长年扎根教育和农村科普工作一线，搭建起了山里孩子迈向科学殿堂的桥梁。他多年如一日地开展科普工作，大力培养"兴趣+能力"的特长型学生，注重开发学生创造潜力，充分发挥科技助学的作用，让科技成就青春梦想！

问：材料二中黄才发老师"注重开发学生创造潜力"的原因是什么？（6分）

评析：情境材料二是2019年8月新近发生的重大时事，问题也紧扣材料，激发学生们探究正能量行为发生背后的原因，学科核心素养层面重点考查学生的科学精神和政治认同。

中考试卷试题评分标准组所给的阅卷参考答案只有七年级（下）12页的一段文字：青春凝结着动人的活力，蕴含着伟大的创造力，为学生的成长带来无限可能；青少年思想活跃，感情奔放，朝气蓬勃，充满对未来的美好憧憬，拥有改变自己、改变世界的创造潜力；激发学生争当勤奋学习、自觉劳动、勇于创造的好少年。

笔者认为答案可以更丰富一些，既然材料和问题都谈到教育和创新，不妨引导学生们走向深度学习，把九年级的有关知识整合进来，延展思路，多角度、多维度地深入探究黄老师这样做的原因。例如，16页：创新给我们带来惊喜，让我们获得成就感。创新点燃激情，让我们的生命充满活力。创新改变我们的思维方式和行为方式，让我们勇敢面对挑战，激发潜能，超越自我。14页：第二课前言：创新是一个民族进步的灵魂，是一个国家兴旺发达的不竭源泉，也是中华民族最鲜明的民族禀赋。17页：时代发展呼唤创新，创新已经成为世界主要国家发展战略的重心。18页：创新驱动是国家命运所系，让创新成为推动发展的第一动力，是适应和引领我国经济发展新常态的现实需要。创新是改革开放的生命，我国改革开放事业进入攻坚克难的关键时期，更加呼唤改革创新的时代精神。改革创新推动中国走向富强。20页：科技创新能力已经成为综合国力竞争的决定性因素，教育者培养孩子创新能力是建设创新型国家的需要。21页：谋未来就要谋创新，建设创新型国家必须落实科教兴国战略、人才强国战略、创新驱动战略，而黄才发老师是在用自己的行动落实这些战略。

22页：一个民族创新能力的提高离不开创新人才的培养，百年大计教育为本。

28页：创新的目的是增进人类福祉，让生活更美好，创新让青少年获得更多的尊重和认可，让孩子们未来能过上体面而又尊严的生活。

综上所述，既然是探究老师"注重开发学生创造潜力"的原因，那就要激活学生们所学所知来分析问题，全方位、多角度来分析原因。可从青少年本身的特点、感受等角度来谈创新的教育带来核心素养的提升及获得感、幸福感、效能感；可从黄老师这一行为主体来探究他如此爱国敬业的原因，黄才发老师的做法恰恰回应了时代的呼唤，也是新时代对教育、教师提出更高要求的具体体现。黄老师这一教育行为主体针对青春期学生的心理特点，发挥其得天独厚的优势，在其生命"拔节孕穗期"播下创造创新的种子，同时像黄老师这样的教育主体更是强调在青少年拔节孕穗期传承强国志、爱国情、报国行的民族精神和中华文化基因。新时代呼唤这样的高质量教育，有创新能力、有家国情怀、为提升学生核心素养的好教师也呼唤有创新能力的青年才俊。

深度学习首先要求学生完成本学科六本教材内部的整合，将有内在联系的知识点统整到一个主题或模块中，这就真正达到了"开卷有益"，知识可以迁移组合、建构成一个新模型，学生们会感受到发现、创造的惊喜。知识可以像子弹飞，弹无虚发，每一颗都命中靶心——试题设问，这样学生们也不会感到所谓的标准答案像孙悟空头上的"金箍"一样遏制自己的创造力，中考试题和评分标准就是课堂教学的风向标，教师们看到这些"特别标准"的标准答案会感到无所适从，甚至更加迷茫。自己的课堂教学改革实践还会一如既往地走向深度学习吗？

二、好的老师要了然教材的逻辑架构

教材由单元、课、框、目组成，每一单元前有序言，每一课题前也有前言。大单元、大概念、大的逻辑框架意识有了，教师就会如庖丁解牛般游刃有余地解构教材，就会很从容地抽丝剥茧似的细细解读教材，在课堂教学中就会拿捏准学生的痛点、痒点、疑惑点，做到轻重缓急恰切适宜。很多试题的设问和答案就是框题、目题本身。如果教师对这些大黑体字熟视无睹，对这些颇有思想含金量的主旨句、核心词、关键句没有盘桓很久，也没有有意识地引导学生把教材中看似散碎的点通过一条逻辑主线串起来，那样学生的深度学习从何谈起？核心素养何时落地？学生应试能力从何提升？下面我对学生失分较多的另一道材料分析题进行评析。我希望自己成为学生深度学习的引领者、示范者。

2020年新疆维吾尔自治区初中学业水平考试道德与法治试题第17题：（16分）阅读材料，运用所学知识回答下列问题。

材料二：新疆某校开展了"防控流感、法治同行"为主题的法治宣传活动，同学们收集到了如下资料：全国人大常委会部署公共卫生领域立法修法工作；新疆检察机关针对个别经营者哄抬价格、牟取暴利的行为，以涉嫌非法经营罪提起公诉；某人编造虚假流感信息并传播，受到严重处罚……

问：请运用所学的法律知识，概括出材料二揭示了哪些道理。（8分）

评析：这则材料贴合时代、贴合生活、贴合学生，重点考查了学科核心素养中的法治意识和公共参与能力。学生平均得分不到4分。中考试卷试题评分标准组所给的阅卷参考答案如下：国家机关要坚持科学立法、严格执法；生活与法律息息相关，法不可违；公民要履行遵守宪法法律和维护国家利益的义务；我们要坚持依法治国，树立法治意识，崇尚法治精神。（其他正确作答，可酌情给分）（每点2分，共8分）

揭示道理要求学生回答"是什么"。学生得分率低的原因在于没有弄清楚材料中到底有几个行为主体、几类行为主体，如果要分类，那就要看确定了哪几个分类标准，不同的分类标准分出的类别不同。答案中"生活与法律息息相关，法不可违；公民要履行遵守宪法法律和维护国家利益的义务；我们要坚持依法治国，树立法治意识，崇尚法治精神"，显然都是针对公民这个行为主体而言的。公民要履行的基本义务在八年级下册教材45页，"公民要履行遵守宪法法律和维护国家利益的义务"恰恰就是第四课第一节"公民基本义务"中的前两个大黑目题——遵守宪法法律、维护国家利益，对于教材编排知识序列时这种总分的逻辑架构，学生如果了然于心、深层思考，并且亲自在纸上画出本节的思维导图，若对这种梳理知识的基本学习方法已经熟练掌握，将化整为零的发散性思维训练、化零为整的聚合性思维训练做到位，如果真的了然"纲举目张"教材编写者的严谨逻辑思维，宪法规定的这些基本义务都能准确地写出来，那就能稳稳地得到2分。法律知识在七年级下册教材第四单元"走进法治天地"中最早出现。"深度学习"要求学生能跨册、跨单元、跨课、跨章节整合知识点，能把不同模块的零碎知识点统整到学科核心素养要求的"法治意识"下，答案"生活与法律息息相关，法不可违"恰恰就出现在七年级下册第九课第一节"生活需要法律"中85页的大黑目题，第10课第二节"我们与法律同行"中102页：学会依法办事，养成尊法学法守法用法的习惯，"树立法治意识"恰恰是这一节的第二个黑目题。八年级上册第五课"做守法的公民"分为三节，第一节课题就是"法不可违"，教材46页第二段赫然写着核心句子：法律是最刚性的社会规则，不违法是人们行为的底线，48页第三段赫然写着核心句子：无论是一般违法还是犯罪，都要承担法律责任。九年级上册44页第四课的课题就是"建设法治中国"，第一节"夯实法治基础"47页上就赫然写着：依法治国是党领导人民治理国家的基本方略。第二节"凝聚法治共识"中的黑目题"厉行法治"在教材53页中写着这一核心观点：坚持厉行法治，要推进科学立法、严格执法、公正司法、全民守法。这些动词短语前恰恰对应材料中的行为主体：国家机关（全国人大常委会、新疆检察机关）和公民（哄抬价格、谋取暴利的个别经营者，编造虚假流感信息并传播的某人）。

好的老师要了然教材的逻辑架构，带着学生一起去发现道德与法治的明山秀水，引导学生既见成片森林也见棵棵树木，既能宏观把握教材也能微观透视具体的知识点。

三、好学生素养好，不怕考

教育家林格先生曾在一篇短文中写道：现在的高考，大约20%考知识，大约20%考能力，还有60%考的是学生的内心秩序、深刻思维、文化底蕴、认真习惯。所谓"素质好，不怕考"的法则将在未来10年内渐渐成为常识或者现实。

仍以上述材料分析题为例，评析学生如何作答才能拿到满分。

评析：这道题考生之所以很少有得满分的，是因为在答题纸上写不出"国家机关、国家利益"这两个专业术语，为什么写不出呢？按照林格先生的论断就可以看出：学生素养不够好。

学生鲜有能高度概括出"国家机关"这个行为主体的，如果在学习九年级上册教材中"厉行法治"的基本要求时能做到前瞻后顾、温故知新，如果学生能联想、联系八年级下册教材第一课11页那张思维导图、第六课中与国家机构相关的知识点，这样学生就会在心中建构起一个有机的知识系统，而这样一个知识系统的浑然天成有赖于深度学习。深度学习到底是怎样层层深入的呢？以联想的、结构的方式去学习是深度学习的重要特征。正如布鲁纳所说：不论选教什么学科，务必使学生理解该学科的基本结构。这是在运用知识方面的最低要求，这样才有助于学生解决在课堂外所遇到的问题和事件。学科结构即学科的基本原理、概念和范畴。学生在与教材、与师生的对话中，在链接知识点的新发现中，在动手绘制思维导图的行为中，在与现实生活情境的对接中渐渐理解了原本抽象、难记的知识点，课与课间、单元与单元间、册与册之间的壁垒被打破，那些知识的坚冰渐渐流淌为一条智慧的河流或者化为自由飘飞的云气，这就是知识的再次加工，经过自己心、脑、手加工过的知识绝对不是教材中僵死固化的、了无生命的，经过深度加工的知识早已转化为智慧、转化为德性、转化为一种正知正念正觉指导下的行动力，因此求知的过程就转化为求真求善求美的明德启智开慧过程。

学生们鲜有能准确概括出"国家利益"这个法学专业术语的，八年级上册第八课"国家利益至上"的前言里陈述了这一核心观点：维护国家利益是实现国家富强、民族振兴、人民幸福的重要保证。88页中：国家利益涉及政治、经济、文化、社会、军事等领域，包括安全利益、政治利益、经济利益、文化利益。国家核心利益包括国家主权、国家安全、领土完整、国家统一、宪法确立的国家政治制度和社会大局稳定、经济社会可持续发展的基本保障。材料中，个别经营者哄抬价格、牟取暴利的行为，以涉嫌非法经营罪危害了国家利益中的经济利益，影响到社会大局稳定、经济社会可持续发展；某人编造虚假流感信息并传播，危害了国家利益中的文化利益，影响国家安全，扰乱社会稳定，如果对"国家利益"这一概念内涵、范畴理解到位，就可以把书本中抽象的理论、原理、概念与情境材料中的关键信息对接起来，就可以准确写出"公民要履行维护国家利益的义务"这个采分点。

学生的内心秩序、深刻思维、文化底蕴、认真习惯只有在深度学习中才能炼成，即高素质、高素养是深度学习自然结出的果，只有通过深度学习才能实现立德树人这一教育的根本任务。不言而喻，深度学习也是增强学生应试能力、应变能力的不二法门。好的试题引导、倒逼一大批好的教师、好的学生如雨后春笋般出现，体验深度学习、落实核心素养，师生会时刻自觉自省自新自励，回应新时代的要求——高质量的教育教学，满足人民对美好生活的需要。

以"画"为媒 玩转复习

——以《流浪地球》为例

石河子师范学校 张瑜遐

思维导图是英国著名心理学家托尼·布赞发明的。他在研究中发现：达·芬奇在笔记中使用了许多图画、代号和连线。思维导图是将人类思维模式通过图形、线条、颜色等外显化的一种简单、高效的思维工具。通过不同的符号、关键词、图像、线条和颜色等，以网状和图解形式进行表述。他认为，思维导图利用的就是人脑的自然功能，将大脑天然的互联网变成可视化、可感知的思维地图，让信息一目了然，易于记忆和理解，从而提高学习效率。笔者为提高热点专题复习效率，运用了此方法。以《流浪地球》为例，看看学生们如何以"画"为媒，玩转复习课。

一、绝知此事要躬行

《三体》作者刘慈欣创作的科幻小说《流浪地球》改编成电影并于2019年2月在国内和北美、澳大利亚、新西兰等取得同步上映，截至笔者写稿时，该电影已取得46亿票房，笔者所在学校九年级内初班学生已在闲暇时间至少观看了一遍，学生们对这部开启中国科幻电影元年的作品津津乐道，为此笔者将其作为一节热点专题复习课由师生共同进行探讨。

这节复习课将采用以"画"为媒的形式，也就是思维导图的形式逐步展开。首先像往常一样，学生根据"流浪地球"这个主题词，结合道德与法治课的所学知识，根据自己的理解"画"出属于自己的思维导图。请一位同学上台绘制,其他同学画在自己的作业本上。

图1是上台同学在白板上所画的思维导图:

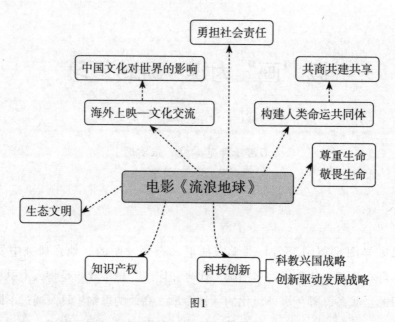

图1

这位同学解说道:"我认为《流浪地球》体现了九年级下册教材中'构建人类命运共同体'的理念,当人类面对危机时,世界各国的人们共同应对;影片中的刘培强等人也有勇担责任的情怀;能在海外上映可以说明'中国的影响'尤其是文化的影响力在增强;这部电影虽然没有直接讲'生态文明',但让我感觉有保护生态文明的紧迫感,所以我就写了;写'知识产权'是因为这部电影改编自刘慈欣的小说,还有就是我们在网上看到的是盗版,涉嫌侵犯知识产权(同学们不好意思地笑);正是经济全球化才能使《流浪地球》能在海外上映;如果没有科技的进步,我想可能很难把小说变成电影吧;另外这部电影中很多人对生命的态度让我记忆犹新,我觉得应该尊重生命、敬畏生命,这也是影片中人类克服万难想延续生命的意旨所在吧!"同学们给他持久的掌声,这位同学的思路比较清晰,且能侃侃而谈,让我也感到很欣喜。

台下的同学纷纷举手表示要展示和补充他们画的思维导图,随机展示两位同学的"作品"。暂且依次称他们为"A同学""B同学"吧!

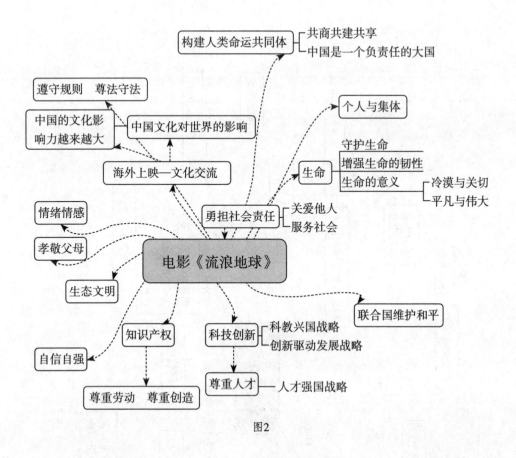

图2

从A同学的思维导图（图2）中，我们很惊喜地发现她既将台上同学的内容完善到了自己的"作品"里，还增加了很多其他内容，比如"情绪情感""遵守规则尊法守法""个人与集体""自信自强""孝敬父母"，另外还有些别致的设计，比如将"生命"作为二级分支，继续分解出了"守护生命""增强生命的韧性""生命的意义"；将电影"海外上映—文化交流"，设计了分叉。同学们对这一设计很感兴趣，不由发问："你为什么这么画呢？"A同学说："因为我认为这是这部电影能在海外上映的外部条件或者是原因。"大家豁然开朗。

观看了A同学的"作品"后，B同学进一步完善了自己的作品，然后才向同学们"展示"。一起来欣赏他的"作品"（图3）吧。

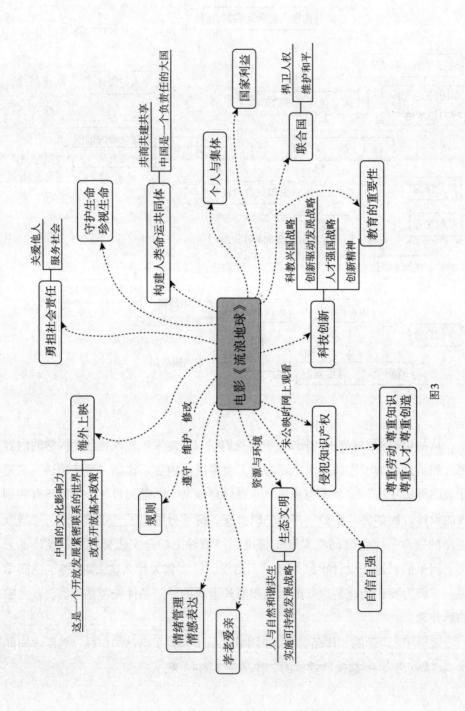

国家利益

捍卫人权
维护和平

联合国

共商共建共享
中国是一个负责任的大国

教育的重要性

守护生命
珍视生命

个人与集体

科教兴国战略
创新驱动发展战略
人才强国战略
创新精神

关爱他人
服务社会

构建人类命运共同体

勇担社会责任

科技创新

电影《流浪地球》

未公映时网上观看

侵犯知识产权

尊重劳动 尊重知识
尊重人才 尊重创造

海外上映

中国的文化影响力
这是一个开放发展紧密联系的世界
改革开放基本政策

规则

遵守、维护、修改

资源与环境

自信自强

情绪管理
情感表达

孝老爱亲

生态文明

人与自然和谐共生
实施可持续发展战略

图3

18

首先映入眼帘的是他的"作品"，表达了对至少三个层级的分析，甚至还有分支之间的虚线联系，可见他确实非常有心，学科知识扎实，学科思维清晰。他特别强调了："大家还记不记得影片中，人类为了度过漫长逃亡的'旅程'必须转入地下，但是只能采取抽签的方式决定谁能进入，我觉得这体现了'公平'；那么多人为了拯救地球而努力，甚至牺牲，是为了人类的生存，体现了'正义'。"

《流浪地球》掀起了学生们画思维导图、与其他同学切磋的热潮，看谁想得全，比谁画得好，达到了此节复习课的预期效果。笔者对学生们的作品做了点评，并引导学生按照知识模块再次分析。属于心理模块的有"情绪情感""自信自强"；属于道德模块的有"勇担社会责任""孝敬父母""个人与集体""生命"；属于法律模块的有"规则""尊重知识产权""公平正义"；属于国情模块的有"构建人类命运共同体""科技创新""国家利益""生态文明""改革开放基本国策""中国的文化影响力越来越大""人类家园的特点""中国的国际地位"等。

二、乘长风破万里浪

"画"是媒，会运用相关知识才能"更上一层楼"，达到应有的核心素养要求。因此，笔者在课堂中命制了一道考查思维联系性的材料题。如下：

中国科幻电影《流浪地球》火了，九年级某班的同学对此进行了热烈的讨论。

讨论一：《流浪地球》传达了共克时艰的中国精神，建立人类命运共同体的中国方案，这些先进的文化让国人感到自豪的同时也得到了市场的认可，该电影创造了超过45亿元的票房。

讨论二：改革开放40年来，中国经济取得了极大的发展，在电影产业领域，政府加大对相关技术的投入，培养高层次人才，这些都让中国英雄拯救世界成为可能，为《流浪地球》的成功打下了坚实的基础。

（1）结合材料，你认为《流浪地球》能火的原因有哪些？（6分）

（2）结合同学们的讨论，运用所学知识，分析文化和经济的联系。（6分）

参考答案：

（1）得益于我国实施科教兴国战略、创新驱动发展战略，使科学技术迅猛发展，将作家与导演想要表达的画面效果呈现给观众；得益于全球开放的特点、经济全球化的趋势，我国实施对外开放的基本国策，使这部电影走出国门，得到广泛认可；得益于创作团队的敬业精神；这部电影的想象力和创造力与众不同，也符合观众的精神需求；等等。

（2）《流浪地球》所展现的中国先进文化让国人感到自豪的同时，也得到了市场的认可，说明该电影所展现的团结统一、自强不息的民族精神，构建命运共同体的理念等中国先进文化，能够让中国人坚定文化自信，也能吸引人走进电影院，促进电影产业的发展，因此，文化的发展能够促进经济的发展。"中国经济的发展为《流浪地球》电影的成功打下了坚实的基础"说明我国坚持改革开放，极大解放和发展了社会生产力，实施创新驱动发展战略，科教兴国、人才强国战略，推动了企业的发展，这些经济的发展是文化发展的基础和前提，因此，经济的发展能够促进文化的发展。总之，《流浪地球》的成功，说明了文化和经济相互影响、相互促进、相互交融。

学生们自发参照自己的思维导图，寻找答案，感受思维导图的价值，但要想答准确、答全面，还必须将思维导图中所列的知识进一步筛选、归纳、总结。

综上所述，思维导图作为一种思维工具，在道法课专题复习中确实能激发学生学习兴趣，增强学生自信心；能培养学生的创新能力和自主学习意识，提高复习效率，通过"画"的过程打破了惯性思维，他们主动积累知识、寻找知识，改变了学习方式，也使课堂更有趣味和诗意。除了思维导图外，还有气泡图、流程图、圆圈图、树结构图、桥型图、鱼骨图等，教师们都可以介绍给学生，不局限学生"画"的形式，在他们"画"的过程中，更有利于梳理自我的认知，培养不同的思维方式。无论哪种"画"的形式，都是思维的训练，而且不能停留在表面，必须使思维进阶。

有效创设深度学习情境
提升学生道法核心素养

——我的"三段式"教学法

石河子第十八中学　陈　敏

初识"深度学习"这个词汇大约在十几年前，出于新奇，查阅了一下资料，原来深度学习是机器学习领域中一个新的研究方向，大概是和人工智能有关，是学习样本数据的内在规律和表示层次，是将学习过程中获得的信息，如文字、图像和视频等数据进行识别和分析。那个时候"深度学习"给我的启发仅仅狭隘地局限于课堂授课的角度，就是如何在自己的教学中有效使用文字、图像和视频等信息来为教学重难点服务，以丰富我的课堂，引发学生学习品德课的兴趣。对"深度学习"有了新的感悟是源于疫情期间错过的教育局王景辉主任的一次关于"深度学习"的讲座，因为错过，引发了我的深度思考。"深度学习"应该是学生在教师的引导和帮助下进行的学习，旨在培养学生思维的独立性、批判性和创造性，提高学生辩证地分析问题和解决问题的能力，形成乐观向上的生活态度，树立正确的世界观、人生观、价值观，使之成为具有扎实基础知识和合作精神的优秀学习者，强化道德与法治课程"立德树人"的德育目标。那么，教师如何利用文字、图像、视频等多种素材来引发学生的深入思考，引导和帮助学生进行深度学习呢？下面，我就来介绍一下自己在教学实践过程培养学生"深度学习"的"三段式"教学法。

一、掌握正确方法、选取有效素材是进行深度学习的必要条件

所谓"书到用时方恨少"，教师必须做一个有心人，在日常生活中随时收集教学资源，并将这些信息储存在脑子里，随时可以调取出来，以备不时之需。这样教师就可以从诸多信息中选取与教学内容密切相关、有时效性、时政性强，并能引发学生深入学习且有趣味的素材，从而使学生达成"深度学习"的目的。那么教师应怎样选取有效素材，服务深度学习教学呢？

首先，研究课程标准和课程内容，选取有效素材，这是深度学习教学的前提。教师要明确"深度学习"教学中的第一个基本问题：教师要教什么。道德与法治学科课程融合了道德、心理健康、法律、国情等相关内容，分为三大内容板块，即成长中的我、我与他人和集体、我与国家和社会。只有明确教什么，你才能懂得怎么教。素材选取的不合适，只会有课堂上的短暂繁华，却没有给学生留下精神财富。在听课过程中，尤其是一些大赛课中，我们会常常看到这种现象，素材使用很丰富，课堂气氛非常好，学生的参与度也很高，可是这些素材不能很好地服务教学，拖沓烦琐，最后留给学生的只有热闹的素材学习本身，而没有思想上的提升，这只能是"浅层学习""机械学习"。

其次，立足学生已有生活经验，依据教学重难点选取有效素材是深度学习教学的关键。教师要明确"深度学习"教学中的第二个基本问题：学生要学会什么。初中阶段的学生需要进一步学会正确处理与自我、与他人和集体，以及与国家和社会的关系。教师备课选取素材时必须从学生的生活实际出发，从学生的心理特点出发，直面他们成长中遇到的问题，立足学生鲜有关注社会时事的现象，收集丰富的素材资源，以拓宽学生视野。

二、巧设素材问题、营造探究情境是开展深度学习的重要环节

教师要明晰"深度学习"教学中的第三个基本问题：教师要怎么教。选定素材只是完成深度学习的第一步，如何设置好深度学习问题才是解决好"怎么教"的重要一环。问题设置的好坏取决于教师的教学水平，同时也决定了学生深度学习的效率。问题设置得好，学生就能积极主动地参与研讨，激发深度学习与思辨的热情，有话可说，容易获得成就感；问题设置得不好，学生要么无须思考随口就能说出答案，停留于"机械学习""浅层学习"；要么不懂问题

意思，放弃思考，消极等待老师的答案，无话可说，毫无成就感。通过实践，我总结出创设情境问题需要把握的原则：由易到难、由浅入深、由课内到课外；创设情境问题的方式有两种：教师预设问题和学生创编问题。

首先，教师发挥引导帮助作用，巧妙预设问题，逐步达成深度学习目的。教师预设问题时应由易到难、由浅入深，符合学生认知规律，从而牵动学生思维，引导学生对素材进行由浅入深的思考和学习，逐步完成从"识记"到"理解"，再到"应用"的一个由"浅层学习"到"深度学习"的过程。具体操作方法：第一步，我们可以根据教材知识的逻辑顺序，将教学重难点需要解决的问题进行解析，具体设置为"是什么""为什么""怎么做"三类问题。第二步，让学生自主合作探究问题，对教材中的基础知识点进行初步认知，并进行交流汇报，通过同龄人之间思维的碰撞，产生更多的学习成果。第三步，教师对学生的学习结果进行深度评析，同时进行学习方法指导，以便提高学生分析问题、解决问题的能力。由于初中道德与法治学科中有许多纯理论的知识点，需要学生理解记忆，并运用到考试中，这就要求教师将知识点再次明晰。第四步，教师引导学生在"怎么做"的问题上进行深入分析，使其畅所欲言，不仅拓宽学生视野，也能做到知行合一，顺其自然地达到深度学习的目的。

比如：我在讲授九年级上册第七课《促进民族团结》时，使用了2017年春晚小品视频《天山情》的片段，并设计了以下问题让学生分组讨论：①你如何评价小品中修路工人的行为？（学生回答：他以实际行动维护了民族团结。）②他们为什么要这么做？（学生回答：出于维护民族团结的原因。）③作为青少年学生，我们怎样向修路工人学习，以实际行动维护民族团结？（学生回答：维护民族团结的具体做法。）由于学生对小品情境非常熟悉，先调动起学生的学习热情，然后由浅入深地进行剖析，突破教学难点，使其生发中华民族共同体意识，从而达成情感态度价值观目标。

其次，学生发挥思维独立性、批判性和创造性创编问题，主动完成深度学习目标。学生创编问题时应由课内到课外，培养深度学习能力和创新能力。这就要求教师创设一个有利于学生主动创编问题的情境，具体做法：第一步，鼓励学生自己充当出卷人，面对教师提供的素材，结合教材知识点，让学生思考他们会怎么出题和设置答案。提示学生问题设置时可以从课内到课外，可以模仿老师出题的方式。第二步，学生分组讨论合作，并利用多媒体设备进行展示，由其他组进行回答，本组批改讲评。第三步，学生互评学习效果。通过这种方式，学生能训练从素材中提取有效信息的能力、分析材料的能力，以及透过现象看本质的能力，解决问题的能力会得到很大的提升，同时，能够逐步培养学生对社会生活问题进行深度思考的习惯。

比如：我在九年级上册《道德与法治》第八课第二框《共圆中国梦》的教学过程中给学生提供了电影素材《厉害了，我的国》的片段，观看后，让学生依据预习新课时教师提供的主要知识点，为此素材创编问题。学生创编了以下问题：①视频内容彰显了中华民族怎样的精神？这个问题是依据第三单元民族精神的知识而来，这说明学生能够看懂素材，并有一定的运用已有知识设计问题的能力，可以进行深度思考。②中国人民的努力拼搏体现的中国精神的内涵是什么？这个问题是和第一个问题相承接的。学生的能力让我刮目相看，这不就是一种深度学习吗？

三、透视素材背后，提升学生情感体验，让深度学习走向核心素养

由于受各种条件的制约，我在教学过程中无法让学生走出课堂。所以，我就利用多媒体设备，在课前搜集许多与初中道德与法治课堂教学内容有关的资源，通过整合和剪辑后，将其融入我的教学课件中，在课堂上进行播放展示，给孩子们创设出应有的情景，引领孩子们"走出课堂、走进生活、走向社会、面向世界"，透过素材看见背后的内涵，让学生在情景中感悟、在情景中提升道德情操，获得精神财富，同时也将德育教育潜入课堂，将社会主义核心价值观融于学生心中，使其深化学习，培养学生的学科核心素养和政治素养。

比如：我在九年级下册第三课第一框《中国担当》的授课中，播放了维和英雄杨树朋的事迹视频，这是让学生有目的地观看视频资料，且在播放前出示了讨论问题："中国维和官兵在守护什么？中国为什么积极参与联合国安理会维和行动？"意想不到的是，学生很快融入我创设的这个情景中，大部分同学被杨树朋的事迹所感动、被中国维和士兵无畏无惧的英雄精神所震撼，看到那些原本坚强的男孩子眼中都噙满泪水、流下热泪时，我想我这节课也不用多说什么了，对军人的崇敬之情、对祖国的敬佩之情等多种正能量的情感都已经被激发出来了，我们的道德与法治课程不就是要达到这样的教学效果吗？不就是要培养学生正确的世界观、人生观和价值观吗？不就是让学生以榜样为力量去

有所担当吗？我在教学过程中常常使用这样的方法、这样的例子对学生进行责任担当、政治认同等学科素养的培养，这也增强了学生的"四个自信"意识，这样的"深度学习"使德育教育起到了润物细无声的效果。

"深度学习深几许"，教师要学会运用多种手段将收集到的多种素材有效应用到课堂教学中，巧妙创设深度学习情境，引导和帮助学生进行深度学习，抛开热闹繁华的课堂形式，将悉心培养学生的学科素养落到实处，将"深度学习"的"树人"目标扎根于课堂深处。

初中道德与法治教学中学生
学习能力提升的方法初探

石河子第十八中学　陈　敏

　　道德与法治是学校德育教育的主阵地，道德与法治教师是德育教育的主力军，培养学生正确的情感态度价值观是思想品德课程的重要目标，但是在中考这个指挥棒下，思想品德课程的能力和知识目标的达成也显得至关重要。"开卷有益"，面对当前思想品德开卷考试的大趋势，学生在掌握课本知识的同时，必须有政治敏锐性和运用所学知识分析时政与社会现象的能力，必须有开阔的视野、发散性的思维和良好的组织整合知识的能力。教师在课堂教学中如何才能发挥学生的主体意识，培养学生的创新能力，让学生更好地把握开卷考试的试卷特点，提升应试能力，考出水平、考出成绩呢？20年来，我在中考战线上奋战了14年，不断摸索和探究提升学生学习能力的方法，并加以实践，所教学的学生学习能力不断提升，在中考中成绩也较为理想。下面就将我的具体做法进行阐述。

一、养成良好的学习习惯

　　所谓"不积跬步，无以至千里；不积小流，无以成江海"，学生应试能力的提升不是一蹴而就的事情，要从良好学习习惯的养成开始，即要从七年级开始。这里的学习习惯指的是，在学习思想品德课的过程中预习的习惯、听课的习惯、做笔记的习惯和答题的习惯。

　　首先，要养成预习的习惯。每一节课的前三分钟让学生完成预习任务，预习内容以书本中的中考知识点为依托，以填空题的形式出现，简明扼要，突出重点，要求学生边看书边填空，找不到的先空着，通常只有一两个空学生找不到。这样既能增强学生的自信心，又能让学生初步了解所学内容，还能培养学生发现问题的能力，在学习过程中专注于问题解决，又能提升学生解决问题的能力，这恰恰体现了新课程的理念，让学生学会自主探究学习，把主动权交给学生。在长期的实践中，我发现学生在一两周内就能养成一种自觉预习的习惯，表现为大多数学生不用教师下达指令就能在课前自觉完成导学填空题，而且学生还会因为在课堂上就完成了部分作业而感到高兴。

其次，养成听课习惯。即认真听课，捕捉课堂重要知识点的习惯。好的开始等于成功了一半。在完成预习后，学生对教学重难点已经有了初步的了解，于是我就用与教学重难点紧密结合的时政热点、社会现象、人物故事或者亲身经历等来吸引学生注意力，以上内容可以以课件的形式展示出来，在学生看完"热闹"后，出示问题，让学生先找到材料中的关键句子和词语，接着告诉学生这种题型的答题方法、步骤和技巧，然后引导学生利用刚讲的方法和步骤，运用书本上的知识进行分析，最终解决问题。慢慢地，学生就会养成捕捉材料中重要信息的习惯和认真听课的习惯；慢慢地，学生对于思想品德作业和试卷中尤其是中考试卷中的非选择题就有了清醒的认识，并逐渐掌握答题方法和技巧；慢慢地，学生就会发现"热闹"背后的玄机，原来它们背后是重要的考试知识点，是课堂重点。

再次，养成做笔记的习惯。这个环节融入在前两个环节中，而这也是提升学生应试能力的重要环节，在每一次预习、写作业和做试卷前都要求学生，在不会的或者有疑问的问题的题号前做一个小标记，便于自己在完成预习、作业或者做完整个试卷后进行查漏补缺；审题时，要在关键词和关键句子下面画波浪线；在老师讲解的知识点所在段落前，要写清问题题目和共有几个要点，从第几页到第几页，并标清序号；同一页里不同的题目，用不同颜色的笔区分开来；对于老师补充的知识和问题，更要记得仔细和完整。这样就为学生养成良好的答题习惯奠定了坚实的基础。

最后，养成良好的答题习惯。这是提升应试能力、取得好成绩的关键。思想品德考试尤其是中考判分的标准有两种，即采点给分和采意给分。因此，答题时必须语言规范、条理清晰、字迹工整，所以，在每次写作业时，都要要求学生尽量使用教材中规范简洁的语言，不能使用大白话；每个要点前用序号标清楚。对于不按照要求答题的学生，给予作业降等级的惩罚或者扣分处理。慢慢地，学生在考试时的答题就会很规范，得分率也会提高。这个习惯的养成是一个长期的过程，至少需要一个学期，所以，思品教师应该意识到，必须从七年级抓起，循序渐进，不能等到九年级时才开始训练。

二、答题的方法技巧指导

正如有句谚语所说："得其法者事半功倍，不得其法者事倍功半。"好的方法就像一把万能钥匙，是一条通往成功的捷径。由于思想品德是开卷考试，题目不仅多，而且在选择题和非选择题中都有大量的时政类材料出现，学生的阅读量较大，另外，非选择题的书写量也较大，这就导致了学生在规定时间内刚好完成试卷，没有检查试卷的时间，甚至有部分学生完不成试卷，何谈取得理想的成绩？为了让学生在有限的时间内高效地完成试卷，教师在平时的教学中必须对学生进行答题方法指导，这也是提升学生应试能力的法宝。

首先是提升学生答题速度的方法指导和训练。对于选择题，通常我要求学生大约1分钟完成2~3道，不要每题都翻书完成。平时作业中的选择题在课堂上完成，做之前进行方法指导，告诉学生：先看题干的最后一句，基本上就可以作答了，如果不行，再看材料。对于组合式的选择题用排除法做，可以先快速扫描四个序号的内容，找到明显错误的表述，一般绝对化的语言都是错的，如"只要……就能（就一定会）……""彻底根除"等词，只要有这个序号的选项就排除，通常一下就能选出正确答案了。这两种方法，可以大大缩短读题时间，提高答题效率。对于非选择题，要求学生先看问题，再看材料，很多时候，我们只看问题就可以作答了，这样也节约了时间。

其次是提高学生答题得分率的方法训练。我教给学生解答材料分析题的"说—读—思—听—说—写—查七步训练法"。具体训练过程是：第一步，在每次做题前都先让学生说一遍答题步骤方法，不同的题型按照不同的模式和步骤去答，可以提高答题效率和得分率。对于学生最畏惧的评析题和辨析题，告诉学生：第一点是写判断，如果是一个观点，则写出"此观点是正确的（错误的或者片面的）"；如果是人物行为，则确定人物行为的性质，如"此人的行为是违法行为（具体到哪一种违法行为）或者是不道德行为"抑或"是……行为的表现"等。第二点是写理由，让学生牢记"理论联系实际"这六个字，"理论"即书本上的相关知识点，如果是法律知识部分的内容，就写出相关的法律规定。"联系实际"即将题目中的观点或人物行为用简要的一句话代入知识点描述一下即可。这"六字真言"对于材料分析题也适用。对于"材料说明了什么"这样的问题，往往出现在非选择题的第一问，回答这样的问题其诀窍就是找到或概括出材料的中心论点，不能超过两句话。对于"从道德、法律或者责任等方面来分析材料"这样大范围的题目，可以依据考试说明或者教材目录寻找相关知识点来作答，只要和材料有关的知识点都可以用。第二步，学生读题。第三步，学生思考问题并迅速将问题转化为书本上对应的知识点。第四步，听老师分析问题，检查自己是否正确，学习分析问题、解决问题的方法。第五步，学生自己再说一遍，这时老师可以适当指正。第六步，写在作业本上。第七步，查漏补缺。指导学生在完成试卷后，可以根据分值来判断要答几个要点，检查是否有遗漏，还可以告诉学生，一套试卷中的非选择题不可能有一样的答案，否则就是自己答错了。总的来说，学生应试能力的提升需要在每一节课上进行训练，熟能生巧，只有这样才能在考试中达到一定成效。

古语说：学无定法。对于初中道德与法治教学中学生应试能力提升方法的探索与研究，永远在路上！

浅谈政治微课制作方法的创新

第八师134团第一中学　咸万林

现在网上充斥着各种各样的微课，为学生自学提供了方便，但很少有学生主动观看。是老师的讲解不够精彩吗？不是，究其原因是大多数微课形式单一、枯燥乏味，提不起学生的学习兴趣。好马须得配好鞍，良药未必要苦口，再好的内容也需要唯美的形式去体现，如果我们能把微课制作成精彩的微电影，何愁没有学生观看。本人认为制作出一个有生命力的政治微课需要做到以下几点：

一、选材典型，举一反三

在制作微课时，我们要根据教学内容和教学目的的需求，选取典型的教学资源，激活学生多个感觉器官，提高学生学习的效率，增强学生学习的积极性和主动性。

无论以前的思想品德课还是现在的道德与法治，对教学资源的选择一定要站在学生的角度，选择具有代表性、时代性的典型视频素材通过后期剪辑，选取教学需要的片段添加到微课中，而这要比单纯地呈现文字资源直观得多，有利于提高学生的认知水平，达到举一反三的效果。

例如，在微课《学会拒绝不良诱惑》中，我选择了典型而充满神秘色彩的微电影《黑洞》作为背景材料。学生被跌宕起伏的故事情节深深地吸引住了，看完之后引发了他们对视频寓意的思考：贪婪是容易受到不良诱惑的主要原因。在《孝敬父母是我们的天职》中，素材选自网络上很火的微视频《碗给你留着》，学生看完会很自然地得出结论：父母是孩子的第一任老师，是孩子的榜样，孝敬父母不仅是子女的道德义务，更是子女的法定义务。在微课《"一带一路"显国威》中，我选取的视频是《国家相册》中关于"一带一路"特别节目《2017"一带一路"国际合作高峰论坛》中习近平总书记对"一带一路"的论述，对于那些理论性强的材料，我们引用本人的论述，比间接转述要确切得多。此片不同于传统的时政资料，不仅内容翔实，而且动画制作精美，如行云流水般，把苦涩的时政材料转化成了学生喜欢的动画视频，取得了良好的教学效果。该微课在2018年兵团微课大赛中荣获一等奖，选对了材料，微课就成功了一半。

二、画面唯美，赏心悦目

一个好的微课不仅能激发学生的学习兴趣，取得良好的教学效果，而且能使人赏心悦目、获得美的享受。优质的微课是优秀内容与优美形式的完美统一。

为参加2017年兵团微课大赛，我制作了微课《孝敬父母是我们的天职》，其中我选择了卡通网红金杰猫做微课的主播，整个配音是模仿金杰猫的声音进行的，这样学生更易接受。片头选用了《圣旨到》的特效，幽默风趣。正文背景选用了许多透明的风景flash动画素材和唯美古典花纹设计视频，再加上各种灯光滤镜让背景更唯美。片尾我使用了飘落书页文字特效，整个内容都让人赏心悦目。作品参赛后，有几位老师通过微课结尾的联系方式找到我，我们共同交流了微课制作的一些心得。

好的微课看过之后不仅能学到知识，还能给人美的感受。动态画面能使微课精彩动人，静态画面能给人更多的思索空间，因此在微课制作时我们还要注意让动态画面和静态画面有机结合起来，这样才能增强微课堂的教学效果。

三、使用音效，锦上添花

制作微课《消费者的权利》时，我引入了一段材料内容：

1999年10月3日，在贵州马岭河风景区，正在运行的缆车由于超载突然坠毁，在缆车坠落的那一刹那间，车厢内来自南宁市的潘天麒、贺艳文夫妇，不约而同地使劲将年仅2岁半的儿子高高举起。结果，这名叫潘子灏的孩子只是嘴唇受了点轻伤，而他的双亲却先后死去。1999年10月3日的这场灾难让当时只有2岁半的潘子灏变成了孤儿。这个故事深深地打动了歌手韩红，经过多方联系，她领养了这个大难不死的小孩。

在出示这段材料时，我插入了歌曲《天亮了》作为背景音乐，道出了歌曲与故事之间的内在联系，使得整个故事更加感人。

在出示标题或重点内容时我们还可以添加一些音效，如重金属划过、打字、呼风、快速移动等，以此来提高学生注意力，起到锦上添花的作用。不过，在音乐和音效的使用上一定要合理、适当，切不可喧宾夺主、画蛇添足，更不能滥用背景音乐和音效。

四、注重视听，耳目一新

在制作微课《学会拒绝不良诱惑》时，我抛弃了传统录屏软件Camtasia Studio，第一次将会声会影X9应用到微课中。会声会影是一款容易上手的视频制作软件，界面友好，易于操作，自带丰富的影音素材，有强大的滤镜，能制作出影院效果般的大片。在制作微课时，我大胆尝试，改变了以往老师对着课件解读的模式。制作一个大片式的微课，让学生产生看到第一眼后想把它看完的欲望。

整个过程使用了几十种特效，在微课的标题部分，我使用了火焰粒子效果，画龙点睛。呈现文字材料部分使用了画中画效果，整个背景特别唯美、震撼，作品用了整整一个星期才完成。一周后我带着此作品参加了我校第一届校园微课大赛，评委说的第一句话就是："相当震撼，耳目一新！"个别评委也提出了不同的看法，认为我的微课离经叛道、哗众取宠。对此我有充分的思想准备，任何新事物成长都不会是一帆风顺的。

在2016年兵团举办的第二届微课大赛上，《学会拒绝不良诱惑》获得第一名的好成绩，这也证明了微课只有创新才会有发展的道理。

五、利用现代网络工具，为微课添彩

随着科技的发展，手机已经达到人手一部的普及率，它是我们制作微课不可或缺的工具，可以有效利用手机中的APP，如QQ、微信、抖音、快手、美篇等软件为我们提供辅助服务。

在制作微课《孝敬父母是我们的天职》时，为模仿主播金杰猫的声音，我采用QQ聊天中的变声小萝莉功能成功为金杰猫配音，效果不错。抖音、快手是当前最火爆的短视频软件，我们也可以应用这些软件制作出我们需要的特效视频。如：抖音中的时光倒流、控雨、变脸等功能都可以帮助我们制作出我们需要的微课特效，以提高学生自学的兴趣。

如果我们能在自己的微课中插入亲手制作的flash动画，就会为微课增色不少。太专业的工具短时间内难以掌握，这里不作介绍。简单易操作的网络动画制作平台很多，只要我们打开网页，简单几步就可制作出自己需要的动画，为微课添彩不少，说不定还可以圈粉呢！

微课的制作方法是多种多样的，这里面蕴涵着教师的制作艺术。采用什么样的方法，要因人而异、因课制宜。当然，万变不离其宗，制作微课的最终目的都是为了提高学生的学习效率。好的微课应该是内容和形式的完美结合，只有内容没有形式则涩，只有形式没有内容则空。

好马须得配好鞍，良药未必要苦口。我们坚信，只要排除畏难情绪，肯下功夫，勤洒汗水，一定能使枯燥乏味的政治微课充满生机与活力。

浅谈线上直播授课中存在的问题与对策

第八师134团第一中学　咸万林

2020年年初，新型冠状病毒肆虐全国，为阻断疫情向校园蔓延，有效解决学生因疫情无法正常到校上课问题，保障教师"停课不停教"、学生"停课不停学"，提高学生线上学习效率，助力打赢疫情防控阻击战，我校积极响应兵团与师市教育局相关要求，从2月22日起，开展线上教师直播授课活动。

我校采用的直播授课平台是移动公司开发的"云视讯"，教师们克服了家中没有电脑、缺乏直播工具等困难，零起点积极开展了线上教学尝试。与线下教学相比，线上教学场所、教学组织方式、管理方式、学习工具、师生互动交流方式等发生了很大的变化。经过一周的直播尝试和线上观课，现将教师们在使用"云视讯"直播中出现的问题总结如下。

一、线上直播授课中遇到的问题

（一）教师方面

1. 观念落后、准备不充分，软件操作不熟练

部分教师，特别是个别老教师观念落后，跟不上形势，被动地接受新事物，学习意识不强，对软件操作不熟练，直播中找不到相关操作工具，课前组织课堂时间过长，有时已经过去了5分钟，还没有开始上课。个别教师由于慌乱，甚至连最基本的幻灯片放映也不会了。有的教师讲了半天，才发现声音没有打开，桌面没有共享。有的教师不会灵活使用静音按键，当有学生回答问题时打开了所有音频，导致课堂闹哄哄一片……

2. 缺少直播经验，缺乏自信

直播时，大多数教师距离摄像头太近，从而使镜头里的画面残缺不全，有的只露半张脸，有的干脆只留下两个鼻孔或一张嘴巴。面对镜头，老师们由于紧张而不知所措，表情极不自然，动作不够规范，平时"久经沙场"的老战士腼腆得像个小姑娘。说话时喉咙打了结，吐字也不连贯了。有的老师在直播中总担心学生听不到自己的声音，不断地重复"能不能听到我说话的声音"。

3. 着装随意，不注重直播细节

部分教师不注意直播的场景细节，镜头里出现了凌乱的床铺和"破衣烂衫"以及其他杂物，个别教师穿着睡衣做起了主播，严重影响了教师的形象。电脑里QQ和微信的提示音时不时传到课堂上，甚至家人的说话声、叮叮当当的切菜声也源源不断地传进学生的耳朵。

（二）学生或家长方面

部分学生缺乏学习环境，有的趴在床铺上听课，有的歪在凳子上听课。画面里经常看到家长穿着睡衣甚至光着膀子走来走去，电脑里偶尔能传来家长爆粗口的声音。

教师和家长对学生的要求不严，直播间学生进进出出，上课人数不固定。尽管老师们一再要求学生打开视频，坐在摄像头下听讲。但部分学生依旧一进入平台便关闭声音和视频，教师提问也没有反应，是不是在听课无人知晓。教师忙于授课，顾不上管控学生，学生自制力不强，影响了线上授课的效果。

线上师生互动效果不好，作业提交率不高。教师们普遍反映在线上直播教学中，对学生状态把握不好，学生对于教师的提问反应不及时，双边互动无法正常开展，学生作业完成得不好，提交率不高，作业检查反馈不好。

（三）软件本身问题

"云视讯"软件功能有待完善。播放视频时，无法同步系统声音，视频声音小、卡顿现象依然没办法得到很好地解决。系统对于学生上课签到签退等考勤无法像"钉钉"那样自动统计，需要教师人工比对，浪费了大量时间，增加了教师的工作量。

二、线上直播授课的方法与技巧

经过认真思考和不断实践，我认为要想解决上述问题，需要教师们从以下几个方面做起。

（一）更新观念，克服困难

面对新事物，教师要改变观念，面对现实，努力提高信息技术水平，学会及时反思、总结经验，能够解决直播中遇到的设备、软件应用等问题。如：教师手中缺少麦克风，可用耳机充当麦克风应急。对于学生而言，不论是以年级为单位还是班级为单位，教师直播的效果肯定要好于学生点播。原因在于直播具有即时性，教师"目中有人"，师生互动性强。教师可通过与学生的互动，加强师生间的"黏合度"，督促引导学生完成学习任务。

（二）认真备课，有的放矢

1. 整合资源，认真备课

"干货够，无须凑"，网络直播授课，要求小学不超过20分钟，初中不超过25分钟，教师一定要精讲细练，干货满满。这对教师的备课提出了更高的要求，教师必须认识到，未经整合的网络资源，再庞大再海量，也只是普通的资源。教学中使用的资源必须根据自己学生的特点，经过整合与加工，使之成为有效的教学资源。

另外，设计内容时，要尽可能考虑到学习中等及暂时落后学生的实际情况，他们完成学习任务时会不会有困难，给学生提供的学习支架务必"就低不就高"。

2. 合理安排字体字号，课件制作简洁、不花哨

由于部分学生是使用手机收看课程的，所以教师在制作课件时，字号尽可能大一些，最好在40号以上。文字要精练，教材上的大段文字阐述不必在课件中重复出现，即使要出现，也要尽量浓缩，以浅显、精练的文字归纳出要点，一张幻灯片放不下就拆分为两张，切忌强行把文字堆放在一张幻灯片上。

字体与背景对比要明显，课件画面简洁、不花哨，动作设定务必简单。需要层级推出的时候，用"出现"足够。千万别设定飞入飞出的花式呈现，非必要的音效一律不加。课件毕竟是为教学服务的，过多、过于花哨的多媒体素材反而会分散学生的注意力。

（三）熟练掌握技术，注重直播细节

教师如果对软件操作不熟练，可以找一名同事做学员，配合练习，熟练掌握软件的每一个功能，学会全体静音、转让主持人、屏幕共享等操作。学会熟练使用标注，允许或禁止学生有选择地运用标注等。

直播前，教师要把自己收拾得干净利索，建议教师们花点时间打扮一下自己，女教师最好化个淡妆，让自己在最好的状态下出镜。教师衣装要得体，切不可穿着睡衣上阵。保持桌面干净整洁，电脑前不要放置杂物，可在摄像头前放置一小盆花点缀一下。主播位置距离摄像头适中，教师至少胸部以上要完整地出现在视频中。保证直播时光线充足，使教师面部明亮无阴影，如果光线不足可开灯补光，不滥用美颜功能。停止使用与直播无关的一切软件，保持电脑桌面干净整洁，特别是要退出QQ、微信等聊天工具，避免直播中受到聊天信息的打扰。

登录会议后，及时将学生的声音全部静音，检查自己的直播设备，确保视频与声音开启，提醒学生打开摄像头，保持端正的坐姿。缩短课前组织教学时间，尽快共享屏幕，开展直播教学。如需学生回答问题，可让学生自行解除静音，回答完毕后关上即可。根据需要，主讲教师可设置副主持人协助自己管理学生。

（四）树立自信，充满阳光，语言简洁

直播中，教师应向广播电台主持人以及网红的直播主持人学习，调整心态，树立自信，充满活力，阳光向上。教师讲课的语气语调要活泼温柔、幽默风趣。树立"观众至上"的认知，即便看不见学生，也要有强烈的对象意识，平易近人，面带微笑，语言上可以有互动的提示。平常上课严肃点儿没问题，毕竟你的课堂你做主。线上教学却不能凶巴巴的，更不能当众批评学生，以免损害自身形象，影响教学效果。

（五）家校合作、同抓共管，提高学生学习效率

1. 家校合作，净化听课环境

采取家校合作，取得家长支持，让家长以身作则，净化家庭听课环境，给孩子一个相对独立的学习环境。父母最好不要在孩子听课时在镜头中晃动，更不能光着膀子，嘴里叼着烟出现在镜头中。家长要主动控制自己说话的音量，注意语言文明，保持家中安静。不在直播时看手机视频，把有限的网络宽带留给收看直播的孩子。

2. 及时关注孩子的听课效果

家长要主动督促孩子学习，在直播中及时关注孩子的听课状态，让孩子有一个正确的坐姿，上线及时打开摄像头，积极回答老师提问。我在听课过程中发现，低年级学生出勤率及上课状态明显好于高年级学生。究其原因，低年级学生家长年轻，接受新事物比较快，对教师线上授课较为重视。我经常看到许多年轻的家长和孩子坐在一起，观看老师直播。有了家长的支持，线上教学才会取得事半功倍的效果。

3. 督促孩子按时完成作业，保证学习效果

由于疫情，大家封闭在小区或家中，教师无法面对面督促学生交作业，为了及时了解孩子的学习状态，家长要利用与孩子待在一起的时间，培养孩子的学习习惯，主动督促孩子按时完成作业，及时提交，保证学习效果。教师对学生作业中出现的问题，要及时跟进指导，提出修改意见。

一场疫情，无意间让我们当起了"主播"，由于缺乏直播经验，教师们出现问题也是正常的，只要我们更新观念、不断学习、掌握扎实的技能，使自己成长为一名真正的主播，才能圆满完成新形势下网络直播的教学任务，为抗击疫情，实现"停课不停学"做出自己应有的贡献。

情境导入法在道德与法治课中的应用

第八师134团第一中学　咸万林

一本好的小说加上一个扣人心弦的序言，就会让我们手不释卷；一部好的电视剧若有一个激动人心的序幕，定会让我们目不离屏。同样，一堂好课若有个引人入胜的开场，自然会把学生的注意力引到我们的授课中，使学生积极参与教学活动，从而提高课堂效率。

那么如何开场，即如何导入新课呢？接下来谈谈在道德与法治教学中创新情境，激发学生兴趣常用的几种导入新课法。

一、趣事导入，引起共鸣

例如：在讲授《网络改变世界》时，我打开手机给学生念了一条手机中大奖的短信息："你好，恭喜你的手机号被《奔跑吧兄弟》栏目组抽取为场外幸运观众，将发放奖金18000元以及MacBook Pro笔记本一台，验证码8989，详情至ten21.cc，本次活动时间为24小时。"读完让学生判断真伪，引起学生的学习兴趣。

二、故事导入，引人入胜

针对学生爱听故事的心理特点，教师在上课时可适当引用一些与教学内容有关的耐人寻味的故事（如寓言、逸事等），以此导入新课，不仅可以活跃课堂气氛、拓宽视野、寓教于乐，激发学生的学习兴趣，帮助学生扩展思维、丰富联想、开启心智，还可以使学生从中领悟到人生哲理。

例如，在讲授《做更好的自己》时，一上课我就说："同学们，今天给大家讲一个故事。有一个船夫在很急的河水中驾着小船，船上坐了一个哲学家，在航行中，哲学家问船夫：'你懂历史吗？'船夫答：'我不懂。'哲学家说：'那你就失去了一半生命。'过一会儿，哲学家又问：'你研究过数学吗？'船夫答：'没有。'哲学家说：'那你就失去了另一半生命。'正当哲学家与船夫继续交谈时，一阵飓风把船掀翻，哲学家和船夫都被抛进河里，这时，船夫喊：'你会游泳吗？'哲学家回答：'不会。'船夫说：'那你将失去整个生命。'"同学们顿时都笑了，我趁机开导学生："同学们，世界上没有十全十美的人，像船夫和哲学家一样，任何人都有自己的优点和缺点。那么如何才能正确看待自己，发掘自身的特点，使自己成为全面发展的人才呢？我们来学习新课《做更好的自己》。"在轻松和愉快的氛围中，自然引入了新的教学内容。

三、实物导入，简单直观

在学习《创新改变生活》时，我拿出曾经用过的数显传呼机（BP机），让学生猜这是什么，许多学生并没有见过，这引起了他们极大的兴趣。

如学习《共筑生命家园》时，教师带来一个大包，里面装的都是学生平时扔掉的纸笔、本子等，将其一件件展示在讲台上，学生望着这一大堆被浪费的学习用品，惊讶极了。教师抓住学生的内疚心理板书课题，引导讨论：劳动成果来之不易，我们为什么要珍惜成果、爱护家园？这种方法直观性强，能使课堂气氛活跃热烈，对激发学生思维的积极性有极人的促进作用。

四、歌曲导入，心旷神怡

主题鲜明的歌曲不但能陶冶学生的情操，更能通过歌曲主题使教学内容得到升华。在讲授新课前播放一首与教学内容相关的积极健康、情调高雅的歌曲，就能打破沉闷的课堂气氛，容易使学生产生共鸣，引起学生的思考。

例如：《关爱他人》可引用《爱的奉献》导入，《和朋友在一起》一课可用《友谊之光》或《友谊地久天长》导入，等等。我在讲《青春飞扬》这一课时，首先播放了《青春修炼手册》这首歌，并指挥学生们齐唱，激越昂扬、荡气回肠的歌声响彻课堂，撞击着学生们的心灵，引起了学生们的共鸣，收到了良好的效果。

五、表演导入，乐在其中

小品趣味性强，妙语连珠，能使枯燥的问题产生趣味化，便于学生发挥主动性、积极性，使学生感受到学习是一种享受，从而产生愉快的体验。

例如：在学习《坚持依宪治国》时，以法律家族集会的方式，让学生分别扮演宪法、民法、刑法等，然后说出各自的职责，使原本枯燥的内容形象化。

再如，在导入七年级下册第八课第二框《我与集体共成长》时，我先把学生分成小组，进行"拉断线"游戏，让学生明白一根线易拉断，十根线断就难了。从而使其进一步认识到个体只有紧紧地依靠集体，才能有无穷的力量，个人要自觉维护集体利益，热爱集体、关爱集体，自觉承担起对集体的责任，由此进入新课。

六、视频导入，震撼直观

视频导入，能充分调动学生的各种感官，既能调动学生的学习兴趣，又能活跃课堂气氛，同时也能帮助学生理解，加深记忆。如在学习八年级下册第八课第一框《公平正义的价值》时，上课铃一响，我便在教室一体机上播放了美国抗议游行引发的暴乱视频。紧接着，我开启新课导入：美国明尼苏达州美籍非裔男子死亡事件致多地暴乱给我们什么启发？从而引出公平正义的价值。

七、漫画导入，激发兴趣

漫画贴近生活，诙谐幽默，富有哲理，寓意深刻。在讲"权利与义务"时，为避免单纯的说教，我为学生设计生活情景漫画，漫画的内容为"权利义务好比你们的左右手，左手重要还是右手重要"，让学生积极探讨。明确权利与义务密不可分，不能人为地将它们割裂；权利与义务具有一致性，享受权利的同时，应该自觉履行义务。这样学生理解起来就容易多了，既掌握了重点，又突破了难点，学习效率得到提高。

运用漫画特点，恰当地把漫画与道德与法治课的教学内容有机结合起来，不仅能增强道德与法治课的趣味性，活跃课堂气氛，激发学生的求知欲，使学生主动参与到教学活动中去，还可以启迪学生思维，积极地去探究问题、分析问题、加深认识，从而达到理想的教学效果。

八、热点导入，先声夺人

通过把课堂教学内容与当前关注度较高的时事政治巧妙结合起来，引起学生的讨论，这样既能增强道德与法治课的时效性，拓展道德与法治课的外延，又激发学生探求新知识的主动性，起到先声夺人的效果。

在学习《守护生命》时，可引用当下热点《最美逆行者》：春节，是一个团圆的节日，此起彼伏的欢笑声总会充满整个屋子。可2020年的春节，突如其来的疫情，向我们发起了一场猝不及防的、没有硝烟的战争！然而，却有一群无所畏惧的人，他们一路披荆斩棘，在新型冠状病毒面前，不顾生命危险，冲到了一线，他们就是来自四面八方的白衣天使，是抗击疫情路上的逆行者！

通过热点，使学生们感受到"疫情无情人有情"，感受强大的祖国带给我们的安全与温暖。因为学生们对此事件都深有体会，所以许多学生谈了自己的感想，借此导入新课既自然又新颖。

情境导入是道德与法治课的"开门红"。情境导入新课的方式是多种多样的，但是导入必须注意一些基本的要求与原则。

（1）针对性。导入的目的是调动学生的积极性和求知欲，点明课堂教学的主要内容，讲清楚课堂教学的目的，为讲授新课做好铺垫。教师设计导入时一定要根据教学内容而不能脱离教学内容。

（2）趣味性。设计导入必须做到引人入胜，这样才能引起学生的兴趣，引导学生接受新内容，防止学生出现厌倦心理。

（3）时间性。导入所用时间不宜太长，要切中要点，语言简洁明了。一般情况下，导入的时间应控制在3分钟至5分钟内，力戒喧宾夺主和冗长拖沓。

（4）启发性。导入要对学生接受新内容具有启发性，能引导学生发现问题，激发学生解决问题的强烈愿望，调动学生学习积极性，促进他们更好地理解新教材。

道德与法治的课前导入是一种手段，也是一种艺术。恰到好处的课前导入能创设良好的教学情境，调动学生的学习热情，成为启迪思维、发展能力的"兴奋剂"和有效手段，从而激发学生的学习兴趣，保证教学任务的完成。

论时事分析对中学道德与法治课堂的影响

石河子第五中学　陈　燕

时事分析作为初中道德与法治学习的重要内容，是游离在教材之外的。教师往往会通过将教材与时事相结合的方式让学生了解时事分析的方法，并对时事进行进一步的评价。这种教学方法是我国有关教育教学改革部门极力推崇的，教师要充分了解时事分析对中学道法的影响，以便提高教学能力。

一、提高中学政治教育的应用性

当前教育教学中存在的最大问题就是教材游离于实践之外，或者说教学游离于实践之外。因而提高教学内容与实际应用之间的契合性就是解决这一问题的最佳方式。中学道德与法治教学就是通过让学生了解国家有关法律法规以及一些基本的思想准则，让其在未来的生活与工作中遇到类似的问题时，能够运用所学分析问题并且解决问题，这是当前中学政治教育的原始目的。时事分析是让学生通过实际案例深入理论研究的最佳手段，因而时事分析能够直接提高中学政治实践与理论的契合性。[1]

一般中学政治道德与法治教育中的时事分析可以分为两类，一类是时政类的时事分析，另一类是生活类的时事分析。两类问题均属于时事，但是在具体的教育教学中所起到的作用是完全不同的。

时政类的时事分析往往是对国家政治政策进行的分析，学生要根据教师的引导对国家政治政策的利弊产生自己的见解，并且通过对国家政治政策的分析，了解我国的基本国情和发展现状。[2]譬如中学教材《道德与法治》八年级上册的《走进社会生活》单元中，教师可以让学生了解2020年暑期发生的大事，例如，北斗升天、关注疫情防控、洪涝灾害等，有意识地引导学生去关注这些时政类的新闻，通过对新闻的关注了解我国目前发生的变化。并让学生观察近十年或者五年来身边发生的一些变化，分析国家政策为生活带来的好处。教师有意识的引导，可以让学生在潜移默化中增加爱国意识。通过对社会时代性的思考，学生会时时刻刻对国家以及社会的变化保持一种动态的关注，这才是政治教育的最高境界。

生活类的时事分析一般是通过对媒体报道的一些案例进行分析，让学生了解案例的背景，通过政治课堂上所学的知识分析案例中人物做法的是非，让知识灵活应用于实践。例如，在中学政治教材《道德与法治》八年级上册的《做守法公民》一课中，教师可以适当选择生活中就近的案例，分析案例中违法违规抑或是爱国守法的行为，譬如面对东突分子发起的新的恐怖活动，当地人民奋起反抗，拒绝东突分子作乱。通过实践与理论的结合与应用，提高学生的道德法律意识，增强学生的行为规范意识，提高学生的道德水准。

综上所述，无论是时政类的时事分析抑或是生活类的时事分析，都能够直接升华中学道德与法治教育的意义，让知识不再华而不实。

二、提高学生对中学道德与法治的学习兴趣

中学政治的教学如果脱离了时事教学部分，仅剩理论知识，那么无论对课程进行何种设计，课堂都将会是无比枯燥的。同时教师在课堂上只是阐述事实而无法去论证事实。[3]譬如，"一国两制"思想上的先进性与理论上的正确性。学生对于国家制度的理解只能仅仅停留在了解的基础上，难以通过事实论证去深入分析其理论的先进性。枯燥的内容对学生造成的最大影响是失去上课积极性，而处于初中时期的学生，心理特征更为鲜明，这个时期学生思维的批判性与独立性正在逐渐生成，道德与法治教学中如果不通过时事论证理论的正确性，那么学生极容易出现不切实的猜测，思想上的偏颇对于培养爱国情怀与法治精神是极为不利的。譬如在中学政治教材《道德与法治》七年级下册的《生活需要法律》一课中，如果教师不结合时事来讲授，那么学生是无法正确认识法律的重要性的，教师只有通过对法律体系建设的必要性阐述，才能让学生理解守法的必要。时事分析能够成为理论正确性的最佳论据，学生可以通过事实与理论的对应，对政治学习产生一定的兴趣。这种兴趣有利于培养学生的

爱国情怀，有利于形成正确的思想观与价值观。

三、推动中学政治教育的改革发展，拓展中学政治教学教育资源

时事分析无论对于中学道德与法治课程的构建抑或是增强学生知识与实践的对接性、都有着极大的优势。时事分析对于中学道德与法治的教育教学改革发展将起到关键性的作用，教育教学改革的初心就是希望教育能够让学生在实际生活中受益，让知识不再束之高阁，从而加强学生的理解分析能力。时事分析对于中学道德与法治教学来说，就是关联实际与知识之间的最佳枢纽。学生能在不同的案例中，应用不同的理论进行分析，如果能够进一步提高时事分析在中学道德与法治教学中的地位，那么中学道德与法治教学的教育改革就是前进了巨大一步。

同时，时事分析对于拓展中学政治的教育教学资源起着关键性的作用。在教学课程的设计中，教学内容起着纲领性的作用，决定了课程设计的比重。因而时事分析的比重加大，意味着教师在课程设计的过程中要提高对各类媒体资源的应用，在教学中也要充分将校外资源与校内资源进行整合，通过对课程资源的匹配整理，让学生在学习过程中更容易去吸收和理解知识。

因而，时事分析在中学道德与法治教学中起到的作用远远大于将教材不断反复的作用。学习的最高境界是格物致知，教师想要让学生达到该种境地，就需要不断地开拓学生的视野，挖掘教学资源，充分利用现有资源的优势，让学生能够举一反三，从而不断进行思考与分析。

四、结束语

综上所述，时事分析对于中学生的思想政治教育发挥着极为关键的作用。教师在注重时事分析教育的同时也应该注意时事教育的方式，并不是将时事分析给学生听，学生就具备了分析时事的能力。在教学改革的背景下，教育界的有关部门和地方学校应该考虑加大时事分析在中考政史合卷中的比重，发展多样化的时事分析考查模式，让教学与实际应用之间的联系更加紧密，也让学生通过对时事的分析与了解，更好地融入社会。

参考文献：

［1］拜永忠.浅谈初中政治教学里运用的时事热点［J］.中华少年，2017（30）：178-179.

［2］代先华.浅谈初中政治高效学习课堂的构建途径［J］.读与写·教育教学版，2016，13（01）：146.

［3］姜荣.时事政治渗透于中学政治教学探索［A］.《现代教育教学探索》组委会.2015年8月现代教育教学探索学术交流会论文集［C］.《现代教育教学探索》组委会：北京恒盛博雅国际文化交流中心，2015：1.

情景表演法在初中道德与法治课中的应用研究

石河子第十六中学　马凌平

道德与法治课是立德树人的关键课程，而课堂是开展思想政治教育的主渠道。为贯彻落实习近平总书记在3月18日举行的全国思想政治理论课教师座谈会上的讲话精神，体现"家国情怀在课堂教育中潜入心田，时代重任在课堂教育中注入灵魂"的主旨，道德与法治教师就要在"学"字上下功夫，真正让学生在道德与法治课的学习中产生"获得感"。为此，教师必须立足学情，熟悉并掌握青少年群体的思想特征、行为特点、话语特色，将知识和价值融会贯通，形成能够通过自身引领青少年价值观念的"学识""学养"；要增强课堂的思想性、理论性和亲和力；要让道德与法治课成为真正有温度的课，有人气、接地气，不空谈。而情景表演能更好地演绎"采娓娓道来之式，收润物无声之功"。在初中道德与法治课堂中穿插情景表演的教学方法，不仅能够让学生印象深刻，而且能够快速、有效地调动课堂氛围，提升学生的课堂参与度，激发学生的学习兴趣，缓解学生学习的疲劳感，对提升教学效果有很好的促进作用。

本人结合具体教学实践，对初中道德与法治课堂中情景表演的具体运用浅谈如下几点认识。

一、初中道德与法治情景表演对教学活动的要求

1. 改变传统师生关系，正视学生地位

在教学活动中，最重要的主体是一群天真烂漫、拥有较强求知欲和学习

欲望的学生，而在传统课堂上，教师往往不允许学生插话、争论等，这无疑是剥夺了学生们的学习热情和求知欲望。著名的教育家朱小曼说过："离开感情层面，不能铸造人的精神世界。"这要求我们应建立更加平等、和谐、融洽的师生关系；营造轻松开放的学习氛围，使课堂变得有欢笑、有活力；让学生敢说、想说，将情景表演的运用变得更加真实和自然。如七年级上册第一课《中学序曲》中"运用你的经验"环节，让学生彼此交流进入初中后的感受，针对班级中的学生进入初中后的种种反应和表现，课前教师组织学生以一天的初中生活为主线，设计了以对新学科、新课堂、新老师、新同学及自身新变化等感受为主的体验环节，通过情景表演这一学生喜闻乐见的方式加以展示，而不是采用传统的问答模式。学生们积极踊跃地参与课堂回答和讨论，一节课就在学生说、老师引的情景交流中水到渠成地落实了教学目标。

2. 合作学习，共同提高

学习任务的完成要依赖学习者之间的共同合作，每一个学习者在执行任务的过程中，都担当着不同的角色，都需要提供自己所掌握的信息，在共同完成任务的过程中培养合作精神。一个人的力量是有限的，只有通过合作才能发现彼此的长处，在相互启发下才能扬长避短，充分发挥每个人的风采。在教学过程中，应注重创设情境，分配小组合作任务，通过设计形式多样的交际活动，来提升学生合作学习的实效性。

3. 升华情感，锤炼精神

道德与法治教师要立足课堂，面向学生，在学生心灵中埋下真善美的种子，引导学生扣好人生第一粒扣子。简单的说教枯燥乏味，容易引起学生反感和抵触。如果立足于学生的生活，将学生们的困惑活灵活现地搬上课堂，让学生在具体的情景表演中或以参与者的亲历，或以旁观者的客观分析，将渗透在其中的是非善恶观传达给学生，让学生在自主探究中树立正确的世界观和价值观。如在讲授《礼貌待人》时，笔者将引发社会热议的"江苏公交车不让座"事件和学生日常的公交让座感受相结合，设计了截然不同的让座者和老人的行为选择，引发学生讨论，让学生在角色扮演中感受到礼貌待人的要求及其对个人和社会的影响，围绕一个情景故事中的三个环节，既解答了学生的困惑，又纠正了错误的认知，宣扬了真善美的主旨思想。

二、情景表演在初中道德与法治教学中运用的原则

课堂教学是丰富多样的，在初中道德与法治课教学中进行有效的情景设计，为学生创设生活情景，需要遵循以下原则。

1. 情景立意要新颖，情节要真实

教师在精心备教材的同时，更要结合学情分析：哪些问题学生通过自主学习就能独立解决，哪些问题需要大家合作探究才能解决，学生存在的主要困惑有哪些，主要表现在哪些方面等。在教学中可以在深入分析学情的基础上，将知识点和学生的生活困惑相结合，以此设计情景探究活动。笔者有幸观摩一节公开课《让友谊之树常青》，授课教师将刚发生在学生间的小矛盾搬上课堂，以学生真实的交友经历为线索设计了故事的发展走向，将友谊的特质穿插其中，直观形象地展现了学生在交友过程中存在的问题；以情景故事中的矛盾和困惑为话题点，引发学生思考和讨论。听课评课的教师一致认为这样一节课既源于生活，又指导着学生的生活，真正实现了润物细无声的教育效果。当然，这样的课堂效果一定源于课前大量的准备。因为当需要进行情景教学时，除精心设计情景活动外，还要将活动要求提前告知学生，准备好活动的相关材料及视频资料，提前分好小组、明确小组内每个学生的职责，考虑活动中的突然状况等。总之，教师只有精心备课，使情景活动符合学生的认知水平、生活实际、兴趣爱好等，也就是要洞悉学情，充分点燃学生的兴奋点，吸引学生积极参与，才能确保情景表演活动按照预设目标有效、有序地进行。笔者听过许多公开课，有的公开课一节课中的活动很多、很热闹，但主题却不突出、活动设计不合理，又没有围绕学生的困惑而表演，最终导致教学效果不尽如人意。

2. 情景设计要有整体性、有挑战性

情景表演不能盲目追求数量，而要精挑细选，或者以一个故事作为主线贯穿始末，或者以一个话题串起生活片段贯穿课堂，或者以一个事件作为主题情境来展开。如笔者在讲授《在品味情感中成长》一课时，将电视节目《见字如面》搬上课堂。让学生深情朗读自己写给老师的信，而笔者则朗读自己写给未来学生们的信。两封书信，一段跨越时空的情景表演，将课堂带入一字一句的书信中。在师生含泪的讲述和倾听中，让学生感受不同的情感体验，真正理解在与他人的情感交流中，我们可以传递美好情感，传递生命的正能量。而这节

课在班级家长群中也引发了激烈讨论，应家长要求，班级开展了一期"孩子，我想对你说"的主题亲子交流班会，针对性地解决了青春逆反期的亲子矛盾。

3. 情景设计要有梯度，给学生留有思维拓展的空间

毫无挑战或太过简单的活动，无法激发兴趣，学生不会积极开动脑筋参加活动。爱因斯坦说过，提出一个问题比解决一个问题更重要。假设一节课就是一场舞台剧，那么剧本设计是否立意新颖、是否源于生活、是否引发思考、是否达到教育效果，就是影响舞台剧成败的关键因素。因此，在情景设计中教师应有意设计"争议和空白"，引导学生提出质疑。笔者认为，教师要敢于鼓励学生质疑，并积极采取措施帮助学生答疑解惑，这样才能真正达到"课堂既源于生活，又指导着生活"的设计初衷。如笔者在讲授《礼貌待人》一课时，在将公交让座事件搬上课堂的同时，又延伸设计了下公交回家后与父母交流公交事件的情节，在学生表演过程中，引发学生探讨"礼轻情重、情深礼浅"的话题，而学生的讨论又将课堂推上一个小高潮。

总之，情景表演的运用是教学方式的一次改革，它丰富了课堂教学，使道德与法治学习更加贴近生活，让道德与法治成为一门生活的技能，让学生有更多的动力学习，教师也可以被学生的热情所带动，形成双赢的局面。在初中道德与法治课教学中进行有效的情景设计，通过情景教学促使学生在增长基础性知识的同时培育理性精神、培养公民意识、提升参与能力，让学生在潜移默化中内化素养、升华素养，帮助学生逐步形成适应终身发展和社会发展的必备品格和关键能力。

初中生道德与法治课学习兴趣培养研究

石河子第八中学　谭 英

孔子有云："知之者不如好之者，好之者不如乐之者。"人们自古以来就非常重视学习兴趣的作用，以及对学生学习兴趣的培养。从教育心理学的角度来说，兴趣是一个人倾向于认识、研究获得某种知识的心理特征，是可以推动人们求知的一种内在力量。学生对某一学科有兴趣，就会持续地、专心致志地钻研它，从而提高学习效果。兴趣是学好某一具体学科的前提，兴趣是学生学习最重要的动力之一。"问渠那得清如许？为有源头活水来"，要想拥有学习的动力，就必须对学习有兴趣，所以教学中政治教师要十分注意培养学生的兴趣，而且要培养学生多方面的兴趣，这是学生全面发展的需要。鉴于此，本研究试图通过将对初中学生的调研与具体教学实践相结合，在有关学习兴趣理论的指导下，探究出提高学生兴趣行之有效的对策。

一、初中生在道德与法治课学习兴趣方面存在的问题

通过教学实践及与学生的交流，我发现：学生们对道德与法治课的学习兴趣不高，大多数学生对道德与法治课的学习态度处于应付中考、死记硬背知识点的状态。如何让学生们转变观念，由被动学习转为主动地、饶有兴致地学习是一个亟待解决的问题。其中，初中生在道德与法治课中的学习兴趣方面主要存在以下问题。

1. 对学习道德与法治课的意义理解肤浅

通过详细了解发现，学生们对道德与法治课的内容和作用理解肤浅，没有认识到学习它对他们的学习和生活有着非常重要的作用。大多数学生对政治

课的认识不到位，甚至存在较大偏差。如学生们认为政治课上讲的"离生活较远""政治这一科小菜一碟，就是靠背而已"，政治课"听课与否都无所谓"，无非是画画、背背，没学头，把思想政治学科当作"假、大、空"的代名词，认为政治课就是讲大道理，从心里排斥教师的讲授。他们还认为道德与法治课的内容对他们的生活没什么作用，学不学没什么关系，只要考试前把老师重点画出的知识点背一下就可以了。大多数学生将政治课的学习与考试联系在一起，他们大都是为考试而学，为中考而"忍着痛苦"来听课，没有真正认识到政治课的现实意义和价值。

2. 在道德与法治课堂上专注度不够

很多学生在道德与法治课堂上无精打采、敷衍了事，对教师的讲解不以为然，认为课堂上听不听讲无所谓，只等着背老师画出的知识点来应付考试。学生课堂前十分钟还在听，慢慢注意力就不集中在课堂上，甚至开始做其他科的作业或者睡觉了。

3. 对道德与法治课的学习方法单一

多数学生在政治学习上的方法就是死记硬背，即机械性记忆。我们知道政治要"背"的"概念、原理、观点"太多，学生一旦"不能很好理解"，就很容易混淆甚至学了后面的就忘了前面的。另外，很多学生上课时没有记笔记的习惯，或者只是抄一下教师的板书，而课后又没有及时复习，导致多数学生没有真正理解知识，没有一个系统的知识体系，这样也就无法做到学以致用了。此外，大多数学生分配在政治课上的时间不多，只是完成教师布置的作业，临时抱佛脚地应付考试，认为政治知识大而空，没有将知识与生活实际相联系，这说明很多学生都不太注重政治课的学习方法。

二、培养初中生道德与法治课学习兴趣的对策

通过总结自身的教学经验，与学校其他政治教师沟通交流，以及课下对初中学生的调查了解，针对学生这种年龄特点和认知水平的情况，以及师生在培养学习兴趣方面的不足，我总结了以下几种培养初中生学习道德与法治兴趣的策略，以提高课堂效率。

1. 提高政治教师的个人素质，增强事业心和责任感

政治教师的首要素质是要有强烈的事业心和高度的责任感，要热爱思想

政治教育工作，能够献身教育事业。政治教师承担的是德育任务，在培养"四有"新人中，这几项任务同政治教师有密切关系，其中培养"有理想、有道德、有纪律"这三项任务就是塑造学生灵魂的工作，它们同政治教师的工作联系最为密切。政治教师在教书育人方面承担着更艰巨的任务，如果没有高度的责任感和奉献精神，就无法完成德育任务。只有热爱思想政治教育工作，政治教师才会把德育工作当作毕生的追求，才能全身心地投入进去，钻研知识，注重学生的需求并尊重学生的身心发展规律，才会真正将教书育人落到实处，而不是得过且过。

著名教育家夸美纽斯认为"教师是太阳底下最光辉的职业"，而政治教师身上更体现了这一点，因为政治教师肩负着提高人们思想道德素质，促进人自由全面发展的艰巨任务，可以说，这个任务对政治教师提出了更高的要求。政治教师要从心里热爱教育事业，在奉献中实现自己的人生价值，如此当看到学生成才以后，才能够体验到劳动者在丰收时的幸福感。在艰苦的客观条件下，教师仍要创造条件，提高学生的学习兴趣，使学生的品德修养得到提高，使学生做到学以致用。政治教师更要甘于奉献，教师职业是清苦的，没有丰厚的收入，没有舒适的工作条件，但即使在困难的条件下工作，都动摇不了教师安贫乐教的意志。必须以孜孜不倦的实干精神，默默无闻地耕耘在教育园地上，把全部的爱投入教育工作中。

2. 注重对学生进行人文关怀

亲其师才能信其道，因此建立良好的师生关系是教师的天职，是教师获得成功的基础，也是学生成长的需要。

首先，良好的师生关系是开展教育工作的必要条件，只有建立良好的师生关系，才能出色地完成教书育人的工作。良好的师生关系需要教师去关爱学生。爱是沟通教与学的桥梁。教学过程不是教师把知识搬到学生头脑中的机械过程，而是师生之间情感和思想双向交流沟通的过程。一方面，教师关爱学生，启迪了学生的智慧；另一方面，当学生感受到教师的关心时，他们也会更加认真地学习，尊敬教师，信服教师，同时也更关心教师。这样他们才能更加理解教师、信任教师，听从教师的教导。

其次，爱也是学生的一种基本需要。学生在家里有父母的关爱，在学校需要教师的关爱，在遇到困难时更需要教师的关心和爱护，这些爱能给他们以力量和温暖，使他们能正确地面对挫折，保持一个积极乐观的心态。所以教师既是学生的引路人，也是学生的朋友，无时无刻不应给以关怀和帮助。这要求政治教师课下应及时与学生进行交流，了解学生对课堂内容的掌握情况，对政治的看法，以及学习政治的困难在哪里，设身处地地为学生着想，帮助学生解决学习困难，还要关心学生在学习和生活中的其他困难，及时了解学生的思想动态，以便在适当的时机做好思想教育，激发学生的学习兴趣，促使学生塑造良好的人格。要在教师与学生之间形成一种平等交流的氛围，注重因材施教，不要带有偏见和个人情绪，如此才有利于圆满地完成教书育人的任务。例如，在期中考试之后，我与成绩不太理想的学生进行了交流，了解他们学习中存在的困难，对他们进行鼓励和督促，教给他们一定的学习方法。

同时，教师也要以身作则，因为教师带给学生的不只是真理的力量，还有人格的力量，要能成为学生学习的榜样。用人格的魅力建立威信，使学生信服，使学生乐意听教师的授课，如此就能提高学生的学习兴趣。

3. 优化学科知识网络体系

人们常说这样一句话："要想给学生一瓢水，教师必须得有一桶水；想给学生一桶水，教师要有一条小溪。"在教学工作中，我对这句话更是深有感触。教师要想教好所带科目，必须对自己所教科目的内容有一个宏观的把握。首先是要吃透教材，厘清教材章节之间的逻辑顺序，教师的头脑中有了这样的知识体系，才能自如地将课堂知识与生活实际相联系，引起学生共鸣，再通过组织实践活动，使学生在活动中体验哲理，促进知识的内化，从而促使学生形成良好的行为习惯。这就要求初中政治教师从内心热爱思想政治，不断钻研教材，让自身拥有一条"哗哗"流淌的小溪，以便给学生传道解惑。同时，要认真备课，备教材、备学生，找到知识点与学生生活的连接点，引发学生的学习兴趣，提高课堂教学效果，实现思想政治教育的目的。

其次，还要拥有更加广博的知识。除了政治教学的专业知识外，还应具备与从事教学有关的专业知识，如教育学、心理学、伦理学、法学、课程与教学论的知识。此外，还应掌握比较丰富的科学和人文知识，如此才能使自己的教学内容更加丰富。当今是信息化时代，中学生兴趣广泛，接触的信息也包罗万象，如果教师知识面很窄，在课堂上一问三不知，就无法满足学生的求知要求，同时也会降低教师的威信，不利于教学活动的开展。这就要求初中政治教师应严格要求自己，在日常学习中大量阅读，积极思考，并应掌握一些理科知识，这样才能在讲政治时熟练列举自然科学的例子，培养学生对科学的热爱。只有这样，才能把握住课堂，增强教育机智，使课堂气氛活跃起来，建立起师生双向交流的课堂，使学生信服老师，从而提高学生学习兴趣。

4. 实施道德与法治课生活化教学，使理论逻辑与生活逻辑有机结合

初中政治教学生活化体现了"政治源于生活，寓于生活，为生活服务"的思想，以此来激发学生的学习兴趣，使他们学会运用课上所学的知识去观察、分析现实社会生活，去解决日常生活中的问题。道德与法治课的生活化教学要植根生活世界，立足于初中学生实际，着眼于学科特点——思维性，引导学生观察生活、体悟生活、回归生活，根据学生的身心发展规律和生活逻辑，创设生活化情景，在浓缩的生活视角中打开视野，赋予抽象的哲理以鲜活的生活气息和时代气息，点燃学生思维的火把。道德与法治课生活化教学的过程就是将生活性资源融入政治教学的过程，要观察生活，创设生活情景，既是对初中政治教师的要求，也是对初中学生的要求。学生学习政治，首先要观察生活，体验道德与法治的相通相融。生活化课堂教学需要大量的、真实的、典型的、贴近学生的、具有时代气息的生活化素材，为达成教学目标提供血肉支撑，使政治理论的骨架鲜活生动起来，赋予政治理论灵性、形象性、可接受性、亲切性，这就需要观察生活，将生活与教学紧密联系起来。生活化素材来源于多种渠道，其中教材是重要的素材之一。道德与法治课生活化教学要求教师使用教材时应注意以下方面：第一，教师要吃透教材、统领教材、审视教材，把握教材的灵魂和骨架，提炼其精华，做到教学的有的放矢、胸有成竹。第二，教师要充分挖掘教材中蕴涵的丰富的人文资源和人文关怀，适时、适度地对学生进行知、情、意、信、行的教育，特别是理想、自信、责任教育和科学的世界观、人生观、价值观教育。第三，教师要创造性地使用教材，根据教学目标、教学内容和学生实际对《道德与法治》教材进行取舍、整合、迁移、重组、拓展，本着贴近学生、贴近生活、贴近实际的原则，激活教材、升华教材，给教材以生命活力，体现"生活孕育政治、政治是指导人们生活得更好的艺术"的思想，实现教学目标的最优化。

例如，我在讲到《亲情之爱》时，让学生回忆自己与父母的相处，感悟父母的付出和爱，引导学生正确地与父母沟通，体会并回报父母的关爱；我讲到我国面临的机遇和挑战时，通过联系我国社会主义建设实际，引导学生用学到的原理去分析社会主义建设中出现的新情况、新问题，去辩证地看待我国处于社会主义初级阶段这一国情，坚定建设社会主义的决心和信心，树立正确的政治方向，树立正确的人生观、价值观，同时增强学生建设祖国的责任感和使命感，更要联系学生的思想实际，了解学生对一些社会现象和政治问题的看法，提高学生认识和解决问题的能力。

教师自身也是重要的教学资源，发挥着具有显著影响的榜样示范作用。构成教师资源的有多个方面：教师的知识、经验、人格魅力、生活体验等。教师高尚的职业道德、良好的气质修养、严谨治学的人生态度等，都会潜移默化地影响着学生。陶行知先生说教师要"捧着一颗心来，不带半根草去"，高尚的人格净化学生心灵，增强对教师的敬佩、亲近和信服。调查显示，78%的学生认为教师的自身资源对他们有榜样作用。教师的见闻、经历、对生活苦乐酸甜的感受等形成了教师的生活体验，作为道德与法治课的生活化素材，将这些向学生讲述，与学生分享，则学生会在平等、亲近、真诚的心理底线上倾听教师，较好地在教师的引领下对社会、对生活进行明辨、反思、批判，从而会对政治知识有实际意义的认同，不再认为政治无用，也会开拓其思想资源，对生活做出科学的判断和价值选择。此外，还能丰富教学内容，增添生命的韵味。

同时，课前进行五分钟的时政演讲以及订阅《中学生时事政治报》或者《半月谈》等具有时效性的报纸或刊物，都是采集政治生活化材料的好来源。教师要注重培养和训练学生从生活中获得有用的生活化材料的习惯，并及时把这些材料与所学的政治理论相联系。这并非一件容易的事，它需要初中政治教师耐心引导学生的思路，积极培养他们养成会观察与会联系的习惯。"联系"的观点在此又可以用到了。

5. 促使教学形式多样化，提高课堂效率

教学形式非常重要，不同的教学形式往往会取得大不一样的教学结果。这要求初中政治教师认真备课，根据不同的内容，选择与之相适合的教学方式。

（1）运用多媒体进行教学，使课堂有声有色。

多媒体教学能打破时间和空间的限制，延伸和拓宽教学时空，通过图像、声音、色彩和动画，传递教学信息，解决由于时间和空间的限制所造成的政治教学难点，使学习内容变得容易理解和掌握。政治教学内容中有许多抽象的概念和原理，这些知识对于人生阅历和知识水平不高的初中生来说有一定难度。因此学生们还需更多地借助形象思维走进政治从而喜欢政治，体会到生活的多彩、哲理的魅力，所以多媒体的运用就势在必行。运用多媒体将道德与法治理论融入丰富的生活画面和生活情景，使抽象的教学内容变得浅显易懂，使枯燥的哲理变得妙趣横生，具有生活的灵性；道德与法治课通过多媒体教学，创设一个集文字、图像、图形、动画、音频和视频为一体的立体课堂环境，使学生身临其境，使学习内容图文并茂，极大地拓展了学生的思维空间，从而大大激发了学生学习的兴趣和积极性，使学生由被动学习转为主动学习，唤起学生原有知识与经验中的感性认识，加深其对新知识的理解。多媒体教学中还注入了师生的情感体验，使学生学习政治入眼、入耳、入脑、入心，引导学生关注自然、关注社会和生活，走出封闭的教室，开阔视野。

例如，在讲《我国国家结构》一框时，播放动画视频，既将我国的国家结构进行形象生动的讲解，又具有趣味性，能充分调动学生的学习兴趣，一下子拉近了学生和感觉较远的国家机构之间的距离，加深了其对知识的理解，比教师直接讲授的效果好很多。

例如，在讲《守望精神家园》时，通过播放中华文化发展的视频，让学生更加深刻地感受到中华文化的源远流长和博大精深，明确中华文化是中华民族发展的不竭精神动力，坚定学生的文化自信，从而增强学生弘扬中华优秀传统文化的责任感。

（2）采用趣味教学法，提高学生学习兴趣，活跃课堂气氛。

利用俗语和熟悉的诗句加强学生们的学习兴趣，也是我在教学过程中经常运用的一种方式。实践证明，学生们喜欢这样的方式。在教学过程中，借助这一形式，常常会起到意想不到的效果。在教学过程中，根据教材内容，选择与此对应的一些俗语，有助于学生对理论知识的理解。同时，又有利于课堂气氛的活跃，从而增强学生们的学习兴趣。例如，在讲授"认识自己"时，我先找出俗语"带刺的玫瑰格外香""金无足赤、人无完人"，让学生先从直观上感受到，事物都包含两个面，要一分为二地看待事物。再引导他们逐步认识到用全面的观点认识自己和他人的重要性。生活中富有哲理的俗语俯拾即是，教师可以在教学中恰当运用，使学生能更直观、更有兴趣地学习教材知识。从小学到中学，学生们已经接触了无数的诗句，对其中的一些名句更是耳熟能详、理解深刻。在政治教学中不时插入学生们熟悉的一些诗句，既可以加强他们对理论的理解，又可以跟其他的科目相联系，增加他们的学习兴趣。

用漫画让学生直观感受，启迪思维。漫画具有直观的形象，蕴含着深刻的道理，通过解读漫画寓意巩固所学知识，也能达到增强能力和激发学习兴趣的目的。例如，学习《法不可违》时，给学生展示几组警示类的漫画，从漫画中将所学的内容引出，让学生在漫画中寻求答案，使其思路逐渐展开。教师在讲解本节课漫画的时候也应该注意其警示意义，帮助学生树立正确的人生观和价值观，增强学生的法治意识。

对初中生道德与法治课学习兴趣的培养，是一个系统工程，这既需要社会的重视，又需要学校的重视，更需要初中政治教师的重视。作为道德与法治课学习兴趣培养主要实施者的初中政治教师，其在道德与法治课学习兴趣的培养上起着不可替代的作用。做一名合格的初中政治教师，首先要从思想上重视对道德与法治课学习兴趣的培养，把它当作自己义不容辞的责任和义务，时时刻刻保持培养学生学习兴趣的意识。其次，为了完成这一系统的工程，初中政治教师要运用自己所有的知识储备，充分准备，把培养学生学习兴趣付诸行动。最后，初中政治教师要积极学习，紧跟时代的步伐，学习先进的教学理论和新的教学手段，不断为自己的课堂补充新鲜的血液。只有这样，才能使道德与法治课堂越来越生动，越来越受学生的欢迎。空谈误国，实干兴邦，政治教师要时刻不忘初心，牢记使命，不断提升自身教学水平，为提高学生学习兴趣，培养新时代的接班人而不断努力。

深度学习视域下初中道德与法治教学探微

石河子第十中学 赵 婕

深度学习理念在初中道德与法治课堂学习过程中的践行，会保证学生主动投入课堂学习过程，转变在日常课堂学习过程中的态度，有效增强学生的总体学习素养，强化学生的思想道德素质，让学生在课堂学习过程中收获丰硕成果，加深对课堂学习内容的印象。在初中道德与法治课堂教学过程中，教师指引学生完成深度学习会让课堂教学效率得到不断完善，让学生在学习过程中强化素养，保证学生在学习过程中增强认知，让学生在尝试探索中理解道德与法治课堂中的重点知识。

一、优化课堂导入，实现深度学习

课堂导入过程的优化是指教师在课堂教学过程中了解教学实际需求，学生在课堂学习过程中的不同能力，以及学生的兴趣爱好，优化课堂导入过程，促进学生对学习内容的深入思考，同时让学生进一步理解道德与法治课堂中教学的理论知识，促使学生强化情感感悟，推动学生在课堂学习过程中获得进步，教师通过课堂导入过程的优化指引学生完成深度学习会增强课堂内的教学效果[1]。

例如：在"中学序曲"知识点的教学过程中，教师为优化课堂导入过程，促进学生的积极思考，可以通过信息技术对比中学与小学的区别，以及中学生与小学生的区别，从学习内容、学生性格特点、身体变化等不同角度进行分析对比以完成课堂导入，促进学生的积极思考。随后，教师引出"中学序曲"知识点的教学，让学生在课堂学习过程中进一步理解理论知识，培养学生的自主

59

学习意识，让学生在兴趣的驱使下自主探索学习内容，丰富学生的学习成果，让学生善于总结经验，完善学习过程，促进学生在学习思考探索过程中取得综合进步。

二、结合生活实际，实现深度学习

生活是学生较为熟悉的场景，教师在课堂教学过程中要实现培养学生深度学习的教学目标，可以通过结合生活实际的方法，让学生理解课堂学习内容在生活中的应用，增强学生的学习积极性。对课堂内学习内容的深入探索，会深化学生的情感意识，增强学生的情感体验。在课堂教学过程中要通过完善学习方式、保证学生学习实效性的优化，让学生在课堂学习过程中增强认知，优化感悟，提升学习能动性。[2]

例如：在"爱在家人间"知识点的教学过程中，教师可以结合学生的实际生活，完成知识点的教学。家人之间的相互关心、相互爱护会营造温馨的家庭气氛，教师指引学生在课堂学习过程中分享自己家庭生活中家庭成员之间相互关心的故事，同时展示父母和长辈对自己的照顾，促使学生领略道德与法治课堂中的学习内容，帮助学生深入完成知识点的学习和探索，优化学生的学习体验。在课堂教学的实践过程中，教师指引学生高效理解课堂内的教学内容，促使学生完成知识点的深入思考，有助于实现课堂教学目标，促进学生取得实质性进步。

三、运用信息技术，实现深度学习

信息技术在课堂教学过程中的应用会提升教学有效性、增强教学质量，是指引学生完成深度学习的有效方式。在课堂教学过程中，教师融合信息技术完成课堂内知识点内容的讲解，会丰富学生的学习成果，促使学生完成学习内容的深度探索；在课堂实践教学过程中，教师探索新鲜的教学模式，让学生在学习实践过程中完成高效的互动，会促使学生对学习内容实现深度理解。信息技术的包容性和广泛性可以适当延伸课堂中的教学内容，促进学生积极思考，让学生在课堂学习过程中增强认知，实现增强学习有效性的目标。[3]

例如：在"珍视生命"知识点的教学过程中，教师可以首先通过信息技术诠释基础知识内容，让学生理解生命的重要性以及生命的精彩性，通过信息技术优秀课堂教学氛围的构建，促使学生完成学习过程的深入思考，完善学生在课堂学习过程中的环节，提升学生的情感认知。随后，在知识点的延伸拓展中，教师可以通过信息技术展示社会中不同人群对生命的热爱程度，在面对灾难和痛苦时不同人群的心理状态。教师在课堂教学过程中融合信息技术传输基础知识，同时融合信息技术延伸课堂内教学内容，会增强学生的情感感悟，让学生在课堂学习过程中加深对学习内容的印象，强化思考意识，促使学生在学习过程中进步。

综上所述，在初中道德与法治课堂的教学过程中，教师应不断创新课堂内的教学方法，优化课堂讨论过程，促进学生在课堂学习过程中完成深度探索。教师结合生活实际探索新鲜的教学方式，促使学生在学习过程中强化总体素养，丰富学习成果，会使学生在课堂学习过程中实效性的增强。教师在课堂教学过程中，通过信息技术的融入以及生活实际的结合和课堂导入的优化，促进学生主动探索、自主完成知识点学习，会强化学生的总体学习水平。但是，教师仍需探索更为新鲜的教学模式，为学生提供更加宽泛的学习空间，促使学生在课堂学习过程中获取更大进步和更多成长。

参考文献：

［1］季月平.初中道德与法治构建"生本课堂"实现途径探析［J］.名师在线，2020（12）：70-71.

［2］井红梅.信息技术环境下初中道德与法治探究式学习方法研究［J］.科学咨询（教育科研），2020（04）：167.

［3］裴玉芳.情境教学在初中道德与法治教学中的作用及应用［J］.甘肃教育，2020（06）：176.

思维+趣味

——新时代催生道法网课新教法

第五师九十团学校　秦桂莲

新时代，网课以五花八门的方式粉墨登场之后，像"王炸"，把师生搞得精疲力竭，却收效甚微。为此，寒假期间，我另辟蹊径，将九年级道法课思维导图编成类似于"手抄报"的识记卡，让色彩与思维碰撞，内涵与趣味相融，教师探索趣味横生，学生学得津津有味。

在道法教材中，探寻一种网课新教法，将枯燥的、复杂的、繁多的概念、理论"画写"一张记忆"卡"。它不是思维导图，也不是手抄报，而是介于它们之间、取其优点的"卡"。

这种"卡"点与点之间逻辑性强，点与线之间切合紧密，线与线之间搭建教材主题内容，适合课堂教学，适合师生互动，适合学生记忆。

思维导图的最大优点是，逻辑性强、文图简练、便于记忆。（以九年级教材为例，下同）如看九年级上册的思维导图（如图1），大家能快速摸清这本教材要学什么，每个单元的主题是什么，有几课、几框内容。如此一来，做教学计划很方便，也便于学生记忆。

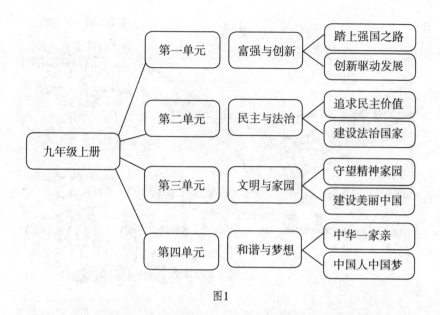

图1

在教学探索中，我突然想到了手抄报。它可以在一定程度上把教材中的知识梳理清楚。但手抄报有个最大的缺点，那就是虽有主题，但缺少逻辑性。

于是我在研读教材时，产生了一个介于思维导图和手抄报之间的新想法，我自己把它称为"记忆卡"。

道法课九年级上下册的内容都是国情篇，枯燥、乏味，学生如果自己读教材、分析教材，没有个五六遍，是吃不透的。包括很多"想偷懒"的教师，每天都对着群大喊"谁有课件和教案"。这说明这部分知识教师难教，学生难学。我的这种教学设计，就是紧抓教材的逻辑性与教材知识的梳理，高效、快速，学生也可以参与创设。尤其是对学困生很有帮助，一节网课30分钟，一次性解决基础知识识记、扶差、作业批改，学生在教师的引导下，很好地进行有序记忆、快速记忆、反复记忆、趣味记忆，且能学以致用。（如图2）

（1）根据课题，携手关键词，画出形象、逼真的"携手"。然后每个目（手）下的知识点梳理到位，还有较强的逻辑性。学生如果预习过教材，通过色块的不同，一遍就能记住整课内容。

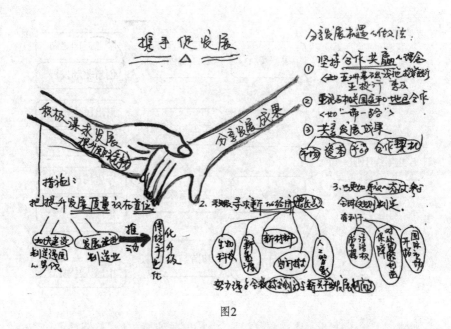

图2

（2）生活在新型的民主国家。第一个目的是寻找民主的足音。用一双大脚表示，有探寻、摸索、艰难前行的意思。左边再用5只小脚丫，表示探寻的过程很漫长，有失败，有成功；右边也有5只小脚丫，表示探寻的路上，我们找到了自己国家的民主方式……最后总结，走什么样的民主道路，取决于它的基本国情。形象、生动，更便于记忆。（如图3）

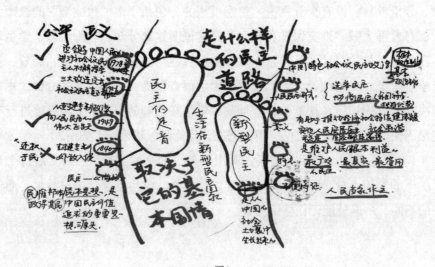

图3

（3）以下"记忆卡"自己看，解释省略。（如图4）

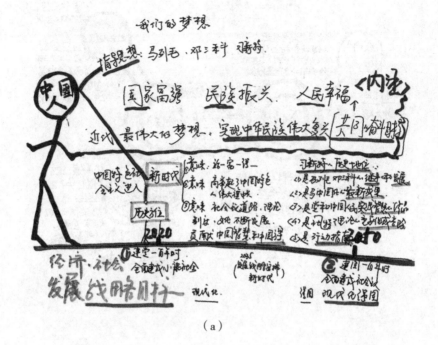

（a）

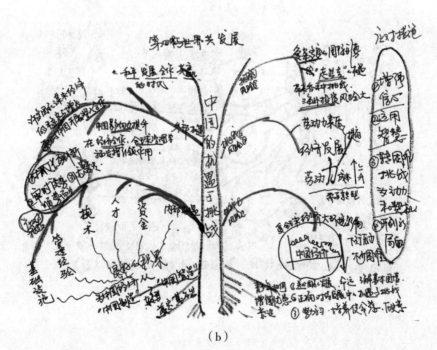

（b）

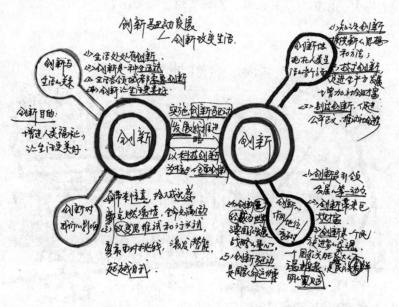

（c）

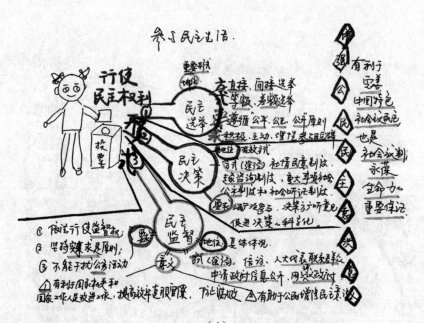

（d）

图4

　　经过一学期的尝试，收获很大。不过在"新尝试"的背后，我每天至少要花120分钟左右，细解教材，把握重难点，找准逻辑思维的点和线，把每一课浓缩在一张纸上，用不同的色彩标识出来。一般学生可以在课堂上用5～8分钟时间快速记忆，学困生用11分钟左右也能记忆。剩余19分钟可以复述，可以练习，可以学习答题技巧……

　　值得骄傲的是，这个创新教法，在4月兵团教研主题讲座上一经推出，便备受全兵团道法教师追捧；尤其是在6月九年级最后一周的复习时，学生可以通过"记忆卡"很快地记下九年级上下册的所有内容。

第二辑

教学设计

《国家好　大家才会好》教学设计

石河子第十中学　赵　婕

【教学目标】

知识与能力：知道国家利益与人民利益在根本上是一致的及其重要性。

过程与方法：懂得维护国家的利益是实现国家富强、民族振兴、人民幸福的重要保证，帮助学生提高自身的爱国爱党爱疆意识。

情感态度与价值观：培养学生国兴我荣、国衰我耻的价值观。增强学生对维护国家利益是每个公民基本义务的意识，积极践行维护国家利益要从一点一滴的小事做起。

【教学重难点】

教学重点：国家利益的含义与范围以及国家核心利益的内容。

教学难点：国家利益与人民利益的关系。

【教学、学习方式】

应用多媒体课件，运用启发式和问题目标教学法

【教学流程】

热场：视频《我和我的祖国》

（一）导入新课

图片导入

教师讲述：这个十一因为新疆的疫情管控，虽然没有出门，但我游览了祖

国的大好河山，我所教的上届内初班学生进入了内高班开始研学活动，河南内高班的学生去了少林寺，上海内高班的学生去了海洋馆，江苏内高班的学生去了白居易故居，而我在学校陪伴学生们度过了一个幸福而有意义的"十一"。

提问：为什么全球疫情肆虐，而中国民众还能享受生活？

学生回答：正是因为我们背后有一个强大的祖国，人民也在努力奋斗。

今天我们共同来学习第八课第一框《国家好　大家才会好》。

过渡：首先请大家按照要求完成自主学习部分。

（二）新课讲授

自主学习

（1）国家利益的含义。

（2）国家利益的范围和核心利益的内容。

（3）国家利益与人民利益的关系。

要求：快速阅读本课内容，用铅笔对重点词语进行勾画，阅读完毕后迅速抬头。

过渡：在对本节课进行初步了解后，我们要在后面的课堂中进行深入学习。刚才的歌词中唱道：

第一章节　我歌唱每一座高山　我歌唱每一条河　袅袅炊烟　小小村落　路上一道辙

教师提问：一个国家之所以被称为国，得先有什么？

学生回答：人口。

教师提问：除了人口，还得有什么？

学生回答：保卫人民的人。

教师提问：也就是我们"國"字中的"戈"，武器代表军事力量，也就是主权和政权。还要有什么？

学生回答：疆土。

教师板书：国。

教师提问：到底什么是国家利益？

学生回答（出示PPT）。

知识小结：国家利益是一个主权国家在国际社会中生存需求和发展需求的总和，包括人口、领土、主权和政权等，它们关系到民族生存、国家兴亡。

教师提问：国家利益的范围是什么？

学生回答（出示PPT）。

知识小结：国家利益涉及政治、经济、文化、社会、军事等领域，包括安全利益、政治利益、经济利益、文化利益等。

教师引导：注意区分国家利益和国家核心利益，下面我们通过几幅图片来区分这七个核心利益。

出示图片，学生回答。

教师引导：今年还发生了一件大事，联合国召开了联合国大会。

出示材料：由于新冠疫情在全球蔓延，全球领导人将以发送视频形式"云"出席9月在美国纽约联合国总部举行的联合国大会。第75届联合国大会定于9月15日开幕。这一机构22日决定采取上述特殊举措。"各会员国、观察员国、欧洲联盟可以提交国家元首、副总统、王储、政府首脑、部长或副部长预先录制的视频……现场出席大会的各国常驻联合国代表做介绍以后，在联大会议厅播放这些视频。"在一般性辩论阶段，联合国各会员国代表可以就多项国际议题发表看法。

教师引导：现在我们观看一下模拟联合国大会，注意聆听、观看，并思考两个问题——

中美两国政府对待疫情的态度让你感受到了什么？

中美两国人民对待疫情防治工作的态度让你感受到了什么？

视频：模拟联合国大会

学生讨论并回答。

教师引导：老师跟你们有一样的感受，我们一起来回顾几个镜头。

PPT展示

镜头一：老人问：收费标准是怎样的？医生回答：国家免费治病，您现在就安心养病。

镜头二：习近平总书记说："广大人民群众识大体，顾大局，自觉配合疫情防控斗争大局，形成了疫情防控的基础性力量。"

镜头三：医生：我们离死亡最短，我们叫"敢死队"。工地工人：抢工期就是抢救别人的生命……

教师引导学生小结：①在我们国家，国家利益反映广大人民的共同需求，是人民利益的集中表现。②人民利益只有上升、集中到国家利益，运用国家的工具（法律、各项制度、政府机构），才能得到真正的维护。③国家利益只有反映人民利益，依靠人民艰苦奋斗，才能得到真正的实现。④在当代中国，国家利益与人民利益是高度统一的。

教师过渡：我忍不住又想唱歌了。

我和我的祖国　像海和浪花一朵　浪是海的赤子　海是那浪的依托

教师提问：谁是海？谁是浪花？

学生回答（略）。

教师指导学生整理笔记——国家利益和人民利益的关系。（如图1）

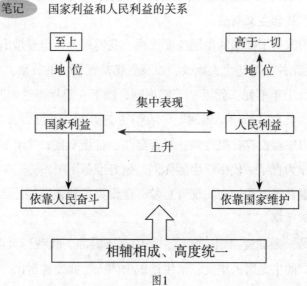

图1

教师引导：但是老师有一个疑问——

教师提问："人民利益放在高于一切的位置上"与教材中"国家利益至上"矛盾吗？为什么？

学生回答（略）。

归纳小结：不矛盾。祖国是我们成长的摇篮，她以广袤的土地和灿烂辉煌的思想文化，养育着一代又一代中华儿女。国家独立自主、繁荣富强，国际地位不断提高，人民的生活就充满希望，内心就感到自豪和骄傲。

过渡：这时候老师忍不住要表达对祖国的爱国之情。

第二章节　我最亲爱的祖国　你是大海永不干涸　永远给我碧浪清波　心中的歌

过渡：今年对于新疆而言是非常特别的一年，今年是新疆维吾尔自治区成立65周年，也是脱贫攻坚的决胜之年，国家对于新疆的发展也是高度重视。

PPT出示材料：习近平总书记在第三次中央新疆工作座谈会上的重要讲话：当前和今后一个时期，做好新疆工作，要完整准确贯彻新时代党的治疆方略，牢牢扭住新疆工作总目标，依法治疆、团结稳疆、文化润疆、富民兴疆、长期建疆，以推进治理体系和治理能力现代化为保障，多谋长远之策，多行固本之举，努力建设团结和谐、繁荣富裕、文明进步、安居乐业、生态良好的新时代中国特色社会主义新疆。

过渡：国家对于新疆的发展高度重视，我们每个人也要做出努力。

PPT展示图片：简述个人成长，以及弘扬胡杨精神的故事。

"活着一千年不死，死了一千年不倒，倒下一千年不烂。"胡杨是新疆最古老的树种，又称"沙漠英雄树"。人们赞美胡杨，不仅因为其风姿，更因为胡杨的生命力中蕴含着扎根边疆、艰苦奋斗、自强不息、甘于奉献的精神。

提问：作为青年一代中学生的你们，做好准备了吗？

情感态度升华：我能为实现青春梦、建设大美新疆做些什么？

学生回答（略）。

教师小结：爱党爱祖国爱新疆，我们义不容辞，让我们大声表达对祖国的热爱之情，"此生无悔入华夏，来生还做中国人，我爱你祖国"。

【课堂小结】

今天我们了解了国家及国家利益的内涵，在日常生活中我们也要时刻关注国家利益。我们也知道了国家利益与人民利益的密切联系，因此要维护国家利益，把国家利益、民族利益、人民利益紧密联系在一起。

【自我检测】

表1

知识点	0–1–2–3–4–5
1.国家利益的内涵。（5分）	0–1–2–3–4–5
2.国家核心利益。（5分）	0–1–2–3–4–5
3.认同热爱祖国的美好情感；认同维护国家利益是每个公民不可推卸的责任；愿意为了中国梦的实现奋斗终身。（15分）	0–1–2–3–4–5
4.国家利益是人民利益的集中表现。（20分）	0–1–2–3–4–5

【板书设计】

集中表现

国家利益 —————→ 人民利益

←————— 上升

《促进民族团结》教学设计

石河子第十八中学　陈　敏

【课标依据】

本课的依据是新课程标准中"我与集体、国家和社会的关系"中"（四）认识国情爱我中华"："4.6 知道我国是一个统一的多民族国家，国家的长期稳定和繁荣昌盛要靠各族人民平等互助、团结合作、艰苦创业、共同发展，以自己的实际行动维护国家稳定和民族团结。""感受个人成长与民族文化和国家命运之间的联系，提高文化认同感、民族自豪感，以及构建社会主义和谐社会的责任意识。"

本课另一依据是《青少年法治教育大纲》中"青少年法治教育"的内容及要求："加深对公民基本权利和义务的认识""初步形成依法参与社会公共事务的意识"。

【教材分析】

《促进民族团结》是九年级《道德与法治》上册第四单元"和谐与梦想"第七课《中华一家亲》第一课时的教学内容，通过介绍我国的民族概况、民族分布的特点以及民族政策和制度，重点强调"加强和巩固民族团结，维护祖国统一，是中华民族的最高利益"；在此基础上进一步阐述我国加快发展少数民族地区经济社会所采取的措施及意义，为学习第二节维护国家统一奠定了基础。

【学情分析】

随着新疆"民族团结一家亲""三进两联一交友"活动的不断深入，学生对于民族问题、民族政策有了一些感性认识，但是由于缺乏系统细致的学习，他们对于我国民族现状、民族政策等方面的知识知之甚少，更不能用理论知识解决生活中的问题；对于维护民族团结、国家稳定的重大意义理解不透彻；对履行维护国家统一和各民族团结的义务观念不强；中华民族共同体意识不强。

【教学目标】

（一）情感态度价值观目标

增强自觉热爱各民族人民的情感，以自己的实际行动维护和促进民族团结，增强责任感和使命感，树立中华民族共同体意识。

（二）过程与方法

（1）通过各种视频、图片引出问题，激发学生学习的热情。

（2）让学生在自主学习—合作学习等活动中，进一步了解我国的民族现状及分布特点；利用课前搜集整理的有关少数民族的资料，了解我国为加快民族地区经济社会发展所采取的措施。

（3）通过连续剧的情境创设、时政案例分析、问题探究等活动形式区分我国新型民族关系和处理民族关系的原则，提高学生对促进民族团结重要意义的认识，培养学生对中华民族的认同意识，并将其落实到实际生活中去。

（三）知识与能力目标

（1）知道我国是统一的多民族国家；

（2）理解民族区域自治制度是我国的一项基本政治制度；

（3）了解加快民族地区发展的措施；

（4）知道维护和促进民族团结是公民的义务；

（5）理解促进地区共同繁荣和民族地区进步是每个公民应尽的义务，我们要从自身做起，从小事做起。

【教学重难点】

教学重点：维护和促进民族团结。

教学难点：民族团结的意义。

【教法与学法】

课堂教学采用情境教学法、案例教学法，引导学生进行自主学习、合作探究学习，以学生主动参与发现问题、解决问题、探究问题为主，教师讲解为辅，重在引导。运用多种教学手段，充分利用生活中学生感兴趣的话题，运用多种形式、从多个角度呈现教学内容，以激发学生兴趣，引发学生思考，在体验中感悟，在感悟中升华。

【教学用具】

多媒体、视频、希沃白板等。课前给学生发一些白纸。

【课前准备】

教师：收集资料，利用希沃白板制作课件。

学生：提前分组收集有关少数民族现状、新疆经济社会发展的资料。

【课时安排】

一课时，45分钟。

【教学过程】

（一）创设情景，导入新课

播放2019年国庆大阅兵中"民族团结方阵"视频片段。

（视频片段内容为：新疆各族人民载歌载舞的情景。）

畅所欲言：

（1）视频让你感受到了什么？（学生谈感受）体现了社会主义核心价值观哪个层面的哪个内容？（国家层面的价值目标——和谐）

（2）设计这一方阵的目的是什么？

（学生思考并交流回答：倡导各族人民都要以实际行动维护民族团结。）

教师小结：血浓于水，中华一家亲。正如习近平总书记所说，国家要富强、民族要振兴、人民要幸福，需要各族人民同呼吸、共命运，共同促进民族团结。下面就请同学们和我一起走进今天的课堂《促进民族团结》。

第一节 促进民族团结（板书）

设计意图：用学生最熟悉的、最震撼的视频来导入新课，从新疆映射到全国，既活跃了课堂气氛，又引发了学生思考问题、解决问题的热情，自然引入课题。

（二）合作探究新课

第一篇章——"一枝独秀不是春"

活动一："序曲——小试牛刀"

（教师出示预习题目，学生阅读教材第90～97页，时间大约5～8分钟）

多媒体出示预习问题：

（1）我国共有多少个民族？什么是中华民族？

（2）我国各民族人口分布呈现出什么特点？

（3）我国形成了怎样的社会主义新型民族关系？

（4）我国各族人民在交往交流交融中分别形成了怎样的中华民族共同体及大格局？

（5）在处理民族关系上，我国坚持的基本原则和基本政治制度（政策）分别是什么？

（6）我国为促进少数民族地区发展采取的措施主要有哪些？

（7）为什么要加快民族地区经济社会文化发展？

（8）为什么要加强和维护民族团结？

（9）我们要以怎样的实际行动维护民族团结？

活动形式：

（1）学生以小组为单位讨论预习。

（2）教师利用希沃白板功能，展示"知识竞赛"游戏，两人一组以竞赛的方式进行小组对抗赛，呈现各组预习成果。

（3）学生竞赛结束后，教师点开相应的答案链接，进行小结归纳，对学生感到困惑的问题以及教学重难点进行重点分析，并解决相关材料问题。

活动评价：

让课代表在黑板右侧画一个分组计分表，优胜组计一分。

设计意图：培养学生自主学习能力、发现问题并提出问题的能力，让学生有目的地听课，从而提高课堂教学效率。"知识竞赛"游戏与计分方式是为了激励学生主动参与到探究活动中去，主动思考问题并解决问题，并集中注意力。

第二篇章——"百花齐放春满园"

探究目标一：民族大家庭（板书）

活动二："主题曲——庖丁解牛"

1. 多媒体出示我国各民族人口分布图

设问：

观察图片，你得出了哪些结论？（学生思考并抢答）

教师小结：

（1）我国是统一的多民族国家。五十六个民族组成了中华民族大家庭。我国各族人民相互依存、休戚与共、手足相亲、守望相助，共同捍卫民族团结和祖国统一，结成了牢不可破的血肉纽带和兄弟情谊。

（2）此图片体现了我国各民族人口分布呈现出大散居、小聚居、交错杂居的特点。

（3）形成了你中有我、我中有你、谁也离不开谁的大格局。

（4）我国形成了平等团结互助和谐的社会主义新型民族关系。

设计意图：依托导入小品的视频情景，设计问题，让学生运用从第一个游戏环节中所掌握的知识来解决情景问题，以提升学生分析图文材料的能力。

2. 多媒体出示图文——中华民族文字、语言、习俗等

设问：

我国各族人民在交往交流交融中分别形成了怎样的中华民族共同体？

教师小结：

我国各族人民在交往交流交融中形成了世界上人口最多、文字基本统一、观念基本相同的中华民族共同体。

3. 多媒体播放春晚小品视频《天山情》片段1

设问：

视频内容体现了我国在处理民族关系上，坚持了什么基本原则和基本政治

制度（政策）？（学生分组讨论，得出结论）

教师小结：

（1）在处理民族关系上，我国坚持民族平等、民族团结和各民族共同繁荣的基本原则。

（2）在处理民族关系上，我国坚持的基本政治制度是民族区域自治制度。

设计意图：一例贯通的视频，设置问题，让学生自主讨论相关问题，突出本课的重点，突破教学难点。

探究目标二：理解我国处理民族关系的基本原则（板书）

活动三："插曲——细饮慢品"

4. 多媒体出示时政材料

材料一："少数民族的人权保护"：第十三届全国人大代表2980名，其中少数民族代表438名，占代表总数的14.70%，全国55个少数民族都有本民族的代表。

材料二：民族地区宗教信仰自由得到充分尊重。以新疆为例，有各类宗教活动场所2.4万余处，风俗习惯得到继承和保护。

让学生阅读教材，回答问题：这些材料说明了什么问题？

教师小结：

在我国，民族平等有哪些表现？

我国处理民族问题坚持了民族平等的原则。其表现为：各民族不论人口多少、经济社会发展程度高低、风俗习惯和宗教信仰有多大差异，都是社会主义大家庭中平等的一员，具有同等的社会地位。各民族在国家和社会生活各领域享有平等的权利，承担相同的法定义务。

设计意图：通过材料分析，提升学生利用所学知识分析材料的能力。

5. 多媒体播放短视频——新疆武警总队反恐亮剑誓师大会

设问：

誓师大会给你什么感受？（学生讨论回答）

教师小结：

（1）加强和巩固民族团结，维护祖国统一，是中华民族的最高利益。

（2）我国各民族始终同呼吸、共命运、心连心，克服种种困难和艰险，顶住种种压力和挑战，追求共同发展、共同富裕、共同繁荣。

探究目标三：家和万事兴（板书）

6. 多媒体播放春晚小品视频《天山情》片段2

设问：

（1）视频中体现出我国为促进新疆少数民族地区发展采取了哪些措施？

（2）你能罗列出为促进我国少数民族地区经济文化社会发展，国家还采取了哪些重要举措吗？

活动形式：

（1）学生以小组为单位，将课前搜集的国家为实现新疆快速发展而采取的重要举措的相关资料通过各种方式展示出来，与大家分享。

（2）教师补充视频资料，以凸显教学重点。

（利用多媒体播放歌曲《民族团结一家亲》，歌曲唱出了新疆在国家各项优惠政策的大力支持下取得了巨大成就）

教师小结提升：

国家促进少数民族地区发展采取的措施：

（1）经济方面——在人力、物力、财力等方面大力支持民族地区的经济社会发展。如：加大对欠发达民族地区的扶贫支持力度，推动西部大开发战略，实施兴边富民行动，通过输入技术、管理、人才等方式增强民族地区自我发展能力。

（2）民生方面——支持民族地区发展教育，实施积极的就业政策，建立基本医疗保障制度。

（3）文化方面——大力扶持少数民族文化的保护、继承、创新和发展工作。

设计意图：一例贯通的视频，设置问题，让学生自主讨论相关问题，通过学生展示活动突出本课的重点，突破教学难点。巩固预习成果，提高学生自主学习的能力、分析问题能力、收集有效信息的能力。同时，让学生从自我实践和生活中感恩伟大祖国，增强学生的"五个认同"意识、提升"四个自信"。

追问：

（学生讨论回答）我国为什么要加快少数民族地区经济社会文化发展？

加快民族地区经济社会文化发展，逐步缩小发展差距，促进民族地区共同繁荣是增进民族团结、发展社会主义民族关系的必由之路。

多媒体播放2019年习近平总书记在脱贫攻坚工作会议上的讲话视频片段。

设计意图：用最新时政引出问题，让学生明确少数民族地区发展对实现2020年全面小康目标所起到的重要作用。

7. 多媒体播放春晚小品视频《天山情》片段3

设问：

（1）你如何评价小品中修路工人的行为？（学生回答：他以实际行动维护了民族团结。）

（2）他们为什么要这么做？

活动形式：

学生以小组为单位进行讨论，并交流汇报。

教师小结提升：

为什么要维护民族团结？

加强和巩固民族团结，是中华民族的最高利益；维护和促进民族团结，是每一个公民的神圣职责和光荣义务。

设计意图：一例贯通的视频，设置问题，让学生自主讨论相关问题，突破教学难点，生成中华民族共同体意识，达成情感态度价值观目标。

（三）课堂小结

学生活动：

通过这节课的学习，谈谈你的收获。

这节课我学到了……懂得了……印象最深的是……，对我启发最大的是……我将在以后的学习生活中……

设计意图：让学生自己归纳总结，提升民族情感，并让中华民族共同体意识更加深入，增强"五个认同"意识，将其落实到生活实际中去。

（四）拓展提升

第三篇章——"绝知此事要躬行"

多媒体播放自制视频《我的南疆支教生活》。

设问：

（1）"我"为南疆少数民族地区做了些什么？

（2）生活在少数民族地区的你们能为维护民族团结做些什么？（从思想上、行动上进行分析）

教师引导提升：

公民（青少年）应如何维护民族团结？

（1）思想上：增强民族平等和团结意识，铸牢中华民族共同体意识。

（2）行动上：与各民族手足相亲、守望相助、齐心奋斗，像石榴籽一样紧紧抱在一起；自觉做到"三个尊重"，积极宣传、自觉拥护党和国家的民族政策；坚决反对大汉族主义和狭隘民族主义，同各种破坏民族团结的言行作斗争；同学之间要平等相处，说利于民族团结的话、做利于民族团结的事等。

设计意图：用自己制作的视频，引发学生的兴趣，激发学生维护民族团结实践的热情，指导学生知行合一。

（五）教师寄语

同在蓝天下，你中有我、我中有你，血脉相连、互帮互助，像石榴籽一样紧紧抱在一起，各族人民都是一家人。我们要增强中华民族共同体意识，要在维护民族团结的道路上奋力奔跑。

下面请大家和我一起唱响《这就是我们新疆》这首歌。

多媒体播放《这就是我们新疆》MV。将石榴奖励给获胜组。

【板书设计】

（利用希沃白板以知识导图的方式打开）

【布置作业】

完成《优化设计》第七课第一课时的内容。

【教学反思】

亮点：

（1）导入新课部分通过2019年国庆大阅兵民族团结方阵视频引起了学生学习的兴趣，同时活跃了课堂气氛，设问合理，由新疆说到国家，很自然地引入新课，效果很好。

（2）从导入新课到探究新课部分，整个教学过程使用了一个小品《天山情》的不同部分来创设情景，一例贯通的方式能够激发学生的学习热情，一个视频多次使用具有实效性，设计的问题既巧妙，又贴近学生生活实际，使学生有话可说，能够引发学生思考。另外，从一开始我就向学生展示了真的"石榴"，整个课件也融入"石榴"的造型，游戏环节也使用"石榴"为背景图片，最后又将石榴作为获胜组的奖品，这也成为本课的亮点。

（3）社会主义核心价值观的融入非常自然，也起到了拓展学生思维的目的。

（4）问题设计很直接，使预设能有效生成，使学生活动较充分，同时拓展了学生的知识面。

（5）整个教学过程一环套一环，比较流畅。

（6）用以自己的亲身经历制作的小视频和学生课前自主探究收集的资料来突破教学难点；以时政视频点评突出教学重点，这些都成为这节课的亮点。

（7）预习问题的展示过程，都配有相关的链接，既节约了时间，也高效地完成了教学目标。

（8）学生谈收获，提升了本课的教学目标，达到了民族团结教育的目的。

（9）同唱《这就是我们新疆》使本课达到了高潮，也走向课程的尾声，让学生回味无穷，达到情感态度价值观的目标。

不足：

（1）由于对国家为少数民族地区经济的发展所采取的举措知之甚少，所以学生在课前需要花费很多时间去整理信息，只有部分同学能汇报。

（2）学生谈收获的部分，由于时间原因，没有进行展示。

改进措施：

（1）可以将本课内容分成两个课时来进行；

（2）多拓展一些其他少数民族地区的知识，让学生放眼全国。比如："念慈在兹"等。

《公平正义的守护》教学设计

石河子第十六中学　方　燕

【设计理念】

在本课教学中，我始终遵循、坚持"一个理念"——育人为本，为全体学生的发展设计课程。

【教学内容分析】

本框主要探讨如何实现公平、守护正义，从个人和法律制度两个层面进行立意和阐述。让学生形成维护公平正义的意识，而维护社会公平离不开每个人的积极参与和制度保障，追求正义离不开个人的努力，守护正义更需要司法的捍卫。

【学生学习情况分析】

八年级学生在实际生活中，还很缺少自觉维护正义和公平的意识，甚至在自身权益受到侵害时，也不懂得该怎样去维护，而是经常采取消极的态度和做法，忍气吞声，放任不良行为的肆意蔓延；同时对制度保障公平、司法维护正义感触也不深。而本节课就是从学生的这一问题出发，通过理论阐述和事例介绍，加强学生的品德修养，努力引导学生做一个追求公平、维护正义的公民。

【教学目标】

（1）情感态度价值观目标：领悟公平正义是人类追求的永恒目标，是法治社会的核心价值；增强维护公平正义的意识，树立追求公平正义的信念。

（2）能力目标：通过小组合作、案例分析等方式提高学生在学习和生活中守护公平正义的实践能力。

（3）知识目标：理解守护公平正义一方面要靠个人的坚守，另一方面要靠制度，特别是法律制度的保障；掌握守护公平正义的方法和途径。

【教学重难点】

教学重点：守护公平正义的方法和途径。

教学难点：法律制度守护公平正义。

【教学方法】

情景式教学、案例分析、小组合作探究式教学。

【课时安排】

一课时。

【教学过程】

导入：同学们，公平、正义这两个词大家都不陌生，首先请大家欣赏一首《公正歌》，边听边思考你对公平、正义的认识。（播放《社会主义核心价值观组歌——公正歌》）

生：公平就是做事不偏不倚，正义就是见义勇为……

师：公平和正义紧密相连、密不可分。维护公平需要正义的制度予以保障，见义勇为、伸张正义就是为了维护公平。一首《公正歌》，曲终意未尽。无私念，立品行，身影正，自从容。守护公平正义，信步漫漫人生，人心是尺量天下，公平正义伴我行。今天，让我们一起走进第八课第二框《公平正义的守护》。

（教师：出示本课标题，第八课第二框《公平正义的守护》）

师：首先请大家完成导学案上的自主预习部分。

过渡：公平正义如春风暖阳，让我们感到温暖而透亮，每一次被公平对待的感动，每一次被正义感充盈的豪情，都在我们年少纯洁的心间留下阵阵涟漪。

第一环节：纵有不平事

设计意图：该环节通过对生活中公正与非公正现象的对比，激发学生们对公正的敬畏之心和守护的勇气，为引入下一环节做铺垫。

师：公平正义，融于生活，现于细节，让我们用善于发现的眼睛去寻找生活中的公平和正义吧。（引导学生从家庭、学校、社会三个方面思考，请2～3名学生回答）

生：略。

师：这些公平正义的事情对你的成长有什么作用？对社会而言又有什么作用呢？

生：能保障我们健康成长，有利于社会的和谐稳定。

师：我们都渴望公平正义的阳光普照，但客观来说，我们的生活中还存在着不公正的事。你在生活中遇到过不公正的对待吗？（学生自由发言，请2～3人回答）

生：被家长冤枉、公共场所插队现象、考试作弊现象……（师追问：那你当时的感受怎样？）

生：生气、委屈、愤怒、伤心……

师：公平正义对于我们每个人而言都意义重大，对社会也同样意义非凡。

师生归纳：公平正义的作用。

过渡：我们都渴望我们的社会充满公平正义，但是，公平的社会不会自然而然地形成，公平从美好的愿望变成现实，需要我们积极努力、不懈追求。纵有不平事，勇者义可为。胸怀浩然气，磊落且刚直。那么，当不公平、非正义的现象在我们身边发生时，我们该如何以实际行动坚守公平、守护正义呢？

第二环节：勇者义可为

设计意图：通过对身边不公平、非正义事例的认知，激发学生们的正义感，积极寻求解决途径和方法，突破本课重点。

教师出示情景再现：遇到考试作弊和校园欺凌时，你会怎么做？

小组合作：当遇到这些有违公平正义的现象时，你会怎么做？

要求：5～6人一组，讨论时间为3分钟，每组派代表发言。

生：对于考试作弊行为，可以善意提醒，可以举报、报告老师。

对于校园欺凌现象，应及时阻止或劝阻，及时报告老师、家长或直接报警。对于漠视不管的行为，教师要引导学生学会换位思考，如果是自己遭遇校园欺凌，肯定希望得到别人的帮助。

（在该环节中，教师应根据学生的回答情况作恰当引导和追问。例如，当学生说到对于考试作弊，会善意提醒同学时，教师追问：考试时我们自己能不能有小动作，影响其他同学考试？让学生明白要用最合情合理的手段维护公平正义。当学生说面对校园欺凌，会选择报告老师或报警等方式时，教师可追问：为什么不直接上前加以制止？让学生明白与非正义行为作斗争时不仅要有勇气，更要有智慧，要讲究策略、见义智为。）

师生归纳：维护公平正义的方法和策略。

过渡：社会的公平正义需要我们每个人去守护，我们要争做有正义感的小公民，涵养品德，健康成长。除了智勇之士匡扶正义，更需要国家法治的保障。法治之威，拨云见日！

第三环节：法有凌云笔

就考试作弊和校园欺凌来说，法律对此有明文规定。（出示考试作弊和校园欺凌的法律条款PPT）

过渡：截至2020年1月，我国运行的法律有267部，从政治、经济、科技、文化、教育等诸多方面，平等对待每一个公民，保障其合法权益，维护社会公平正义，中国特色社会主义法治体系逐步完善。良法是善治的前提，应科学立法，促进公正司法。让我们通过朱振彪追逃交通肇事逃逸一案，一起来感受一下司法守护公平正义的磅礴力量。（出示朱振彪案的PPT）

师：你如何看待朱振彪追逃的行为？又如何看待本案的判决结果的？

生：是见义勇为行为。结果表明司法维护了公平正义。

过渡：公民见义勇为，法律是他坚强的后盾，绝不能让我们的英雄流血又流泪。立法见公平，司法守正义。法治扬利剑，惩恶亦扬善。公平正义是法治的终极目标和不懈追求。维护公平正义，司法机关重拳出击，振奋人心。下面，我们通过视频，再次感受中国司法的力量。

播放《中国法治捍卫公平与正义》。

师：司法机关维护了哪些方面的公平正义？

生：扫黑除恶、严惩"村霸"、"打虎拍蝇"、防治校园欺凌、严惩危险驾驶、非法集资、问题疫苗、"校园贷"、网络犯罪等，支持农民工依法讨薪，保护妇女儿童权益……

师：司法机关是如何维护这些方面的公平正义的？

生：通过公正司法来维护。

师：司法是捍卫社会公平正义的最后一道防线。正如习近平总书记所说，司法机关要公正对待人民群众的诉求，让人民群众在每一个司法案件中感受到公平正义。这就是司法存在的价值，这就是中国法治的力量。下面我们做一个课堂测试，完成导学案上的材料题部分。

生：略。

师生总结：我国法治守护公平正义的两个方面：立法和司法。

过渡：公平正义是人类永恒追求的主题，守护公平正义，需要全民积极守法，在面对不公平现象时挺身而出，追求公平，以一己之力，匡扶正义。更需要国家法治的保障，科学立法，公正司法，有力推进国家法治进程，确保社会公平正义。

第四环节：心正邦有道

设计意图：情感提升，让学生领悟公平正义是我们追求的目标，增强维护公平正义的意识。

师问：国家除了在法治方面维护公平正义之外，还出台了哪些制度或者措施来保障社会的公平正义呢？

生答：促进教育公平、完善社会保障、实施西部大开发、共建"一带一路"、构建人类命运共同体等。（生答不出或答不完整，教师适当引导）

师：国家努力促进教育公平、完善社会保障、实施西部大开发，缩小城乡和地域差别，维护社会公平正义。不仅如此，我国还提出共建"一带一路"、构建人类命运共同体等伟大构想，造福人民，造福世界。

公平正义，人心所向。公平正义，道德所倡。

公平正义，稳定根基。公平正义，法治利器。

公平正义，时代呼唤。公平正义，社会主义核心价值观内涵之彰显！

维护公平正义，顺民心，和民意，法治德治相结合。

维护公平正义，保障风清气正，助推社会稳定。

维护公平正义，响应时代号召，践行社会主义核心价值观。

让我们争做维护公平正义的智勇之士，涵养品德，健康成长。

同学们，通过本课所学，当面对不公时，你懂得应该怎样维护公平正义了吗？（抽取列举生活中不公平现象的同学回答）

师：扫清不公，荡平天下。一个充满公平正义的社会必将是一个美好的社会，现在就让我们来憧憬一下这美好的社会吧！

生：略。

结语：

"一花独放不是春，百花齐放春满园。"一朵鲜花打扮不出美丽的春天，群花斗艳才能点亮整个春天。高扬公平正义旗帜的时代，离不开千千万万个普通你我的力量，更离不开法治的力量。只有做到个人守护与法治守护形成合力，才能让公平正义的阳光普照大地。

《在品味情感中成长》教学设计

石河子第十六中学　方燕

【教学目标】

（1）情感态度价值观目标：让学生体味生活中的美好情感，形成通过情感积累逐步涵养情怀、陶冶情操的意识；感受生活中的美好情感，养成积极、乐观的生活态度；主动积极地影响身边环境，创造、传递情感正能量，建设和谐社会。

（2）能力目标：学会创造正面的情感体验；学会通过传递积极情感的做法影响身边环境，提高创造美好生活的能力。

（3）知识目标：了解情感对于个人成长的价值，掌握获得美好情感的途径。

【教学重难点】

教学重点：传递情感正能量。

教学难点：负面情感对于成长的意义及转化方法。

【教学过程】

导入：请同学们先欣赏几幅图片。（出示图片）

师：欣赏完图片之后，请分享你的感受。（2~3人回答）

生：看到的风景很美、小动物很可爱，或被父母亲情、同学朋友间的友情感动了……

师：老师和大家一样，被图片中折射的美景和深情打动了，风景让我们感到心旷神怡，情意让我们感到美好温馨，那些小动物的憨态可掬也触动了我们内心深处最柔软的地方。这节课，就让老师和大家一道，盛满温柔与欣喜、激动和期待，用心开启我们的情感之旅，让我们在品味美好情感的过程中共同成长。

（出示本课课题幻灯片，稍作停顿，出示学习目标）

师：请大家齐读今天的学习目标，明确我们今天的学习任务。（生齐读）

师：请同学们带着学习目标，首先完成自主预习填空部分。

环节一：心之所感

设计意图：通过回忆成长中难忘的经历，引导学生体味美好情感，思考总结美好情感的作用及获得方法。

过渡：刚才图片中我们领略了自然美景，品味到了亲情友情，同学们，在你的生活中，还有哪些事让你动容？还有哪些美好的经历想和大家分享呢？

生：和父母、同学、朋友甚至陌生人的经历，对大自然、小动物欣喜热爱的感情，对祖国的自豪感、对英雄的崇拜之情及对家乡的思念之情，等等。

教师多角度评价学生，引导学生思考总结出这些美好情感的获取途径及作用。

教师小结：品味着大家分享的难忘过往，那些美好，那些曾经的心伤和感动，纯如水晶，嵌入我们的生命，伴随我们一路成长。让我们用欣赏之心、宽容之心、仁厚之心、悲悯之心待人接物，品味生活，感悟生命，相信生命深处的风景一定会春暖花开、繁花似锦！

过渡：无论你正如沐春风还是正经历人生的秋风萧瑟，只要用心感悟、以爱承担，定会收获满满的感动。

下面，老师给大家分享一封特殊的家书。细细品读父亲的信，你可以感受到信的字里行间，父亲对女儿怎样的情感？（播放父亲的信）

生答：可以感受到父亲对女儿浓浓的爱和不舍的情感，希望女儿乐观坚强地成长……

师问：这封信对女儿的成长有什么影响？女儿有没有被生活中的挫折压垮？我们再来品读一下十年后女儿的回信。（播放女儿的回信）

生答：因为父亲的爱，她没有被生活中的困难和挫折打倒，女孩很坚强，很阳光地成长。

师问：女孩在失去父亲陪伴的十年里，会经历怎样的感受？

生答：伤心难过，不尽的思念、孤独和恐惧……

师问：她又是通过做什么事来转化这些负面情感的呢？

生答：画画、变魔法、逗爷爷奶奶和妈妈开心等。

师问：你有过哪些负面的情感？你是怎样转化的呢？（请6~7名学生回答，教师引导，归纳转化负面情感、创造正面情感的方法。如完成一项自己喜欢的活动，帮助别人，走进大自然、博物馆，欣赏艺术等）

过渡：苦乐交织，是我们的人生。人生难免有挫折，我们也难免会体验一些不愉快甚至是痛苦的感受，那么这些消极负面的感受对我们的人生有没有意义呢？

生答：有。

师问：负面情感对我们的成长有什么意义呢？

生答：丰富人生阅历，让生命饱满丰盈。

教师小结：无论人生路上是晴天还是阴霾，心中一片晴空，脸上便能绽放灿烂笑容。无论你是正享受着风轻云淡，还是正经历着雪雨风霜，只要用心感悟、用爱品味，我们的人生便能淡定从容。心中有爱，遇见花开！

过渡：回想我们在人生中收获的温暖和感动，感恩生命中每一个关心、爱护、帮助甚至擦肩而过心怀善念的陌生人，细细想来，我们收获的感动得益于他人情感的传递。我们并不总是被动地接受外部环境的影响，也可以用自己的热情和行动来影响环境，也可以将自己的温暖传递给他人，传达给社会。看，我们的榜样正向我们走来！（播放幻灯片：2017年中国"最美孝心少年"人物娜迪热·艾买尔江和"感动中国"人物卓嘎和央宗的事迹）

环节二：行有所动

设计意图：让学生在体味美好情感的感情基础上，懂得感恩他人、感恩社会，积极主动地从行动上传递情感的正能量，承担对自己、对他人和社会的责任。

师问：赠人玫瑰，手有余香，他们在平凡的生活中，互帮互助、关心他人、关爱社会，积极主动地传递着情感的正能量，他们用无声的行动向我们诠释着人生的真善美，诠释着勇担责任、不求回报的人间大爱。作为同龄人，我们是不是应该向他们学习，努力传递情感正能量呢？

生答：是。

师问：看一看，我们身边的人是如何做的？（播放本校学雷锋活动及志愿者活动的一些照片）想一想，自己是如何去关爱他人、承担社会责任、积极传递情感正能量的。

活动要求：小组合作，将传递情感正能量的具体行动进行汇总，然后小组展示，每个小组轮流说一条，后面发言的小组不能重复。所有小组发言完毕，其他小组和个人可以补充。

课堂小结：同学们，这节课，老师和大家一道，体味了生命中点点滴滴的美好情感，用心感悟，以身践行，让我们在品味情感的过程中传承温暖，锤炼坚强，健康成长！

【板书设计】

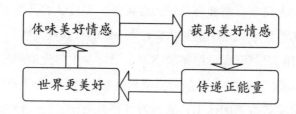

【教学反思】

亮点：

（1）教学设计合理，选材符合学生生活实际，符合学生认知特点，有效突破教学重难点。

（2）多方位评价学生，语言优美，具有感染力。

不足之处：课堂设计和语言组织上都有待完善。另外，上课时间安排不太合理，课堂节奏略显前松后紧，结尾仓促。

《国家好 大家才会好》教学设计

第五师九十团学校 秦桂莲

【学科核心素养目标】

（1）培养学生自学习惯和有条理的逻辑性。在自学的基础上，知道国家利益的含义，国家利益与人民利益在根本上是一致的及其重要性。

（2）通过2组实战演练、1组拓展空间，引导学生热爱祖国的美好情感，坚决维护和捍卫国家核心利益，愿意为国家利益与人民利益勇担责任。

（3）对香港事件有正确认识，践行习近平总书记"11·15"的重要讲话，做一个爱国爱港的学生。

【教学重难点】

教学重点：国家利益是人民利益的集中表现。

教学难点：国家利益的内涵和外延。

【教学过程】

（一）视频导课

1. 播放《秦老师眼中的九中》微视频

出示问题：

（1）谁能猜猜秦桂莲老师为什么喜欢博乐九中？用一句话表达。

（2）你喜欢博乐九中吗？理由。用一句话表述。

归纳：九中好，我们才会更好。

2. 过渡：今天九中的学生无疑是幸福的

如果我们把时间退回到1935年12月9日。

播放《一二·九运动》的纪录片。出示问题：

一二·九运动，清华大学救国会在《告全国民众书》中悲愤地发出"华北之大，已经安放不得一张平静的书桌了"的呐喊。

思考：你是如何理解"华北之大，已经安放不得一张平静的书桌了"这句话的？也请同学们用一句话来回答。

归纳：国家不好，我们会更不好。

引出课题：国家好，我们才会好。

（二）讲授新课

1. 布置自学任务一

快速阅读教材P86-88内容，从小标题入手：

（1）依据学习"道德与法治"的逻辑思维，从"是什么"→"为什么"→"怎么做"入手，提出问题，解决问题，厘清教材"知识点"。

（2）厘清知识点后，再在教材上做标记，与同桌交流、表述。

（3）学生汇报自学情况（要求简洁、有条理）。

2. 实战演练一

看图做练习：（如图1）

（1）结合篆书"国"字和已有的生活经验，分析国家的生存和发展需要具备哪些条件。

图1

（2）趣味说"国"（教师口述学生板书：三个秦字叠罗汉、口中王、口中民、口中武、口中玉、口中八方）。你从"国"的变化中悟出了什么道理？

归纳：国家利益涉及政治、经济、文化、社会、军事等领域。

点拨：出示四幅图，说明国家利益包括安全利益、政治利益、文化利益、经济利益。（如图2）

图2

国家核心利益包括国家主权、国家安全、领土完整、国家统一、宪法确立的国家政治制度和社会大局稳定、经济社会可持续发展的基本保障。

3. 布置自学任务二

快速阅读教材P89-90内容，从标题入手：

（1）依据学习"道德与法治"的逻辑思维，从"是什么"→"为什么"→"怎么做"入手，提出问题，解决问题，厘清教材"知识点"。

（2）厘清知识点后，再在教材上做标记，与同桌交流、表述。

（3）学生汇报自学情况（要求简洁、有条理）。

4. 实战演练二

看视频做练习：

（1）播放3组香港事件的视频（香港事件场面、香港人对此事件的态度、香港事件对香港的影响）。

（2）香港是中国不可分割的一部分。

材料1：

1841年，英军侵占广东香港岛（不代表占领），1842年8月，中英签订中国近代史上第一个不平等条约——《南京条约》，割香港岛给英国。1860年，中英签订《北京条约》割九龙司地方一区给英国。1898年，割新界给英国。1997年，香港回归祖国。

材料2：

2019年11月15日，习主席说：香港持续发生的激进暴力犯罪行为，严重践踏法治和社会秩序，严重破坏香港繁荣稳定，严重挑战"一国两制"原则底线。止暴制乱、恢复秩序是香港当前最紧迫的任务。我们将继续坚定支持行政长官带领香港特别行政区政府依法施政，坚定支持香港警方严正执法，坚定支持香港司法机构依法惩治暴力犯罪分子。中国政府维护国家主权、安全、发展利益的决心坚定不移，贯彻"一国两制"方针的决心坚定不移，反对任何外部势力干涉香港事务的决心坚定不移。

思考：

（1）"香港事件"已经触犯了谁的利益？

（2）习近平总书记的三个"坚定不移"，说明了什么？（用今天所学知识回答，言之有理即可）

5. 拓展空间

香港是中国不可分割的一部分。她曾经在祖国母亲懦弱贫穷时，被强行掠走，受尽凌辱；1997年，祖国母亲逐渐强大，又把她接了回来。今天，一些别有用心的反华势力和外部势力干涉香港事务，严重破坏香港的繁荣稳定。我们坚决不允许！

我们虽然不是诗人，但我爱香港，不愿她受伤！全班赋诗一首《香港，我想对你说……》

老师先写第一句，学生续写，朗读，结束。

【教学反思】

这节课作为主题研讨课，在博乐市九中，是与博乐、精河、温泉、五师兵地做交流的课。主要采取学生自学，抓住教材中每个小标题的形式展开：从是什么→为什么→怎么做入手，培养学生在自学中掌握道德与法治课的逻辑思维方式。学生在教师的引导下，先试着提出问题：什么是国家利益，为什么讲国家利益，怎样维护国家利益；再试着解决问题。而"怎么维护国家利益"，教材正文里没有出现，教师引导学生在课题引言中找，学生很快完成了任务。对于第二个小标题，教师放手让学生自己提出问题、分析问题、解决问题，学生思维敏捷，有条理。

拓展空间，将香港问题引入课堂。部分教师在评课时认为应该展开讲，今天香港问题主要是教育出了问题，学生思想还停留在资本主义的框框里；而我认为，中学生的独立判断能力还不足以认识香港问题的核心，课堂上只要让学生知道国家及我们新一代中学生应该怎么做就好，积极传递正能量。经过一个多小时的商讨，大家赞同我的意见。

《共筑生命家园》教学设计

石河子第三中学　雷海燕

【教学目标】

情感态度价值观目标：树立节约利用资源和保护环境的意识及可持续发展意识，树立以人为本，全面、协调、可持续的科学发展观，增强责任感和使命感。

能力目标：联系实际说明建设生态文明和走绿色发展道路的必要性，结合我国的发展明确应怎样实施可持续发展战略并在日常生活中践行。

知识目标：正确认识人与自然的关系，知道生态文明的重要性和建设生态文明的措施；明确绿色发展的意义，坚持绿色发展道路要正确处理好人口、资源、环境之间的关系；坚持科学发展观；走可持续发展之路。

【核心素养】

增强绿色发展意识，为中华民族永续发展助力。

【教学重难点】

教学重点：坚持绿色发展道路。
教学难点：生态文明的重要性。

【教材分析】

第六课建设美丽中国的起点是当下我国发展中面临的问题与挑战，在第一课时，学生们已经了解了我国发展面临的问题与挑战，第二框"共筑生命家园"主要讲述"怎么办"的问题，回应我国所面临的人口问题与资源、环境挑战，从理念上说要处理好人与自然的关系，从行动上说要走绿色发展道路，从愿景上说要建设生命家园。首先，教材通过"运用你的经验"，让学生品味诗词意境，初步感受人与自然和谐共生的生活场景，我没有运用教材案例，而用了生活中的图片来体现人与自然和谐共生的生活场景。其次，教材通过对人与自然关系以及国际社会为保护环境所作努力的讲述，给出了应对当下人口、资源、环境挑战的价值理念。地球是人类唯一的家园，人与自然和谐共生是人类社会的普遍共识。建设生态文明是人类的共识和时代的选择。为实现人与自然和谐共生，建设生态文明，我国提出创新、协调、绿色、开放、共享的新发展理念。最后，教材通过浙江省余村两种不同发展方式的鲜明对比，引导学生认同"绿水青山就是金山银山"的生态发展理念。

在此基础上，教材指出了建设生态文明的方法与行动。绿色发展道路，是我国处理经济发展与生态环境保护关系的成功路径。走绿色发展道路，不仅是发展理念的转变，更重要的是发展方式的转型。要坚持以人民为中心，满足人民群众对优质生态产品的需要，做到绿色惠民；要坚持绿色生产、生活方式，并将其内化为自觉践行的价值观；要加强法治建设，完善环境保护法律法规。我们要通过绿色发展，共筑生命家园。

【学情分析】

进入九年级，学生感受、认识和参与生活的范围不断扩展，思想水平和情感能力得到快速提升，对国民身份认同的心理需要日益凸显。从九年级学生的身心发展规律和品德发展需求出发，在不断扩展的生活场域中聚焦"我与国家和社会"的关系，将"我"的生命感受与国情、法律、心理健康和道德诸领域的知识相融合，培养"绿水青山就是金山银山"的生态发展理念。

【教学准备】

教师准备：

（1）课前做好相应的知识准备，仔细研读教材和课程标准，学习习近平新时代中国特色社会主义思想关于生态文明建设的重要思想，调查本地区相关案例并进行资源开发，使自己的教学内容更贴近学生生活，使教学更有说服力。

（2）要充分了解所教班级的学情，了解学生对人口、资源、环境问题的关注程度。根据学生实际情况来设计教学环节，制订解决方案，提高学生发现问题、思考问题、解决问题的能力。

（3）仔细了解课本中出现的西方工业化老路、土壤污染、生态保护红线等概念，以及由此可能衍生的其他专业问题，并做好专业解释的准备。

学生准备：

（1）课前要自主阅读教材内容，特别是正文部分，对教材的基本内容有基本的了解。同时，对教材中所提出的问题能结合自己的生活实际进行思考，有独到的见解，能在课堂上与同学、老师进行深入讨论。

（2）对于教材中出现的名词，如美丽中国、生态文明、计划生育、可持续发展、绿色发展、绿色富国等，可以查阅相关资料，对名词的含义有初步的认识，以更好地理解教材内容。

【教法与学法】

使用情境教学法、体验式学习、小组合作探究等教法与学法，充分利用丰富的视频、歌曲和图片资源，使学生在体验、感悟、自主、共情的过程中达到教学目标。

【评价策略】

师生交流时捕捉学生发言中的亮点并适时强化，对学生的良好表现，给予归因反馈，增强学生的成功感；安排学生讨论时，让学生有相互评价的机会，并给予肯定；对课堂生成性问题，给予重视。

【教学资源来源和免责声明】

为了达成本节课的设计意图，需要使学生有很强的代入感，为此选取了一些有感染力的图片、音乐和视频。这些资源来源于网络，无法查询作者。但使用资源仅以教学和公益为目的，不存在侵权故意。同时，对资源的制作者和拥有者表示诚挚的谢意。

【教学过程】

（一）导入新课（复习问题导入）

上节课后马老师给大家布置的作业——石河子的发展，还存在哪些问题与挑战呢？请同学们汇报一下你发现的问题。

生：水资源短缺、交通拥堵、雾霾、绿化减少……

师：通过同学们的调查不难发现，现在整个石河子要想快速发展，还有很多亟待解决的问题，其实不光是石河子，整个新疆，甚至是整个中国都存在这样或那样的发展问题，所以有人说这是一个充满问题与挑战的时代（播放PPT）。可是这个时代全是问题，就没有美好的体验吗？请同学们来谈谈感受。

师：（播放PPT）通过我们的切身感受不难发现，科技给我们的生活带来了各种便捷，所以也有人说这是一个最好的时代。同一个时代，有人说这是最好的时代，又有人说这是充满问题的时代，这对比鲜明的现象背后有什么样的实质矛盾呢？

师：（播放PPT）正如同学们所说，这是经济发展与生态环境之间的矛盾，用最时髦的话说，这是如何平衡绿水青山和金山银山的关系问题。接下来我们就通过一个地方的发展历程，来探讨绿水青山和金山银山的关系问题。

（二）新课讲授

目标导学一：坚持人与自然和谐共生

师：（PPT展示图片）同学们知道北大仓吗？它是我国的粮食生产基地。那么同学们知道北大荒吗？这两个地方有什么样的关系呢？请一个同学来介绍一下。

生：北大荒经过开垦以后变成了北大仓。

师：说得非常好，北大荒经过几代人的艰苦开垦，成为我国著名的粮食生产基地，累计开垦数量达3000万亩，每年产粮70亿吨。70亿吨仅仅是一个数字，对我们来说比较抽象，老师换个说法，那就是可以为北京、天津、上海所有人口提供一年半的口粮，北大仓为解决我国粮食问题作出了突出的贡献。可是这一壮举在2001年的时候被黑龙江省叫停了，北大荒被禁止开荒，同学们知道是为什么吗？

生：生态问题、环境问题、水土流失、动植物灭绝……

师：（展示图片）就像同学们说的，北大荒因为过度开垦，导致三江平原水旱灾害频发，水土流失，风沙化严重，动物被迫迁徙，生态链断裂，从而导致粮食产量急剧下降。可是当年垦荒错了吗？

生：没有。在当时，人们的温饱问题没有解决，也无暇顾及环境问题。

师：非常好，这位同学站在历史的角度，从当时的时代背景下看待这一问题，有这么一片肥沃的黑土地，一边是生态环境，一边是全国的温饱问题，必须作出选择。所以随着时代的发展，温饱问题已经解决，于是黑龙江为恢复生态环境做了什么事情呢？

生：退耕还林。

师：没错，就是退耕还林（展示图片）。那么同学们，退耕还林后得到了什么？退耕还林后生态平衡了，耕地变成林带草场，还三江平原一个绿水青山，那么金山银山还有吗？接下来我们看一则材料，看看退耕还林后的北大仓是什么样的？

师：（PPT展示材料）现在北大仓的绿水青山还是金山银山吗？经济效益、生态效益、社会效益的有机统一，绿水青山还是金山银山吗？所以说，经济发展要和环境保护达到一个协调平衡的状态。通过北大荒的案例，我们看到咱们国家走了一条先污染后治理的道路，可是只有中国在走这样的道路吗？

生：不是。在20世纪中叶，现代西方发达国家在发展工业的时候就是以牺牲环境为代价的，比如伦敦的"杀人雾"事件。

师：这位同学的知识储备十分丰富。是的，让人感到庆幸的是，咱们国家已经发现了问题，在发展中已经发现了问题，所以，国家立即做出了调整。看看这两幅图（第一幅图是驶过小鸟天堂的高铁，巴金笔下《鸟的天堂》；第二幅图是昨天早晨才通车的港珠澳大桥，白鳍豚与大桥共存），这两幅图说明咱们国家是怎么发展的？（引出目标导学二：坚持走绿色发展道路）

生：我国走绿色发展道路。

目标导学二：坚持走绿色发展道路

活动一：请同学们为石河子发展规划宏伟蓝图。

生：天蓝、地绿，环境好，没有雾霾，人们的腰包鼓……（播放视频石河子2020年规划）

通过同学们的描述和视频，我对石河子的未来充满信心，我们要走一条低碳绿色发展的道路，可是在描绘宏伟蓝图的时候，大家还记得一开始我们发现的影响石河子发展的那些问题吗？水资源短缺、沙尘暴、雾霾等问题。又到冬天了，迫在眉睫、亟待解决的是什么问题呢？

生：雾霾。

师：没错，就是雾霾。

活动二：现在以小组为单位，从国家、政府、社会、企业、个人的角度出谋划策，为石河子的蓝天贡献自己的力量。

生：国家：①严格控制污染物排量。②增加绿化面积。……

社会：社会组织、公益活动、宣传教育

企业：转型升级、绿色生产、科技创新

个人：①拒绝使用一次性木筷；②尽量少用一次性物品；③拒绝使用珍贵动植物制品；④使用节约型水具；⑤支持可循环使用的产品。

师：同学们贡献的策略都非常有效，老师也摘取了2019年石河子政府工作报告中政府对石河子雾霾治理采取的措施。主要是从两个方面来说的：第一，控制产量，关闭了东西热电厂，关闭了非法的小煤窑，采取集中供暖，购置大型清扫和降尘喷洒设备，汽车尾气环保检测、安全技术检测同步实施，淘汰黄标车和老旧车辆6万余辆；第二，绿化，将军山绿化工程稳步推进，机场快速公路沿线绿化带基本完成，南区绿化增加2000余亩。

【课堂总结】

所以要想构建富强民主文明和谐美丽的中国，就需要以政府为主导，以企业为主体，社会组织、公众共同参与。美丽石河子，不仅要绿水青山天蓝地绿，更要成为我们留住乡愁、守望相助的生命家园，所以让我们从小事做起，从点滴做起，共同建设美丽石城、美丽新疆、美丽中国。

【作业布置】

写一份环境保护倡议书

【板书设计】

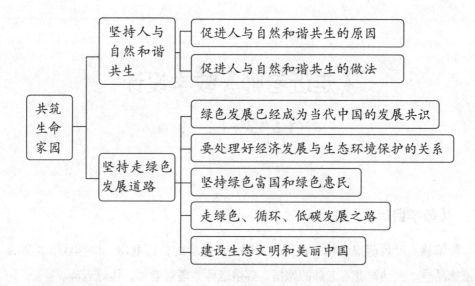

【课后反思】

本节课内容较多、头绪繁杂，帮助学生厘清思路较为重要。本节课主要学习了两个问题：一个是坚持人与自然和谐共生，学习了人类面对生态危机时作出的智慧选择、生态文明的重要性及建设生态文明的措施，结合新颖的事例帮助学生理解；另一个是坚持绿色发展道路，学习了当代中国的发展共识和坚持走绿色发展道路的措施，结合石河子当前的发展状况和存在的问题，由学生自己发现问题、提出问题、解决问题，使学生提高了对家乡的认识以及热爱。在本节课上课过程中，也存在一些问题，比如口头用语比较多，语言的规范性不够强，第一个活动进行得不够彻底，学生没有放开，这与老师的引导有一定关系。

《走近老师》教学设计

石河子总场第一中学　李　晶

【教学目标】

情感态度价值观目标：认同教师职业所蕴含的价值取向，培养尊敬老师的道德品质；主动增进与老师的感情，尊敬老师、理解老师、体谅老师。

过程与方法目标：学会接纳不同风格的老师，学会与老师友好相处。

知识与技能目标：了解教师的工作特点，理解教师工作的特殊性；知道不同的教师具有不同的风格。

【学情分析】

师生关系是初中学生成长过程中需要处理的重要关系之一，对培养学生的人际交往能力和促进其健康成长具有重要意义。在现实生活中，由于身心发展特点等原因，学生一方面具有向师性，另一方面可能存在着这样一些困境：

（1）因自我意识、独立意识的增强，以及获取信息的多元化，对老师的权威产生"质疑"。

（2）"恋旧"情绪。七年级学生刚刚离开朝夕相伴的小学老师，心理上一时难以接受和适应"新教师"，难免感到陌生，不敢与老师亲近。

（3）心智尚不成熟，不能理性看待不同风格的老师。

因此，和谐的师生关系，是学生的需求，也是教学的需要，有利于学生的身心健康发展。

【学法指导】

合作探究法：在探究材料的基础上，以自主、合作等形式，鼓励学生多动脑、多思考、多动口，培养学生的积极性和思维的创造性，以及分析归纳和表达能力。

体验法、感情交流法：通过自身生活体验和交流，使学生认同观点，从而将其主动内化为自己的情感、态度、价值观，并融入实践中，有助于实现知、行、信的合一。

【教学重难点】

教学重点：了解教师职业特点。

教学难点：学会接纳不同风格的老师。

【课时安排】

一课时。

【教学过程】

导入：展示图片——春蚕、园丁、人梯、蜡烛。

引导学生思考：它们被用来比喻谁？你还知道哪些描述老师或者赞美老师的词语或句子？

学生观看图片，讨论与交流画面内容，大胆猜想，积极发言。

板书课题：

（1）展示本课的学习目标。

（2）学生自主学习，完成自主学习填空题。

新课讲授：

环节一：了解老师的职业特点

活动一：感知不易

学生讨论交流老师一天要开展哪些工作，配乐《每当我走过老师窗前》。教师职业有哪些特点？教师要具备哪些专业资格？配乐《每当我走过老师窗前》。

（现场采访老师与课前采访老师相结合）注意采访的秩序、礼貌用语，以及采访的要求。

学生小组合作探究：

（1）老师一天要开展哪些工作？

（2）教师的职业有哪些特点？

（3）教师需要具备哪些专业资格？

① 学生小结：老师的工作主要有上课、备课、批改作业、辅导学生、班级管理、培训，等等。

② 师生小结：教师的职业特点，在古代，教师作为教育工作者，是人类文明的主要传承者之一；在现代，教师是履行教育教学职责的专业人员，承担教书育人的使命。

多媒体出示：习近平总书记提出的"四有教师"——有理想信念、有道德情操、有扎实学识、有仁爱之心的教师。

③ 教师：向学生展示自己的毕业证、学位证、普通话考级证、计算机等级证、英语六级证、继续教育证、远程教育培训证等。

学生思考：教师还需要哪些专业资格？

学生总结：专业证书，计算机操作能力，英语能力，终生学习能力等。

环节二：风格不同的老师

活动二：我来当老师

情境设置：如果你是老师，你的学生作业没有写完，你将如何处理？为什么？

合作探究问题：

（1）如果你是老师，你如何处理？

（2）你这样做的目的是什么？

学生合作探究，完成提问。（学生可以进行现场表演，展现出不同老师的处理方式和风格）

教师提问：你们发现这些老师的处理方式一样吗？

师生小结：不同的老师有不同的风格。

教师进一步追问：为什么老师的风格不同？

学生：老师性格不同、年龄不同、做事风格不同……

师生小结：由于老师的年龄、性格、阅历、思维方式等都不同，因此不同的老师有不同的风格。

活动三：出谋划策

情境设置：

（1）我就喜欢语文老师讲课，他幽默风趣，总是让我们开心。我就不喜欢数学老师，他的课真无趣，除了做题就是做题。喜欢老师就喜欢哪一学科，怎么办？

（2）升入初中两个月了，可我还是怀念原来的老师们，总想回到原来的班级，每天到学校都很不开心，我该怎么办？

（3）喜欢的英语老师调去外校了，换来了另一个老师，原来最爱上的是英语课，现在……可这次考试成绩一落千丈，我该怎么办？

思考：

（1）如果他们继续这样发展下去，会出现什么结果？

（2）如何让他们敞开心扉，走出误区？

请同学们给他们出主意、想办法。

小组合作探究分享，提出建议。

学生：畅所欲言，言之有理即可。

师生小结：对待不同风格的老师，我们要学会承认老师的不同，接纳不同，从而尊重不同。每一位老师都值得尊重。

【课堂小结】

教师是传播知识、传播思想、传播真理的工作，是塑造灵魂、塑造生命、塑造人的工作，理应受到尊敬，要在全社会弘扬尊师重教的良好风尚。一个人遇到好老师是人生的幸运，一个学校拥有好老师是学校的光荣，一个民族源源不断涌现出一批又一批好老师则是民族的希望。

——摘自第32个教师节习近平总书记在八一学校的讲话

教师总结主题：我们要尊师、敬师、爱师。

【作业设计】

写出你最想对老师说的话（可以是道歉，可以是感谢，或是其他你想说的话）。

【板书设计】

传承文明		承认不同
教书育人	教师	接纳不同
时代要求		尊重不同

【教后反思】

本课教学设计贴近学生的生活实际，也拉近了师生之间的距离。尤其是让学生走进办公室采访老师的环节，让学生们看到了老师工作的辛苦，也使他们更加亲近了老师的工作环境。老师向学生展示各种资格证书，不仅拉近了师生之间的距离，也让学生更加佩服和崇敬老师，原来当老师需要这么多的资格证，老师很了不起，从而为他们尊师、敬师、爱师奠定了更加坚实的基础。后面的难点是通过学生自己的情感体验来突破的。通过学生生活中最常见的不完成作业的现象，让学生以身说法：如果你是老师，你会怎么处理？学生站在老师的位置上，才能理解老师的难处和一片苦心，并且通过不同的"小老师"处理方式的对比，学生们也会理解为什么每位老师有不同的处理方式和风格，可以说是打动了学生的心灵。用习近平总书记的话结束本课，在理论上是一种升华，因为国家尊师重教。对于学生而言，也是情感上的一种升华，我们要更加尊重、爱戴老师。让学生把尊师、敬师、爱师落实到实际生活中去，理解老师的一片苦心，这节课就顺利完成了情感态度价值观目标。

《诚实守信》教学设计

石河子第十中学 卢 森

【教材分析】

《诚实守信》是人教版八年级上册《道德与法治》教材第二单元第四课第三框的内容。本课所依据的课程标准的相应部分是"成长中的我"中的"自尊自强"。具体对应的内容标准是："能够分辨是非善恶，学会在比较复杂的社会生活中作出正确的选择。""领会诚实是一种可贵的品质，正确认识生活中诚实的复杂性，知道诚实才能得到信任，努力做诚实的人。"

本框共安排了两目内容："诚信无价"和"践行诚信"。诚信自古以来就是中华民族的传统美德，是我们的道德规范，是社会主义核心价值观在公民个人层面的一个价值准则，也是一项民法原则，所以学好本框内容尤为重要。

【学情分析】

八年级学生处于青春期，可能会出现一定程度的逆反心理，部分学生对遵守道德规范持消极态度，甚至通过违反道德规范来显示自己的存在，这种心理发展的阶段性特征，需要教师加强引导，从尊重道德规范的深层原因和社会价值角度给学生提供帮助，以不断克服和解决其成长中面对的问题，在学生道德规范形成的关键时期加强引导。

【教学目标】

基于对课程标准的解读，确立了《诚实守信》第二目"践行诚信"的三维目标。

情感态度价值观目标：感受诚信做人做事的美好，树立诚信价值观。

知识与技能目标：

（1）理解诚信的价值和意义，知道社会主义核心价值观对诚信的具体要求。

（2）认识在社会生活中失信给个人和社会造成的危害，提高辨别能力。

过程和方法目标：通过列举身边事例、设置情境等活动，让学生采取实例分析、小组合作交流等方式来学习本课内容。

本课三维目标确立的依据：从学生已有的知识水平、能力水平及情感认知水平出发，体现了新课程标准的要求。目标明确，难度适宜。

【学习重难点】

学习重点：知道诚信的具体要求，提高践行诚信的能力。

学习难点：处理好诚信和隐私之间的关系，树立诚信价值观并让诚信做人成为一种习惯。

【教法与学法】

（一）教法

坚持新课改所倡导的"教师主导、学生主体"的教学理念，采用活动探究、情感体验等方式激发学生的学习热情，引导学生在具体情境中体验、感悟、掌握教学内容。

（二）学法

采用自主学习、合作探究、角色扮演等方法充分调动学生学习的积极性和主动性，帮助学生在情感体验中学会学习、享受学习，提高分析问题和解决问题的能力。

【教学过程】

如何践行诚信（主要通过"小珂的心情故事"进行交流学习）

第一篇章　感动我们的诚信力量

小珂的心情故事——诚实

北宋词人晏殊，素以诚实著称。在他14岁时，有人把他作为神童举荐给皇帝。皇帝召见了他，并要他与一千多名进士同时参加考试。结果晏殊发现考试是自己十天前刚练习过的，就如实向真宗报告，并请求改换其他题目。宋真宗非常赞赏晏殊的诚实品质，便赐给他"同进士出身"。

请回答：

（1）如果你是故事中的主人公，你会做出怎样的选择呢？

（2）从晏殊身上，我们得到了什么样的启示呢？

活动设计：通过选取"感动我们的诚信力量"的故事，让学生认识到：每个人都要树立诚信的意识，向榜样看齐；都要真诚待人，信守承诺，说老实话，办老实事，做老实人。同时，也让学生知道：人非圣贤，孰能无过。每个人在成长的过程中，都有可能犯错，如果我们的行为产生了不良影响，就应不逃避，不推脱，勇于承认错误，主动承担责任，争取他人的谅解。

第二篇章　当"诚实"遇到"隐私"

小珂的心情故事——气愤

情景剧：（剧情介绍）

小珂：嗨，任晓雨！

晓雨：嗨！方珂！

小珂：昨天语文作业可真多！写的我手现在还在发麻呢！

晓雨：是呀，是呀！写的我是头昏脑胀！哎！

小珂：还好，数学作业很少，就书上的几道题。

晓雨：啊？昨天数学作业还有数学练习册呢，你忘记了吗？

小珂：哦！完了完了，我忘记写了……

晓雨：今天还要收起来检查，老师要是知道没写的话肯定会大发雷霆……

小珂：哎，任晓雨，咱俩是不是好闺密？

晓雨：当然了，怎么了？

小珂：那我没写数学练习册的事，你一定要替我保密啊，我打算跟老师说，我的练习册在家里，忘记带了，你千万不要告诉老师！

晓雨：嗯……可是……

小珂：别可是了，任晓雨，我知道你人最好了，又善良又可爱，你就替我保密吧！

晓雨：可……

小珂：好了，就这么愉快地决定了，我去帮你接水喝……

晓雨：哎，这不是难为我吗？同学之间是应该相互帮助，可我也应该对老师诚实啊……为了他好，我还是告诉老师！

过了一会儿……

小珂：你这个叛徒，你竟然出卖兄弟！亏我这么相信你。

晓雨：你别生气啊，作为你的好朋友，我真的是为你好。古话说得好：人无信不立，如果一个人不讲诚信，在社会上将没有立足之地，如果这次让你蒙混过关，那下次，下下次呢？

小组交流：

（1）如果你是晓雨，你要不要告诉老师，为什么？

（2）当"诚实"遇到"隐私"时，我们正确的做法是什么？

你的做法：

奶奶被送到医院，医生诊断说已经是胃癌晚期了，你会对奶奶说出真实病情吗？

活动设计：让小组成员交流讨论，让学生们畅所欲言，发表自己的看法。一方面，锻炼了学生的语言表达能力；另一方面，让学生意识到，社会生活是复杂的，我们有时会面临两难的选择。当尊重他人隐私与对人诚实发生冲突时，我们应遵循伦理原则和法律要求，权衡利弊，做到既恪守诚实的要求，又尊重他人隐私。同时，有效地引导学生对"善意谎言"有所认识，"善意谎言"并不违背诚信，它的核心是"善"，即要学会运用诚信的智慧。

第三篇章　珍惜个人的诚信记录

小珂的心情故事——惊讶

观看视频——"老赖"

思考问题：

（1）假设你或者你的家人得到了一个"失信彩铃"，你会有何感受？

（2）我们应该怎样对待诚信？（提示：国家、个人角度）

活动设计：采用视频的方式，符合学生的心理特点，可以更好地抓住学生的眼球，让学生深刻地认识到：守信者处处受益，失信者处处受限。要珍惜个人的诚信记录，要大力弘扬诚信文化，共同营造"以诚实守信为荣，以见利忘义为耻"的良好社会风尚，共同促进社会发展和文明进步。

相关链接：

中共中央办公厅、国务院办公厅印发的《关于加快推进失信被执行人信用监督、警示和惩戒机制建设的意见》规定，限制失信被执行人及失信被执行人的法定代表人、主要负责人、实际控制人、影响债务履行的直接责任人员乘坐列车软卧、G字头动车组列车全部座位、其他动车组列车一等以上座位、民航飞机等非生活和工作必需的消费行为。此外，还规定了住宿宾馆饭店限制、高消费旅游限制、子女就读高收费学校限制、购买具有现金价值保险限制以及新建、扩建、高档装修房屋等限制。

活动设计：通过相关链接的介绍，引导学生认识到这是落实党的十八届四中全会精神，建设社会主义法治国家，依法治国的重要举措。

【拓展延伸】

为了让我们的社会更美好，请同学们围绕"践行诚信"发出倡议。（提示：从家庭、班集体、学校、社会等角度）

要求：以6人为小组讨论交流，一人负责记录，之后每个小组由一人负责汇总并分享。（注意从身边小事做起）

活动设计："你有一个苹果，我有一个苹果，我们交换，我们仍有一个苹果；你有一种想法，我有一种想法，我们交换，就会有很多种想法。"小组成员交流讨论，集思广益，从身边点滴小事发出关于"践行诚信"的倡议。将本课所学推向高潮，达到"内化于心，外化于行"的目的。

时政要点：

2019年10月27日，中共中央、国务院印发了《新时代公民道德建设实施纲要》

持续推进诚信建设。诚信是社会和谐的基石和重要特征。要继承发扬中华民族重信守诺的传统美德，弘扬与社会主义市场经济相适应的诚信理念、诚信文化、契约精神，推动各行业各领域制定诚信公约，加快个人诚信、政务诚信、商务诚信、社会诚信和司法公信建设，构建覆盖全社会的征信体系，健全守信联合激励和失信联合惩戒机制，开展诚信缺失突出问题专项治理，提高全社会诚信水平。重视学术、科研诚信建设，严肃查处违背学术科研诚信要求的行为。深入开展"诚信建设万里行""诚信兴商宣传月"等活动，评选发布"诚信之星"，宣传推介诚信先进集体，激励人们更好地讲诚实、守信用。

【板书设计】

如何践行诚信？

（1）树立诚信意识；

（2）运用诚信智慧；

（3）珍惜个人的诚信记录。

活动设计：板书设计力求简洁明了，帮助学生对本节内容有系统全面的认识。

【课堂小结】

只有在一颗诚信的心中才能够生长出善良、正直、勇敢；只有一个诚信的人才能信守诺言、履行约定，获得他人的信任与尊重；只有人人诚信，社会秩序才能有条不紊，文明进步才有可能。让我们的诚信血液在心中流淌，让股股诚信血液汇聚成振兴中华之江河！

【作业布置】

搜集关于"诚信"的名言警句或诗句。

【课后反思】

本课设计始终坚持"以教师为主导，学生为主体"的新课改理念，选用了贴近学生生活实际的案例，案例呈现的方式有情景材料式，也有角色扮演式，还有观看视频式，且在授课过程中，充分体现教师"点燃、点拨、点评"的作用。

在以后的教学中，还要继续提高自己捕捉及时发生的有价值的生成问题的能力，从而更好地实现道德与法治教学所特有的价值理念和丰厚的育人功能，同时积极渗透学科核心素养和社会主义核心价值观。

【结束语】

正如陶行知先生所说：把学生学习的基本自由还给学生，解放他们的头脑，使他们能想；解放他们的双手，使他们能干；解放他们的眼睛，使他们能看；解放他们的嘴，使他们能说。所以我力求使课堂成为学生想象探究的蓝天，成为培养学生创新能力的晴空。

《共圆中国梦》教学设计

石河子第十六中学　马凌平

【活动理念】

义务教育思想品德课程标准的总体目标为："本课程以社会主义核心价值体系为指导，旨在促进初中生正确思想观念和良好道德品质的形成与发展，为使学生成为有理想、有道德、有文化、有纪律的合格公民奠定基础。"根据以上的课标规定，依据"体验、探究、感悟"的设计初衷，以港珠澳大桥为切入点，引导学生结合情景话题，体验、探究、感悟、交流，共同探讨如何共圆中国梦，做自信的中国人。密切联系学生生活和社会生活，给学生创设积极的情境和轻松的学习氛围，让学生主动参与教学；使之在质疑、探究、讨论、归纳和活动体验、感悟中去建构知识，并在思想上有所触动和提高，最终达成情感态度价值观目标，真正实现道德践行。

【活动目的】

（1）理性把握，理解实现中国梦的路径。

（2）树立对国家发展、民族进步的信心，加强对中华文化的认同，做自信的中国人。

（3）提高公共参与能力，懂得青少年所担负的时代责任与历史使命。

【学情分析】

初中阶段的学生正处于世界观、人生观、价值观形成的关键时期，加强对这一年龄段学生的理想信念教育和爱国主义教育尤为重要。九年级学生正处于形象思维向抽象思维过渡的阶段，对国家和社会的发展思考不多，需要引导他们将个人梦想和国家梦想有机结合，将自身的成长和祖国的发展相结合，从而为实现中华民族伟大复兴的中国梦添砖加瓦，贡献力量。

【教材处理】

根据新课标要求以及学生的认知水平和心理特点，我对教材内容进行了科学设计。以认知发展为主线，情意发展为内容，交往互动为形式，以学生"学"为主，老师组织和帮助，主要通过小组探究合作、情景设置等方式，让学生自己思考、自主合作、主动探究、讨论学习，最终在老师的引导下得出正确结论，完成教学目标。

【课程标准依据】

（1）自我成长：体会个人与国家同心协力圆梦的幸福感，用有梦实干彰显中国人的自信品质。

（2）我与他人的关系：在交往中，不卑不亢、开放包容，树立主动平和的合作竞争心态。

（3）我与国家、社会的关系：理性认识国家取得的成就，认同并内化国家制度理论、价值追求。将个人梦与中国梦统一在一起，自觉参与实现中国梦，做自信的中国人。

【教学目标】

（1）对国家有认同，对文化有底气，对发展有信心，做一个自信的中国人。

（2）提高全面分析问题的能力。

（3）知道我国民族复兴梦的实现条件和实现方式；理解和把握自信中国人的内涵。

【教学重难点】

教学重点：实现中国梦的要素。

教学难点：自信中国人的表现和正确心态。

【教法与学法】

教法：体验式教学法、案例教学法。

学法：自主、合作、探究的学习方法。

【课前准备】

学生自主预习、教师制作课件。

【课时安排】

一课时。

【教学过程】

（一）导入新课

展示港珠澳大桥图片

提问：

（1）看着图片中所展示的港珠澳大桥，你记住了对它的哪些评价？

（2）当你了解了它如此之多的世界之最时，你的感受是什么？

学生回答（略）。

教师：它的美丽、雄伟世人有目共睹，那么我们美丽的跨海大桥梦究竟是如何筑就的呢？这节课我们一起来探讨这个话题。

（二）讲授新课

主题学习一：共识圆梦人

1. 播放视频：港珠澳大桥工程师演讲

教师提问：通过视频，你认为我们实现跨海大桥梦需要哪些条件呢？

2. 提问

中国梦与跨海大桥梦的实现其实异曲同工，让我们再次梳理学生们的回答，讨论看看实现中国梦需要怎么做。

学生小组合作交流并回答。

教师总结：实现中国梦必须坚持党的领导；实现中国梦必须走中国道路；实现中国梦必须弘扬中国精神；实现中国梦必须凝聚中国力量。（教师边引导

边板书）

主题学习二：自信中国人

1. 正确的自信心态

（1）出示外国媒体及网友对港珠澳大桥的报道和评价。

教师提问：

① 看完这些报道和评论，你有什么感受？

② 你为什么会觉得骄傲、自豪、自信呢？

总结：国家在圆梦过程中发展日新月异，中国特色社会主义伟大事业不断取得新的成就，国家富强、民族振兴，我们作为中国人感到特别自信。那么我们应该如何做一个自信的中国人呢？有几组话题我们想跟大家探讨一下。

2. 小组话题讨论

材料一：休斯顿火箭队总经理莫雷发表不当涉港言论引发的风波正在逐渐扩大。NBA总裁亚当·肖华回应称，支持所谓莫雷的"言论自由"。10月6日，中国篮球协会对该事件作出回应，表示将暂停与NBA休斯顿火箭队俱乐部的交流合作事宜，腾讯体育、浦发银行等陆续宣布暂停或中止与休斯顿火箭队相关合作。

学生小组讨论，交流汇报。

教师总结：

（1）自信的中国人对国家有认同、对文化有底气、对发展有信心。

（2）自信不是妄自尊大，也不是故步自封。我们需要培育理性平和、不卑不亢、开放包容的心态。

主题学习三：践圆梦之行

教师：中国民族在前进道路上，脚踏实地，不懈追求，不仅实现了跨海大桥梦，还实现了一个又一个的中国梦。你们还知道哪些让我们骄傲的中国梦吗？

学生回答（略）。

我们刚刚在上个环节的探讨中发现，我们在圆中华民族伟大复兴的中国梦过程中，已经实现了航母梦、大桥梦、高铁梦……感觉实现中国梦是高层次人才的事情，我们普通人跟中国梦有什么关系呢？

追问：我们可以为圆中国梦做些什么呢？

注意在回答中拓宽学生对于自己的认知，学生只是我们诸多身份中的一个，除了承担好好学习的职责之外，当下，作为子女、学生及社会成员的我们，仍然可以通过尽自己的责任，为圆富强、民主、文明、和谐、美丽的中国梦做贡献。

总结：自信的中国人既是梦想家又是实干家，既要胸怀理想又要求真务实，既要满怀激情又要锲而不舍。

（三）总结升华

出示"两个百年目标"完成之时，对应当下初三学生年纪的时间轴。

总结：国家强大，国人自信；国人自信，国家更强。同学们，你们是幸运的，你们是"两个百年"的亲历者、见证者，也将会是开创者，今日你们是国家的未来，明日你们将是圆梦中国的中坚力量。少年啊，让我们满怀赤诚之心，对中国梦的实现充满信心，也让我们满怀实干之心，共筑国之辉煌！

【课堂总结】

通过这节课的学习，我们知道了实现中国梦的途径，就是要演绎自己的美丽人生，明白了中国梦和自己梦想的密切关系；知道了自信中国人的特点，明白了自信不是妄自尊大，也不是故步自封。在经济全球化的时代，面对各种思想文化的碰撞和价值观念的冲突，我们需要培育理性平和、不卑不亢、开放包容的心态。我们只有提高了实干才能梦想成真，辛苦劳动才能开创美好生活的认识。

【课后反思】

（一）本课收获

（1）学生是课堂教学的主体。教学过程是学生的主体性、能动性、独立性不断生成、发展、张扬和提升。教师要敢于大胆放手、善于创设教学情景，让学生自主发现问题、分析问题、解决问题。同时，要充分发挥他们的积极性、主动性和创造性，使他们在学习过程中真正成为信息加工的主体和学科知识的主动构建者。

（2）教师要充分相信学生。学生是一个有血有肉的生命体，他们有思想、有情感、有个性。在课堂教学中，教师应充分相信学生，把一些问题放手交给学生去讨论、去探究。在开放的形式中，在交流的过程中，他们思维的火花互相碰撞、闪烁，起到互相启发、互相促进的作用，从而使某些疑难问题迎刃而解。

（二）本课优点

（1）小切口，深分析。教师运用了比较擅长的一例贯通式的教学设计思路，利用世界第七大奇迹——港珠澳大桥建设的艰辛历程为切入点，让学生形象直观地感悟到：只有在党和国家的统筹领导下，在各地政府的大力支持下，在工作人员排除种种困难的齐心努力下，才有可能建成。知识点提升必须坚持党的领导，必须走中国道路，必须弘扬中国精神，必须凝聚中国力量。这为中学生增强对中国共产党的认同，增强理论自信、制度自信、道路自信奠定了坚实的基础。

（2）教师善于启发和引导学生，对学生的点评多元化。在师生一问一答一点拨中较好地解决了学生的困惑，扎实有效地落实了教学目标。

（3）过渡巧妙，引导发散思维。教师巧妙地引导：我国目前还圆了哪些梦？学生的思路立刻被打开：航天梦、深潜梦、强军梦、体育强国梦等，激发了学生的爱国情，增强了民族自信心和自豪感。

（4）抽象问题具体化、形象化。教师利用了一个时间轴，让学生畅想了三个重要的时间节点上自己能为祖国的建设做什么，引导学生下定决心以坚强的意志努力学习，和全国各族人民紧密团结在一起，在党的领导下，为全面建成小康社会乃至实现中华民族伟大复兴而奋斗，激发了学生的强国志、报国行。引导学生构建了清晰的知识体系，突破了本课的重难点，做到了情感态度价值观的升华，践行了社会主义核心价值观，培育了道德与法治学科素养，落实了立德树人的"大思政"育人目标。

（三）本课不足

（1）在课堂开始阶段，建议将自主预习部分删除或者提前，否则会让教学环节有些中断，感觉有些突兀。

（2）教师的语速过快，建议放慢语速，给学生一个听清并理解消化的过程。

（3）对于港珠澳大桥的施工难度，教师可以采取多种形式加以强化渲染，以达到更好的情感共鸣，最后可以回归学生生活，如内初班政策等正是国家发展成果的体现，更是国家对我们的关爱，应从生活小事做起感恩伟大祖国，为实现中国梦贡献自己的力量。

总之，在今后的教学中我会努力钻研，提高自身业务水平和能力，在教学实践中不断反思、改进不足，让自己真正成为学生学习的参与者、合作者和引导者。

《法律为我们护航》教学设计

石河子第十六中学　马凌平

【整体设计】

（一）整体思路设计

本课以一个典型事例贯穿全文，充分发挥学生的自主性和积极性，将学生带入具体情境中，并深入角色，组织学生分析、研究案例，学习教材，发展学生分析和解决实际问题的能力。课代表组织五组同学进行的小品展示，不仅可以将本课的内容还原为生动具体、丰富多彩的生活情景，而且可以使学生触景生情，增强角色体验，激发学生的形象思维，缩小理论与现实的差距。让学生积极参与教学，培养学生以"当事人"身份，积极主动获取信息，感受未成年人受国家法律的特殊保护，通过体验更加热爱法律。

（二）指导说明

"还课堂于学生"倡导学生大胆地讲，让学生积极参与到学习当中，在"动"中学。在课堂教学中，教师应积极调动学生的学习兴趣，让学生在探究中学会学习。本课以学生的组织和表演为主线，以课标"成长中的我"中的"心中有法""学法用法"部分为依据，大胆放手让学生真正走进课堂，成为课堂的主人。一改过去教师满堂灌的教学模式，体现、落实新课程理念及真正意义上的"还课堂于学生"。

【背景分析】

（一）教学内容分析

本框选自人教版《道德与法治》七年级下册第四单元第十课《法律伴我

127

们成长》中的第一框，本课所依据的课程标准的相应部分是"成长中的我"中的"心中有法"。具体对应的内容标准是："知道法律对未成年人的特殊保护，了解家庭保护、学校保护、社会保护和司法保护的基本内容。"本框分为两目："我们需要特殊保护"及"感受法律的关爱"。本课从未成年人自身的特点和人类社会发展等角度阐释未成年人需要特殊保护的原因，引导学生从我国采取的一系列保护未成年人成长的法律措施中，感受法律的关爱，进一步理解"法律为我们护航"。本课在第四单元中有着承上启下的作用，在承接、扩展上一框题的基础上，为下一框题起到奠基作用。本课是第四单元乃至整个七年级教学内容中对学生进行法制教育的落脚点，也为帮助学生做一个知法、守法、护法的好公民奠定知识铺垫。

（二）学生情况分析

初中学生处在人格成长的关键时期，他们的世界观和人生观尚未成型，分辨是非的能力较差，自我控制的能力不强，容易受到不良因素的影响而产生一些不良行为，有的甚至走上违法犯罪的道路，影响自身成长。我国法律虽采取了一系列保护未成年人健康成长的措施，但在社会中侵犯未成年人合法权益的现象依然存在，未成年人需要掌握获得法律帮助和维护合法权益的方式和途径，学会运用法律武器维护自身合法权益。同时，树立法律意识，增强法律素养是青少年适应现代社会、承担建设社会主义法治国家历史重任的需要。

【教学目标】

依据共建法治社会的时代背景及课程标准，结合学生的认知结构和心理特点，制定了以下教学目标：

知识目标：知道我国法律给予未成年人特殊的关爱和保护，了解和掌握有关家庭保护、学校保护、社会保护和司法保护的基本内容。

能力目标：初步培养正确判断违反《未成年人保护法》的一些现象和行为的能力。

情感态度价值观目标：树立法律保护意识，体会家庭、学校、社会、国家给予的关爱，以增强守法、护法的信心，做一个知法守法的好公民。

【教学重难点】

教学难点：我国法律对未成年人给予特殊保护的原因。

教学难点：法律给予未成年人在家庭、学校、社会、司法四个方面特殊的关爱与保护。增强珍惜权利、自觉履行义务的意识。

【课前准备】

教师精心准备、设计导学案，学生课前编排小品。

【教法与学法】

活动教学法、案例教学法、情景教学法、小组讨论法、合作学习。

【教学过程】

步骤1：张某的案例导入

以"张某从小受父亲的影响养成偷东西的坏习惯，进入中学后老师严禁班里同学和他交往，没有朋友的他渐渐迷上了网吧，为了弄到钱去上网，他伙同网友去盗窃，一步步走向了犯罪深渊"的例子做导入，然后提出问题：

（1）作为未成年人，张某一步步走向犯罪深渊的成长历程中，哪些人、哪些方面应该对他负责任？

（2）张某的成长历程对我们有什么启发？

设计意图：以具有代表性且源于学生生活的案例导入，可让学生对将要学习的内容有一个宏观上的把握，且通过此导入可将学生带入预设的教学情境中，调动学生学习的积极性。

步骤2：小组合作参照教学目标和教学重难点完成学案导学（学生活动）

课前做好导学案并将其分发给学生。导学案主要以练习册中的预习部分为主，以填空的形式突出各个知识点中的主体及关键点，导学案的重点放在对教学重难点的把握上。

设计意图：在导入的基础上，培养学生自主学习及合作学习的能力，使学生参照教学目标和教学重难点，初步了解未成年人受法律保护的基本内容，完成教学知识目标。

步骤3：小品表演反馈预习（学生活动）

（1）由罗彬瑜同学主持、主讲（小主持人介绍自己的同学小童，并引导同学们观看小组同学带来的小品表演）。

设计意图：将课堂还给学生，由罗彬瑜同学组织完成这一部分的教学任务。培养学生的组织能力和实践应用能力，突出学生的主体地位。

（2）小童的故事（第一集）。

父亲再婚后，对小童不管不问，小童的成绩直线下降。为了学费，小童第一次从亲戚家偷了500元钱。父亲知道后，和继母一起对他大打出手……

展示完毕后，罗彬瑜同学提出问题：

①小童父亲和继母的做法对吗？

②设想：长此下去，小童会出现哪些情况？

③小童的父亲和继母应该怎样履行好家庭保护的职责呢？

设计意图：创设情境，使学生直观、形象地理解知识点，调动学生学习的积极性，让学生在形象的情景剧中掌握有关家庭保护的内容。

（3）小童的故事（第二集）。

老师对成绩直线下降的小童很不满意。有一次，他因为陪奶奶去看病没有写作业，老师忙于其他事情，没有问清缘由就狠狠地批评了他一顿，并让他在教室门口面壁思过，让全班同学知道不做作业会受到什么样的惩罚。为此，他很恼火……

在学生表演的基础上，主讲人抛出问题：

①老师的做法合法吗？为什么？

②学校应该怎样履行好学校保护的职责呢？

③小童应如何对待老师？对待学习？

设计意图：让学生找出学校保护的含义、作用和内容，接着让学生联系实际，说出学校为丰富学生的生活曾举办了哪些活动（运动会、艺术节、楼道安装照明灯、设立心理咨询室等），使学生进一步感受学校对他们的保护。在学生回答的基础上，教师重点对第三个问题进行引导和评价，引导学生区分老师的正确批评，从而能够正确地对待学习。

（4）小童的故事（第三集）。

郁闷的小童开始放纵自己，经常旷课、逃学，迷上了网络游戏，夜不归宿。一次早晨起床晚了，他就私自决定不上学，去网吧玩。到了网吧门口，网吧老板很热情地招呼了他，并声称有新款的游戏，可以让他免费体验两个小时，如果办会员卡还可以优惠……

学生表演结束后，主持人罗彬瑜同学继续提出问题：

① 网吧老板的做法合法吗？为什么？

② 小童这样发展下去会怎么样？

③ 自己生活周围是否存在危害未成年人身心健康的现象？面对这些现象，你该怎么做呢？

设计意图：引出社会保护的含义和内容。（有用资料：全国公共博物馆、纪念馆，全国爱国主义教育示范基地将全部实行免费开放；全国所有电视台在黄金时段不得播放渲染凶杀暴力的影视剧等）让学生认识到青少年的健康成长离不开全社会的关爱与保护。让学生联系自身生活，通过小组讨论与交流，加深对社会保护的理解和掌握，做到重点突出、难点突破。

（5）小童的故事（第四集）。

为了弄钱到网吧玩游戏，小童和另外几个"朋友"手持匕首对同学进行威胁敲诈，共作案21起，抢劫现金8000多元及13部手机。在小童又一次作案时，被警方当场抓获。由于小童是未成年人，公安机关对外没有透露其姓名，法院也对其进行了不公开审理……

学生活动：小组同学模拟少年法庭现场，设计记者采访受阻环节。学生看完模拟少年法庭现场后，主持人提出下列问题：

① 法律对违法的小童实施了什么样的保护措施？

② 你知道司法保护的内容有哪些吗？

设计意图：引出司法保护，让学生说出司法保护的含义和内容。引导学生联系生活实际，纠正学生理解的误区，使学生明确教学难点中关于司法保护的规定及基本要求。

步骤4：教师提问，学生小组合作交流

教师：再次感谢几位同学给我们带来的精彩表演。通过大家的共同努力，我们深刻感受到了来自家庭、学校、社会和司法方面的特殊保护和浓浓的爱，请同学们结合小童的故事思考下列问题。

（1）我们目前对未成年人应加强哪些方面的保护？

（2）为什么要对未成年人的合法权益予以特殊的保护？

（3）你知道哪些对未成年人实施保护的法律及具体法律规定吗？

（4）未成年人受到法律的特殊保护，是不是违背了"法律面前人人平等"的原则？

（5）作为青少年的我们，又应该怎样去做呢？

（6）如果你是小童的同学，你愿意给他提供哪些帮助？

设计意图： 在学生自主完成上一环节的基础之上，教师引导、概括，并及时归纳学生没有涉及的知识内容，使学生认识到家庭、学校、社会、司法都应对未成年人实施保护，而作为未成年人，自身也要加强自我保护。通过问题引导学生讨论"我们该如何帮助小童"，旨在引导学生在学法用法的同时懂得尊重和维护他人的权利，自觉履行公民应尽的义务。以深化学生的认识和理解，完成教学目标，突出教学重点，突破教学难点。

步骤5：感悟收获，升华情感

引导学生回归生活，感受自己在生活中所享受到的方方面面的保护与关爱，并归纳、总结本节课，画出本节课的知识树或知识框架图，谈谈本节课的收获。（学生活动）

（教师引导学生从对未成年人实施特殊保护的必要性及四道防线的角度出发并结合自身生活经历来谈收获）

设计意图： 这一环节的设计目的在于巩固教学成果，完成教学三维目标，在查漏补缺的过程中继续突出教学重点，突破难点。及时点评、引导学生，肯定学生的发言及活动，以增强学生的自信心。

在学生回答的基础上，教师引导总结，结束本节课。

教师总结： 这节课通过同学们的共同努力，我们认识到未成年人作为祖国的未来、民族的希望，由于缺乏社会经验和自我保护能力，其合法权益容易受到各方面的侵害。为此，我国的未成年人保护法设置了家庭保护、学校保护、社会保护和司法保护四道防线来保护未成年人的健康成长。而我们作为未成年人也要加强自我防范，增强法律意识和自我保护意识，并学会用法律保护自己。最后希望同学们在爱和法律的呵护下健康成长。

设计意图： 从总体上概括、总结本节课知识点，与开篇导入相呼应，继续深化学生对本节课知识点的掌握，巩固教学目标成果。

【板书设计】

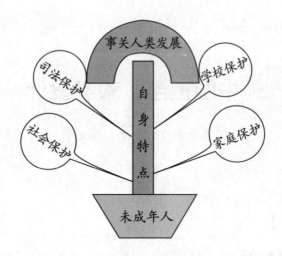

【教学反思】

本节课紧扣课标设计教学，充分体现了学生的主体地位。注重活动性教学，以小童的故事贯穿整堂课，由学生自导自演，将学生带入特定的情境中，引导学生深入角色，组织学生学习教材，分析、研究案例，提高学生分析和解决问题的能力。小品表演的形式将课本的内容还原为生动具体的生活情境，给学生以身临其境之感，进而激发学生的形象思维，缩小理论与实践的差距，调动学生学习的积极性，让学生主动参与到教学中来，在情境中理解知识，增强情感体验。

但教师应在课前扎实备课，深入了解学生，考虑课堂上可能生成的问题，做好充分的预设，对学生在表演及回答问题环节中可能出现的情况做好及时的引导。只有这样才能更好、更有效地完成教学目标，真正做到"以学生的发展"为主，体现本节课教学设计中以学生为主体的理念。

《中国担当》教学设计

石河子第十六中学　马凌平

【思路设计】

（一）整体思路设计

顺应教材的内在逻辑，紧扣"积极有作为，贡献中国智慧"这样一个由表及里的思路，将本课教学分为两大板块："中国作为共担风雨"和"中国智慧点亮世界"。通过案例材料、视频等素材加以辅助，以问题为引导，由浅入深地挖掘学生的生活资源，使学生从已有的生活经验中体验中国担当背后彰显的中国智慧，培养学生的全球视野，增强学生的爱国情怀和民族自信心、自豪感，最终着陆于本课的情感态度价值观。

（二）指导依据说明

本课采用了"逻辑—心理"交融组织法，既兼顾了学科知识内在的基本逻辑顺序，使学生获得系统知识，又重视学生的生活和心理特点，注重激发学生学习兴趣，以培养学生主动思考、自主学习的能力，发挥学生的主体作用，同时，注重通过以知识为载体达到实现价值观教育的课程目标。以课标中"我与国家和社会"中的"认识国情，爱我中华"部分为依据，教学中通过整体化教学、小组合作探究、问题式教学等多种方式，致力于构建"思维型课堂"，以促进学生认知的自主构建、情感的自主体验、实践的自主参与、人生的自主发展。

【背景分析】

（一）教学内容分析

本框选自部编人教版《道德与法治》九年级下册第二单元第三课《与世界

紧相连》中的第一框。具体对应的内容标准是："了解当今世界发展趋势，知道我国在国际格局中的地位、作用，认识树立全球观念的重要性，增强为世界和平与发展作贡献的意识和愿望。"本课共包含两个小目标："积极有作为"和"贡献中国智慧"。在前面学习的基础上，本课旨在对学生进行中国与世界关系认知教育，引导学生学会以全球视野和辩证的眼光认识并正确看待中国对世界的责任与担当。本课在第二单元中有着承上启下的作用，在承接、扩展上一单元的基础上，为下一框题及第三单元《走向未来的少年》起到奠基作用。

（二）学生情况分析

初三学生认知能力和思维能力较之前有所提高，加之因获得信息的渠道、方式越来越多元，他们对中国与世界的关系也有所了解。但是由于他们社会阅历较浅，受思维局限性影响，部分学生看待问题时容易片面化，要引导学生学会以全球视野与辩证的眼光认识并正确看待中国对世界的责任与担当，增强为世界和平与发展做贡献的意识与愿望。让学生感受到今日中国对世界的深远影响，树立民族自信心；同时看到中国未来发展所面临的新风险、新挑战、新机遇，增强忧患意识，愿意为国家的发展做出自己的贡献。

【教学目标】

依据共建人类命运共同体的时代背景及课程标准，结合学生的认知结构和心理特点，制定了以下教学目标。

（一）知识目标

（1）明确中国面对全球性危机与难题时的态度；

（2）了解中国在有关世界和平与发展的各个领域积极采取的行动；

（3）知道中国奉行互利共赢的开放战略；

（4）了解中国参与全球事务的目标；

（5）知道中国为全球性危机与难题的解决贡献了中国智慧，并了解一些主要的贡献。

（二）能力目标

（1）能通过中国在国际事务中的所作所为提炼出中国对待全球性问题的态度、行为、战略和目标。

（2）能通过分析中国对全球性难题的解决以及世界对中国的态度和评价，知道中国为世界贡献了中国智慧。

（三）情感态度价值观目标

（1）增强对国家和民族的自信心、自豪感。

（2）增强对全球性问题的责任感。

【教学重难点】

教学重点：积极有为。

教学难点：贡献中国智慧。

【课前准备】

教师精心准备，完成教学设计，学生完成自主预习并搜集相关资料。

【教法与学法】

问题教学法、案例教学法、小组讨论法、合作学习。

【教学过程】

步骤1：复习导入

师：请同学们结合上一框题所学知识，思考：我们生活的世界怎么了？遇到了哪些问题和挑战？

学生回答（略）。

师：面对这些亟待解决的全球性问题，我们该怎么办？中国的方案是什么？

学生回答（略）。

师：人类命运休戚与共，中国与世界紧密相连。人类面临的这些共同挑战，也是中国的责任。中国正在以文明古国的智慧和新兴大国的责任，对当今世界的和平与发展发挥着更加重要的作用。今天我们学习第三课第一框《中国担当》。

设计意图：联系上节课所学内容，在巩固旧知识的同时帮助学生建立起前后知识点之间的联系，为本课的新课讲授做好知识铺垫。

步骤2：小组合作参照学习目标和学习重难点完成自主预习（学生活动）

学生结合教师所出示的问题，迅速通读课本相应内容进行自主预习，可小组内合作交流。（教师指导学生大字慢读，小字快看）

师：积极作为，是我们的担当，我们先通过一个视频来看看中国做了些什么。

设计意图：在导入的基础上，培养学生自主学习及合作学习的能力。使学生参照教学目标和教学重难点，初步了解中国担当，感受中国智慧，初步完成教学知识目标。

步骤3

1. 视频：联合国感谢中国维和部队

设问：

（1）中国维和官兵在守护什么？

（2）从维和行动可以看出中国面对全球性问题时是怎样的态度？

学生回答（略）。

师：中国态度：不推诿、不逃避，也不依赖他人，积极主动地承担起相应责任。

2. 联合国千年发展目标（多媒体出示）

设问：

（1）中国为这个目标的实现做了哪些贡献？

（2）你还知道中国应对全球性问题的哪些举措？

学生回答（略）。

师：展示图片，引导学生阅读教材，补充阅读资料。

师：中国行动：中国全方位参与全球治理，在有关世界和平与发展的各个领域，积极采取行动。

追问：中国的倡议和举动为什么能得到世界许多国家的认可和响应？

学生回答（略）。

3. 教师出示一带一路成果篇相应材料

师：材料中的数据说明了什么？

学生回答（略）。

师：一方面，互利共赢，这些倡议对各国都有好处；另一方面，中国敢于担当，国际影响力在不断提升。

师：中国战略：全面深化改革，统筹国际国内两个大局，走和平发展道路，奉行互利共赢的开放战略。

过渡：从中国面对全球问题的态度、行为、战略当中，你看到的是一个怎样的中国？

生：有担当、有贡献、积极作为的中国。

师：这也正是中国参与全球事务的目标，就是努力成为世界和平的建设者、全球发展的贡献者、国际秩序的守护者。

过渡：随着世界多极化、经济全球化、社会信息化和文化多样化的深入发展，当今世界正处在大发展、大变革、大调整时期。面对全球性问题和挑战，国际社会期待听到中国声音，看到中国方案。当今世界的发展，需要新思路和大智慧的引领。接下来，我们就一起来了解中国方案，领略中国智慧。

设计意图：通过视频和材料分析，引导学生联系课前所收集到的资料，回答相应问题，将中国担当更加明确地概括为"中国态度、中国行动、中国战略、中国目标"，在一问一答中使学生更加明确地认识和理解中国担当。

步骤4：视频：中国智慧、中国方案

设问：

（1）在视频中，中国为世界性难题的解决贡献了哪些智慧？

（2）你还知道哪些中国方案、中国智慧？

学生回答（略）。（学生小组合作交流并展示）

师：展示图片，引导学生阅读教材、补充阅读资料。中国在世界经济、安全、环境等问题上贡献了中国智慧。

教师小结：

（1）随着国际参与程度的不断加深，中国为国际社会各种难题和危机的化解做出了巨大贡献。中国担当向世界展现了大国风范，显示了中国智慧。

（2）中国着眼于时代发展大势，遵循共商共建共享原则，为全球治理提出中国方案，贡献中国智慧。

（3）中国也在广泛参与国际事务，在承担责任中积累经验、增长智慧。

设计意图：在前一个环节学生对中国担当深入理解的基础上，通过直观形象的视频，结合问题引发学生小组讨论，教师补充相应的资料辅助学生理解，使学生通过领略中国风范，感受中国智慧。

步骤5：问题合作探究

在全球气候治理中，各国应坚持"共同但有区别的责任"的原则，这是一个基本前提。中国始终坚持这一立场，倡导各国共同承担起全球气候治理的责任。与此同时，中国强调：温室气体排放不能只看当前，不看历史；不能只看总量，不看人均；不能只看生产，不看消费。在经济社会发展、提高生活水平方面，中国不可能接受中国人只享有发达国家三分之一、四分之一甚至五分之一权利的想法。

设问：

（1）你怎样理解"共同但有区别的责任"原则？

（2）从中国的立场和坚持中，你又看到了中国怎样的担当与智慧？

学生小组合作，交流探讨，并派代表发言。

小结：中国在积极参与国际事务的同时，坚持以经济建设为中心，集中力量办好自己的事情，不断增强我们在国际上说话办事的实力。我们积极参与全球治理，既尽力而为，又量力而行。

设计意图：这一环节的拓展，既能帮助学生理解"中国既尽力而为又量力而行"，更能强化学生对中国担当的理性认识，进一步激发学生的爱国情感和民族自豪感，落实本课的情感态度价值观。

步骤6：课堂小结

（1）通过本课学习，你收获了什么？

（2）学习完本课，你最大的感受是什么？你最想说些什么？

学生回答（略）。

教师总结：担当是什么？担当是职责；担当是什么？担当是气魄。中国担当向世界展现了大国风范，显示了大国智慧。构建人类命运共同体，中国与世界共担风雨，共享美好。

【板书设计】

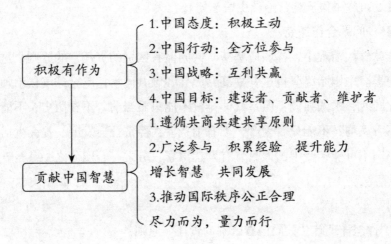

积极有作为
- 1.中国态度：积极主动
- 2.中国行动：全方位参与
- 3.中国战略：互利共赢
- 4.中国目标：建设者、贡献者、维护者

贡献中国智慧
- 1.遵循共商共建共享原则
- 2.广泛参与　积累经验　提升能力
  增长智慧　共同发展
- 3.推动国际秩序公正合理
- 尽力而为，量力而行

【教学反思】

本课时内容有一定的难度，学好本课需要教师仔细研读教材，清晰把握教材的脉络，引导学生深入阅读教材，积极合作探究，当堂解决问题，提高自己的能力。在前面学习的基础上，对学生进行中国与世界关系认知教育，引导学生学会以全球视野与辩证的眼光认识并正确看待中国对世界的责任与担当，增强为世界和平与发展做贡献的意识与愿望。

优点：

（1）教学设计环环相扣，所用材料新颖高效，极大地吸引和调动了学生的学习热情，高度体现了学科的时政性特点。

（2）问题的设置难易合理，对学生的指导到位，能关注到全体学生，善于抓住学生回答中的生成部分，及时有效地结合课堂教学进行引导，成为课堂生成的亮点。

（3）对重点的解析和对难点的突破比较清晰。通过时政材料及视频等多种素材，设计层层递进的问题，挖掘学生的生活资源，水到渠成地落实了本课的教学目标，突破了重难点。

不足：

（1）教师某些语言稍显重复，有些总结可以让学生去概括。

（2）最后的课堂总结环节，问题可以更明确地指向情感态度价值观的落实上。

《我们的情感世界》教学设计

石河子第十中学 石 波

【教学目标】

（一）情感态度价值观目标

（1）关注自己的情感，形成通过情感积累逐步涵养情怀、陶冶情操的意识。

（2）感受生活中的美好情感，养成积极、乐观的生活态度。

（3）树立主动、积极影响身边环境的观念，创造、传递情感正能量。

（二）能力目标

（1）提高对自身情感状态的觉察能力，增强对生活体验的敏感性。

（2）学会创造正面的情感体验。

（3）学会通过传递积极情感改善身边环境，提高创造美好生活的能力。

（三）知识目标

（1）知道情绪与情感的联系与区别，从而形成对情感的基本认知。

（2）了解情感对于个人成长的价值。

（3）知道情感是随着生活经历的不断发展逐步积累、逐渐丰富深刻的过程。

【设计依据】

（一）学情依据

（1）情感生活是初中生青春成长的重要领域，与他们的道德修养、法治学习密切关联。学生通过现实生活的各种关系获得的安全感、归属感、信任感、有力感、责任感等基础性情感是学生丰富生命体验、获得道德成长、参与法治建设的重要基石。但是人的情感绝不是自然成熟的。道德与法治课程将情感态度价值观置于第一位目标，关注学生已有的情感体验和不断产生的情感需要，激发学生对自身情感状况、情感生活的自我觉察，将社会主义核心价值观的方向性引领与学生基于自身情感发展需求的自我教育相融合。

（2）从身心发展特点来看，初中生思维发展、道德发展、情感发展都有这个年龄段孩子的独有发展轨迹。情感与思维从儿童期的自我中心解脱出来，把别人作为情感对象，自己的情绪表现也把别人作为参照系；有自我确认的强烈需求，学业中的胜任感、交友中的有力感和师生间的信任感，是学生安宁、自足、愉悦情感的主要来源；重视集体、社会、他人的评价，珍视友谊；同时，由于神经系统的兴奋性提高，情绪、情感的敏感性较强，容易激动，遇到困难时甚至产生强烈的反抗情绪。其中，能否获得自尊和荣誉的体验，对初中生的情感发展非常重要，它影响着学生的自我确认，道德感、理智感和审美感等高级情感只有在自我确认和顺遂的情感状态中才能得以升华。另外，学生的社会性发展包含着情感层面的需求，学生的社会化发展不再是简单的服从性适应，而是发乎自然、情出于心的认同。

（二）课程标准依据

本课所依据课程标准的相应部分，一是目标"情感态度价值观"中的"感受生命的可贵，养成自尊自信、乐观向上、意志坚强的人生态度"，具体对应的内容标准是："客观分析挫折和逆境，寻找有效的应对方法，养成勇于克服困难和开拓进取的优良品质。"二是"成长中的我"中的"认识自我"，具体对应的内容标准是："理解情绪的多样性、复杂性，学会调节和控制情绪，保持乐观、积极的心态。""主动锻炼个性心理品质，磨砺意志，陶冶情操，形成良好的学习、劳动习惯和生活态度。"三是"我与国家和社会"中的"积极适应社会的发展"，具体对应的内容标准是："关注社会发展变化，增进关心社会的兴趣和情感，养成亲社会行为。"四是"我与他人和集体"中的"交往与沟通"，具体对应的内容标准是："了解青春期闭锁心理现象及危害，积极与同学、朋友和成人交往，体会交往与友谊对生命成长的意义。"

【教学重难点】

教学重点：情感的作用。

教学难点：认识情感与情绪的联系和区别。

【教学过程】

第一步：情景导入，生成问题

（2016年感动中国人物颁奖晚会上的一段文字材料）

师：北京时间8月21日，巴西里约热内卢小马拉卡纳球场，中国女排3：1击败塞尔维亚队，时隔12年历史上第三次捧起奥运会冠军奖杯。郎平和她的队员们在小组赛出师不利的情况下上演"绝地反击"，小组赛曾战胜自己的荷兰和塞尔维亚都没能挡住她们前进的脚步。对于向来有"女排情结"的中国人而言，这个冠军重于千钧，五星红旗飘扬那一刻，《义勇军进行曲》响起那一刻，你的心情如何？

生：激动，幸福。民族自豪感、自信心。喜极而泣，泪水。

师引出课题：每个人的内心都有一个情感世界，情感伴随着我们的生活经历不断积累、发展，通过情感，我们来体验生命、体验生活。（课题配《不忘初心》歌曲）

师：展示本节课学习目标，学生齐声朗读。

（1）情感态度价值观目标：关注自己的情感，形成通过情感积累逐步涵养情怀、陶冶情操的意识。

（2）能力目标：① 提高对自身情感状态的觉察能力，增强对生活体验的敏感性。②学会创造正面的情感体验。③学会通过传递积极情感影响身边环境，提高创造美好生活的能力。

（3）知识目标：① 知道情绪与情感的联系与区别，从而形成对情感的基本认知。②了解情感对于个人成长的价值。

师：下面让我们进入本节课的自主预习阶段。（过渡句）

第二步：学生自主预习下列几个问题

（老师在大屏上出示预习题目——填空题，学生自主阅读教材并在教材上圈点勾画，然后和同桌交流一下答案。）

自主预习：

（1）我们通过情感来体验生命、体验生活，同时，情感让我们的内心世界更加丰富。

（2）情感与情绪密切相关，伴随着情绪反应逐渐积累和发展。情感与情绪也有区别。情绪是短暂的、不稳定的，会随着情境的改变而变化；情感则是我们在生活中不断强化、逐渐积累的，相对稳定。

（3）与情绪一样，我们的情感也是复杂的。其中，有基础性情感，如安全感；有高级情感，如道德感。有正面的体验也有负面的体验，也有两方面混杂的体验。

（4）情感反映着我们对人和对事的态度、观念，影响我们的判断和选择，驱使我们做出行动。

（5）情感与我们的想象力、创造力相关，丰富深刻的情感有助于我们更全面地观察事物、探索未知。

第三步：合作探究

合作探究一：说真情道实感

（1）结合自己的生活实际说真情道实感，可选择下面一种情感体验，如：正义感、胜任感、责任感、受挫感、幸福感、安全感、恐惧感、敬畏感等，在小组内与同学分享自己的真情实感。

（2）各组推选一个代表说一种情感体验，要求语言精练，简要说明因何事或者何人激发这种情感体验。

马斯洛需要层次图：（如图1）

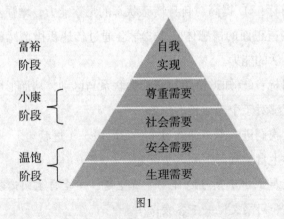

图1

生：各组展示自己真实的情感体验。老师启发学生体会情感的复杂性、丰富性。（老师可板书）

师：在这些情感中，你能看出我们有哪些最基本的精神需求吗？

生：对爱、尊重的需求，渴望父母、同学、老师的理解。对自我实现的需求。对归属感、安全感的需求。

生：马斯洛需要层次图表明人除了生理需要外，还有各种不同层次的精神需要，情感是人最基本的精神需要。

师板书：情感是人最基本的精神需求。

合作探究二：感悟情感、情怀、情操

（1）体悟情感、情怀、情操。

① 英国哲学家罗素说过这样一句话：对爱的渴望，对知识的追求，对人类苦难不可遏制的同情，是支配我一生的单纯而强烈的三种感情。

② 读中国古诗词，体会作者丰富而复杂的情感。

（2）师要求学生大声朗读。

英国哲学家罗素说过这样一句话：对爱的渴望，对知识的追求，对人类苦难不可遏制的同情，是支配我一生的单纯而强烈的三种感情。

师：被这三种感情支配一生的人是幸福的人吗？为什么呢？

学生回答（略）。

师：人类丰富的情感通过各种艺术形式来表达，那么在中国古诗词中有很多好词美句表达了诗人丰富的情感。女生男生分别读上下句，并体会作者的情感。（师在大屏上出示诗句）

大屏：你知道古诗词中蕴含着怎样的情感吗？

① 零落成泥碾作尘，只有香如故。

② 落红不是无情物，化作春泥更护花。

③ 人生自古谁无死？留取丹心照汗青。

④ 僵卧孤村不自哀，尚思为国戍轮台。

⑤ 王师北定中原日，家祭无忘告乃翁。

⑥ 商女不知亡国恨，隔江犹唱后庭花。

⑦ 安得广厦千万间，大庇天下寒士俱欢颜？

⑧ 先天下之忧而忧，后天下之乐而乐。

⑨ 苟利国家生死以，岂因祸福避趋之。

⑩ 只解沙场为国死，何须马革裹尸还。

师：朗读这些诗句，你能感悟出作者抒发了怎样的情感、情怀、情操呢？

合作探究三：情感的作用

情感态度价值观——选择、行动（教学难点）

师出示两则视频材料：

（1）中国摄影家协会陈辉先生的作品欣赏

出示其摄影作品。"今日乌鲁木齐"摄影家陈辉在序言中说：我来到这个城市一住就是40年，从年轻到老人，但是这个城市越来越年轻了，我亲眼看见它的成长变化。我们要珍惜、爱护这个城市，让这条巨龙腾飞吧！

师：什么样的情感让他40年不辍追求摄影艺术，向大家献出这么美的作品？

（2）屠呦呦瑞典诺贝尔领奖演讲：青蒿素的发现——传统中医给世界的礼物

诺贝尔生理学或医学奖评选委员会指出，青蒿素和阿维菌素的发现，从根本上改变了寄生虫疾病的治疗。世界上每年有约2亿人感染疟疾，在全球疟疾的综合治疗中，青蒿素至少降低了20％的死亡率及30％的儿童死亡率，仅就非洲而言，每年就能拯救10万人的生命。在东晋葛洪所著的《肘后备急方》中，就提到了如何治疗疟疾，屠呦呦发现的青蒿素，就是从青蒿中提炼出来的。屠呦呦曾表示，青蒿素的发现是中国传统医学给人类的一份礼物，在研发的最关键时刻，是中医古代文献给予她灵感和启示。

1967年，中国政府启动全国范围的523工程抗击疟疾。在项目的第一阶段，我们调查了2000种中草药，确定了640个可能具有抗疟效应的成分。从200种中药中提取了380余种成分用于老鼠模型测试其抗疟效果，然而进展甚微。为了寻求答案，我们查找了大量的文献。我们随后将提取物的酸性和中性成分分离。终于，在1971年10月4日，我们成功得到了中性无毒的提取物，对感染的老鼠和猴子100％有效。这是青蒿素发现的突破口。

师：什么样的情感让她一直从事科学研究，向全世界献出这么好的礼物？

生：热爱家乡、对美的热爱、热爱祖国。

生：热爱祖国的情感、热爱人民、热爱中华传统文化、奉献社会的情感、责任感、使命感。对人类苦难不可遏制的同情。

师总结：在这种强烈情感的支配下，他们选择了属于自己的一条人生之路，并矢志不渝，这种情感驱使着他们一直行动下去，他们有着大爱情怀，有着高尚的道德情操，他们活出了大我，实现了自我价值。

师板书：情感影响判断、选择、驱使行动。

合作探究四：灵商？怎样开发呢？（师在大屏上出示）

与灵商相关的主要是右脑。人的大脑由左脑和右脑两部分组成，左脑主要司职分析、抽象、计算、语言等内容，侧重抽象思维的表达模式，被称为"科学脑"；右脑主要司职想象、虚构、感受、创造等内容，侧重直觉的形象思维模式，被称为"艺术脑"。右脑思维在认知方面的直觉思维能力、顿悟思维能力、形象识别能力、空间判断能力，以及对复杂关系的理解能力和情绪表达能力等方面，远远超过左脑。（如图2）

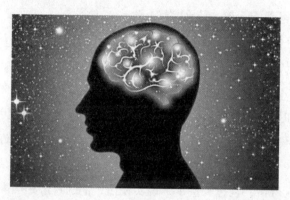

图2

生读：爱因斯坦曾经说过："我思考问题时，不是用语言进行思考，而是用活动的跳跃的形象进行思考。当这种思考完成以后，我要花很大力气把它们转换成语言。"

生读：著名科学家钱学森说："灵感是潜意识，当酝酿成熟时突然沟通，涌现于意识即成为灵感。"

师：人的灵商怎样才能开发出来呢？

生：注重想象力的培养，培养琴棋书画等爱好，通过写日记、读诗歌、画画、唱歌、跳舞等艺术形式来表达自己丰富多彩的情感。

师：我们学校有20个社团，同学们根据自己的兴趣爱好选择不同的社团活动，看看他们创作的艺术作品，你们觉得美吗？想一想他们无穷的创造灵感源于什么呢？

师出示：

（1）看看十中社团学生的作品——剪贴画；

（2）看看十中社团的作品——剪纸、科幻画、黑白广告画。

生：热爱。（这种深刻的情感、快乐，这种深刻的情感激发了他们无穷的想象力和创造力。）

师总结：是的，这些丰富深刻的情感化作创作的动力，只要你有一双发现美的眼睛、有一颗感受美的心灵和一种创造美的想法，你就会有一双创造美的巧手，美将伴随你，你就是一个幸福的人。

探究活动五：《儿子眼中的爸爸》

师出示材料：两个学生扮演35岁之前、之后的儿子并配音。

7岁："爸爸真了不起，什么都懂！"

14岁："好像有时候觉得也不对！"

20岁："爸爸有点落伍了，他的理论和时代格格不入。"

25岁："'老头子'一无所知，毫无疑问，陈腐不堪。"

35岁："如果爸爸当年像我这样老练，他今天肯定是个百万富翁了。"

45岁："我不知道是否该和'老头子'商量商量，或许他能帮我出出主意。"

55岁："真可惜，爸爸去世了，说实在话，他的看法相当高明。"

60岁："可怜的爸爸，您简直是位无所不知的学者，遗憾的是我了解您太晚了！"

师：看了这则材料，你能感悟到什么呢？

生：不同年龄段的儿子对爸爸的评价是不一样的，情感随着我们的阅历不断积累、发展。

师总结：我们通过不同的情感体验品味生命、感悟生活。情感是我们生命成长的体现。

第四步：引导学生小结本节课

教师寄语：随着生活经验的不断扩展，我们的情感体验越来越丰富，即使是失败挫折这些负面情感体验，也会使我们的人生丰盈厚重。最后送给同学们两句话：不惧怕生活，不拒绝生活。（生齐诵：不惧怕生活，不拒绝生活）

《圆梦人人尽责》教学设计

石河子第十中学　石　波

【教学目标】

情感态度价值观目标：本专题侧重培养学生正确的生命观、价值观、世界观，使学生认识疫情之下生命的可贵、党和政府以人民为中心的发展思想，弘扬和培育民族精神的重要性。学生能从"抗疫"这本生动深刻的教科书中体悟到英雄的中国人民不可战胜，感悟到中华民族一家亲、中华民族大团结的力量，认识到中国特色社会主义制度的优越性，强化"五个认同""四个自信"，厚植家国情怀，强化"中华民族共同体"意识，强化公民社会公共参与意识和能力，从而有"天下兴亡匹夫有责"的担当和作为，且能为大美新疆和中华民族伟大复兴中国梦的实现尽责尽心尽力。

知识目标：理解生命的可贵，珍爱生命，提升生命的价值；理解中国精神、民族精神、责任与担当、社会主义核心价值观；认识中国特色社会主义制度的优越性，"五个认同""四个自信"等；

能力目标：通过对时政热点的分析，激发学生对社会时政话题的探究兴趣，提高运用理论知识解读重大时事和相关信息的能力；用科学的思维方法学会独立思考，能联系自身和实际生活学以致用。通过道德与法治课能更自觉地使用国家通用语言文字，理解这也是热爱祖国、热爱中华民族、热爱中华文化的具体体现。

【教学重难点】

教学重点：培养学生正确的生命观、价值观、世界观。巩固学科基础知识，培养学生提升解题方法与技巧的能力。

教学难点：润物无声地渗透正确的情感、态度与价值观。

【教法与学法】

教法：情境教学法、讲授法。

学法：合作探究法、自主学习法。

【教学过程】

环节一：课前播报新闻

学生活动：三个学生展示搜集到的新闻，进行现场播报。

学生认真倾听，了解最新时事动态。

教师活动：简评时政，并点评播报新闻的同学表现。

设计意图：由学生播报新闻开启课堂，真正体现"学生为学习的主体"，有意识地培养学生关注时政、搜集时政信息的习惯，使其养成亲社会行为。

环节二：创设情景，导入新课

教师活动：一场突如其来的疫情检验了人性，一场疫情证实了中国特色社会主义制度的优越性，一场疫情张扬了民族精神、凝聚了中国力量。在刚才的新闻播报里有一条内容不知道大家是否听清楚了，4月8日武汉解封，经过76天的努力，这座英雄的城市终于解封了，让我们一起来回顾一下当时激动人心的时刻。师播放视频《武汉解封》。

学生活动：认真倾听，观看视频。

设计意图：以视频方式自然切入课题，激发学生学习的兴趣，挑起学生的兴奋点，为本节课铺垫情感基调。

环节三：书写大我，活出生命的价值

教师活动：

师问：武汉为什么能够在短短76天的时间里取得抗疫的成功？

学生回答（略）。

师总结：

（1）全国人民团结一心、恪守规则、敬畏生命；

（2）以爱国主义为核心的伟大民族精神和一方有难、八方支援的高贵品格；

（3）社会主义制度无可比拟的优越性，中央统一部署，全国步调一致；

（4）中国精神彰显中国力量，中国方案尽显中国智慧。

教师活动：大屏出示材料及问题。当疫情发生后，习近平总书记多次召开会议并作出重要指示：生命重于泰山，疫情就是命令，防控就是责任。把人民群众生命安全和身体健康放在第一位，把疫情防控工作作为当前最重要的工作来抓。

思考：

（1）你是如何理解"把人民群众生命安全和身体健康放在第一位"这句话的？

（2）遵照习近平总书记抗疫期间这一重要指示，各行各业应该怎么做？

学生活动：分组合作探究两个问题。学生围绕老师列出的表格很快填写出内容。各小组成员拿出开卷备查资料及整个教材有关知识点进行探究，充分讨论，集思广益。（见表1）

表1

角色	责任
医务工作者	
中学生	
公安民警	
政府部门	
社区工作者	
志愿者	
……	

设计意图：小组合作探究的形式激活了学生学习的自主性，调用所学知识并整合知识，解决中考模拟试题，多角度、全方位思考解决问题的思维方式，训练提升学生的应试能力。一个表格让学生的探究有了明确的方向和目标，解决教学中的重点"角色—责任—担当"，通过小组合作探究，学生知道了提升生命价值的具体途径，理解了抗击疫情与我们每个人息息相关，抗疫人人有责。突出了本节课的教学重点。

环节四：凝聚中国力量，弘扬民族精神

教师活动：播放视频《中国人到底有多团结》。

师问：民族精神的内涵是什么？民族精神的重要作用又是什么？

生答：民族精神始终是中华民族生生不息、发展壮大的强大精神支柱，是维系我国各族人民世世代代团结奋斗的牢固精神纽带，是激励中华儿女为实现中国梦而奋斗的不竭精神动力。

教师小结：在大灾大难面前，中国人民精诚团结、众志成城、共克时艰。

设计意图：夯实基础，深透理解课标和考纲中的"中华民族精神"这一学科核心概念。视频情境材料的选用让学生们有了感性认识的基础，触发了爱国情，强化了民族自尊心和自豪感。心动而后行动。

环节五：彰显制度优势，充满民族自信

师出示材料及问题。

"五个认同""四个自信"的相关材料：

材料一：爱国主义不仅是中华民族的优秀品格和优良传统，而且是凝心聚力的兴国之魂、强国之魄。爱国主义表现在以祖国为荣，以做中国人为荣。爱国主义还表现为在中国特色社会主义经济建设当中不袖手旁观。

材料二：56个民族虽然规模不同、语言不同、风俗习惯不同，但必须认同这一事实，那就是56个民族都是中华儿女，都是炎黄子孙，都处于中华民族共同体之中。

材料三：国学大师钱穆曾说：文化是民族的生命，没有文化，就没有民族。中华文化是世界上唯一一个持续发展而从未间断过的文化。这就是对一个民族基本价值的认同，它是凝聚这个民族共同体的精神纽带，是这个民族共同体生命延续的精神基础。

材料四：中华人民共和国成立70年来，我们自力更生，走出一条适合自己国情的社会主义道路，在政治改革、经济发展、文化传承等方面尽显优势，同时强大的动员能力在抗震救灾、战"疫"斗争、精准扶贫等"集中力量办大事"中尽显社会主义制度的魅力。

材料五：历史在中国选择了共产党作为执政党，已经帮助中国人民完成新民主主义革命，实现了民族独立与解放，完成了社会主义革命，确立了社会主义基本制度，进行了改革开放这一新的伟大革命。一路走来，党在不同历史阶段，根据国际国内形势和我国发展条件，提出相应的战略目标，引领中国人民取得了一个又一个的胜利。

（1）结合材料，谈谈材料中的内容分别体现了我们对哪些方面的高度认同？

（2）材料也提示我们要增强四个自信，中国人到底要强化哪四个自信呢？

（3）社会主义制度的优越性体现在哪些制度上？

师：指导学生进行小组探究，授之以渔；教会学生解题方法；在五则材料中勾画关键信息词。

学生活动：按照教师重点提示的方法解决问题，并展示答案。

五个认同：①对伟大祖国的认同；②对中华民族的认同；③对中华文化的认同；④对中国共产党的认同；⑤对中国特色社会主义的认同。

四个自信：中国特色社会主义道路自信、理论自信、制度自信、文化自信。

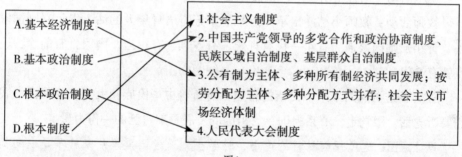

图1

教师小结：今天我国的抗疫优秀答卷已经被许多国家借鉴，这份优秀试卷既展示了我国作为大国的担当，也体现了我们用实际行动推动人类命运共同体的构建。

设计意图：一方面培养独立思考的能力，另一方面也是在第一次小组合作的基础之上让学生为祖国的强大而自豪，从抗疫取得阶段性胜利中体会到中国特色社会主义制度的优势，自觉强化"五个认同、四个自信"。五则短小材料的选用，培养学生提炼关键信息词的能力，同时以一当十，将"五个认同、四个自信"这些抽象的理论具体生动化。连线题的设计体现了"化繁为简、化难为易"的教学意图，通过这种方式让学生对"中国特色社会主义制度优势"进行复习梳理，对本学科核心知识进一步夯实。这个板块理论知识密度大，是中考高频考点，所以在学生的应试能力培养方面，在落实学科核心素养中的政治认同层面，教师下足了功夫。同时学习这个板块，能帮助学生们理解中国抗疫胜利的厚实土壤、硬核力量——中国共产党的领导和社会主义制度，从而使学生厚植家国情怀，用马克思主义思想理论武装自己的头脑，打好政治底色，自觉肩负实现中华民族伟大复兴的使命。我们要听党话，跟党走，心系祖国，为祖国的发展贡献自己的一份力量。

环节六：争做时代圆梦人，共绘大美新疆图

教师活动：播放视频并提出问题。

抗疫警报拉响后，全国各省派出医疗队援助武汉，请看新疆援鄂医疗队的视频。在观看视频的过程中感受中华民族一家亲、中华民族大团结的力量。思考：在19个省市对口援疆加快新疆跨越式发展的过程中，我们兵团人、新疆人能做点什么报效伟大祖国、建设美好家园呢？

学生活动：结合生活实际，积极交流展示。

教师活动：教师小结并出示习近平总书记寄语青年人的话。青年兴则国家兴，青年强则国家强。青年一代有理想、有本领、有担当，国家就有前途，民族就有希望。

青少年是祖国的未来，民族的希望，肩负着中华民族伟大复兴的使命。我们要听党话，跟党走，心系祖国，为祖国的发展贡献自己的一份力量。

设计意图：这段视频材料的选用，让学生知道爱国爱家从来就不是一句简单的口号，而是要牺牲、要付出。激发学生向抗疫英雄学习，将热爱祖国热爱家乡的情怀与强国志、兴疆志、报国行联系起来。将思政课的"知情意行水乳交融"这一教学理念落实，达成学科"立德树人"这一教育根本任务，凸显教育之本。

环节七：结尾师生合诵一首短诗，感情饱满地诵读

你所站立的那个地方，正是你的中国；

你怎么样，中国便怎么样；

你是什么，中国便是什么；

你有光明，中国便不黑暗！

设计意图：培养学生热爱祖国、热爱兵团、热爱新疆的家国情怀。进一步坚定信心，巩固本节课学习效果，同时达到情感升华的目的。

环节八：作业布置

必做题：结合所学内容完成本节课知识点的思维导图。

选做题：喜欢绘画的同学可以和小组成员合作完成一份建设大美兵团、大美新疆、决胜全面小康、决战脱贫攻坚、共圆中国梦的手抄报；擅长演讲的同学可以组成一个演讲团进社区宣讲：圆梦中华人人尽责，让更多的人加入圆梦的队伍中。

设计意图：根据学生自己的喜好、特色、优势自主选择一项社会实践活动，突出课程活动化，巩固德育成果。采用分层布置作业的形式，一方面可以发挥学生的特长；另一方面也能让学生养成学以致用的好习惯，凸显思政课的意义和价值。

《让友谊之树常青》教学设计

石河子第八中学　谭英

【教材分析】

"让友谊之树常青"是在第四课"友谊与成长同行"的基础上拓展到交友的智慧上的话题。这也是本单元"友谊的天空"的落脚点。本课时"让友谊之树常青"分为两目：建立友谊和呵护友谊。通过体验、感悟、分享、探究，让学生学会建立友谊的方法，能够交到更多的朋友，同时也让学生明白建立友谊之后，需要呵护友谊。

【学情分析】

进入新的学校、新的班级，七年级学生重视朋友，想要感受到友谊的温暖和力量，但刚刚进入青春期的学生社会经验较少，情绪容易冲动，自制力较弱，不善于结交朋友，不一定能正确地处理在与朋友交往中遇到的问题。所以，在教学设计上，可以紧密联系学生的交友经验以及在交友中遇到的困惑和难题，在教师的引导之下开展积极的探究活动，以此排解心中关于交友的诸多困惑，找到建立友谊、呵护友谊的方法。

【教学目标】

情感态度价值观目标：懂得主动热情、以诚相待等人际交往的美德，初步树立正确的友谊观，增进与同学之间的友情，学会建立和呵护真正的友谊。

知识目标：掌握建立友谊和维护友谊的方法，主动、积极交往，建立和呵护友情。

能力目标：学会与朋友正确地交往与沟通，善于把握和处理友谊中的冲突，提高与朋友主动交往的能力。

【教学重难点】

教学重点：知道怎样才能建立友谊。
教学难点：掌握呵护友谊的方法。

【教学方法】

情境体验、自主学习、合作探究。

【教学用具】

多媒体课件。

【课前准备】

（1）教师收集同学们开学以来学习生活片段的照片并制作成视频，视频配乐《友谊地久天长》。
（2）调查学生在交友中遇到的困惑，指导一组学生表演情景剧。
（3）教师制作友谊树的树叶和友谊树，上课前将树叶发给学生。

【教学课时】

一课时。

【教学过程】

导入：开学一段时间，同学们之间都有了一定了解，在新班级也交到了新朋友，接下来就请大家欣赏视频。

同学们开学以来学习生活片段的视频，视频配乐《友谊地久天长》。

形式：用图片和音乐的形式引导学生回顾生活中与朋友相处的点点滴滴，感受友谊的温暖和力量。

设计意图：通过观看视频，调动学生学习的热情和兴趣，提高学生学习的积极性，达到引入课题的目的。

教师总结：相信每个人都希望自己的友谊地久天长，那么怎样才能让我们的友谊地久天长呢？今天我们就一起来学习《让友谊之树常青》。

第一篇章：建立友谊——友谊前奏曲

让我们先进入第一篇章：建立友谊——友谊前奏曲

活动一：小采访

每个同学都有朋友，那么你们是如何成为朋友的呢？

学生分享。

每个人都有自己的交友方法，那现在我们一起看书总结一下：

建立友谊有哪些方法呢？

学法指导：

请大家看书49—50页，在书上画出符合题意的答案，注意要有条理、简洁凝练，同时画出关键词。

设计意图：通过带着问题去看书，学生能够比较清楚地知道课文内容，并为后面的教学奠定良好的基础，提高学生的分析和概括能力。

活动二：出谋划策

同学们自学的时候很认真，相信大家对知识有了一定的了解，那学习更重要的是学以致用，现在我们一起来听听小彬的故事，请大家帮他出谋划策。

出示小彬的故事（带配音）。

小彬性格内向，进入初中面对新同学时不知道应该怎样交朋友，上课不敢发言表现自己，害怕说错让同学笑话，有问题不好意思找同学帮忙，害怕别人嫌麻烦……他感到很孤独，但又不知道该怎么办。

大家一起帮他想想办法，让他尽快交到朋友，融入新集体。

学生回答（略）。

教师总结：建立友谊，需要开放自己，只有敞开心扉、主动表达，才不会错过朋友。

设计意图：用小彬的故事引发学生的共鸣，并思考应该如何在新集体中建立友谊，贴近学生生活实际，学生畅所欲言，使课堂气氛活跃。

那我们接着看小彬故事的发展：

出示小彬的故事（带配音）。

我听了大家的意见，主动和班级里与我有共同爱好的小宇打招呼，可是小宇性格开朗，他有很多朋友，感觉他对我不冷不热的，我有点灰心了。我还要继续主动和他交往吗？

快帮小彬想想办法，他好不容易迈出了第一步，现在该怎么办呢？

学生回答（略）。

教师总结：朋友不是一两天就能交到的，一次没有成功说明彼此还不够了解，更需要持续的行动。只要真诚待人，我们就有机会交到朋友。

设计意图：通过小彬遇到的新难题引导学生思考建立友谊不是一蹴而就的，而要有持续的行动，让学生对知识能深入地理解并运用到生活中去。

请学生们在书上做好笔记，并画出关键词。

建立友谊的主要方法：

（1）建立友谊，需要开放自己。

敞开心扉，主动表达，朋友才不会彼此错过。

（2）建立友谊，需要持续的行动。

如果一次尝试不成功，别气馁，只要真诚待人，我们就有机会交到朋友。

设计意图：通过自主学习和出谋划策的活动，使学生基本掌握了建立友谊的方法，并在书上做好笔记，既能夯实基础，也能养成记笔记的好习惯。

活动三：情景剧表演

我们现在对如何建立友谊有了更深的认识，接着请大家一起来欣赏一段关于交友的情景剧。

学生表演。

清晨，小宇面无表情地问他的同桌：

"喂，昨天你说你叫什么名字来着？"

同桌无奈地说："哎，我叫小彬啊，你怎么又忘了！"

课间小彬拿出书包，小宇又说："你的书包怎么这么难看啊！"

小彬听了很不开心地说："你太不会说话了！"

下课了，小彬问："周末你喜欢做什么啊？"小宇说："我忙着呢，别烦我！"

放学了，小彬又对小宇说："我们一起去买书吧！"

小宇说："没兴趣。"

久而久之……

思考：

你认为小彬和小宇能成为朋友吗？为什么？

那应该怎样交朋友呢？

学生回答（略）。

教师总结：有助于建立友谊的方法。交友时，我们要注意面带微笑，记住对方的名字，真诚地夸赞对方，寻找共同之处，同时做一个耐心的倾听者，保持好奇心，这样有助于我们交到更多的朋友。

设计意图：情景剧表演真实生动，极大地激发了学生的兴趣，同时也引导学生反思自己平时在生活中是否有不恰当的言行影响到友谊，既活跃了课堂气氛，又引发学生思考，为总结有助于建立友谊的方法奠定了良好的基础。

第二篇章：呵护友谊——友谊协奏曲

建立友谊，就像种下一棵友谊树，要经受风雨的洗礼和时间的磨砺。当我们找到一个志同道合的好朋友时，其实一个重要的问题已经摆在我们面前了。那就是：如何呵护这珍贵的友情？

现在让我们一起进入第二篇章：呵护友谊——友谊协奏曲。

那呵护友谊有哪些方法呢？我们一起来看看书上给我们介绍了哪些方法。

学法指导：

请大家看书51—53页，在书上画出符合题意的答案，注意要有条理、简洁凝练，同时画出关键词。

刚刚同学们学习得很用心，现在让我们学以致用，帮助小彬解决他遇到的新难题吧。

活动四：集思广益

（1）小宇英语考试考砸了，心里很难过。

（2）今天上课小宇一直心不在焉的，我问他怎么了，他也不说，难道朋友之间不是无话不说的吗？

如果你是小彬，你会怎么做？

请大家以4人为小组讨论交流各自的做法。

课前把全班分为12个小组，每小组4人，并为每个小组任命组长、记录员、发言人。这能使讨论探究过程中人人有事干，小组成员能集思广益、共同解决问题。

学生分享。

教师总结：我们要学会体会朋友的需要，以行动向朋友表达关心和支持，这就是在用心关怀对方。同时还要注重给朋友空间独处，给他时间缓解情绪，保留隐私，可以给对方建议但不要替对方做决定，这就是对朋友的尊重。

设计意图：通过小彬和朋友小宇在相处中遇到的困惑来引导学生思考如何呵护友谊，又通过小组讨论的方式集思广益，提高学生合作学习和归纳总结的能力，也提高学生在生活中分析和解决问题的能力。

第三篇章：呵护友谊——友谊变奏曲

友谊的小船在大海上航行，除了会遇到一些波折，还有可能说翻就翻哦！什么情况下会翻呢？可能是发生了冲突或者受到了伤害。

现在我们一起进入第三篇章：呵护友谊——友谊变奏曲。

我们继续来看小彬的故事：

小彬不小心把小宇最喜欢的玩具弄坏了，小宇很生气。

如果你是小彬，你会怎么做？

请在小组内分享你是如何处理与朋友的冲突的。

学生分享。

教师总结：在发生冲突时，要注意保持冷静，坦诚交流，相互协商，及时处理，勇于承担自己的责任，学会换位思考，找到彼此都能接受的解决办法，只要处理得当，会让友谊更加深厚，而不是说翻就翻。那么在友谊中受到伤害后，又该怎么做呢？我们来看看小彬新的烦恼。

设计意图：选取学生生活中普遍存在的交友困惑，在具体的情境中让学生思考，在小组交流中进行观点的碰撞。培养学生正确处理朋友之间冲突的能力，用智慧来维护友谊，同时培养学生的语言表达能力和合作学习能力。

活动五：我的友谊我作主

出示小彬的故事（带配音）。

这几天，小彬心情很不好，因为爸爸妈妈最近老是吵架，让他很烦恼。小彬把心里的烦恼告诉了小宇，并叮嘱他不要告诉别人，可是没想到，第二天小彬听见小宇的两个朋友在说这件事，小彬既生气又难过……

请同学们以4人为小组为小彬的故事续写结局。

学生合作学习，交流分享自己的经验、思维碰撞、相互启发、集思广益。

学生分享结局：不同的发展走向有不同的结局。

教师总结： 我们要学会正确对待交友中受到的伤害，对于无意的伤害，我们要学会宽容，让友谊继续下去，相信你的宽容会让你们的友谊更加深厚。而对于友谊中有意的伤害，我们也要有自己的原则和底线，让友谊到此结束，但注意还是要和对方和睦相处。无论友谊继续还是结束，都需要勇气和智慧，要有勇气做决定，有智慧做到既不伤害自己，又不伤害别人。

设计意图： 小彬的秘密被好朋友泄露的烦恼能引起学生的共鸣，引导学生思考设计故事的不同发展走向，思考如何正确对待交友中受到的伤害，学会宽容无意的伤害，毕竟交一个朋友也不容易，但对于有意的伤害也要敢于选择结束友谊，并且明确做不了朋友也要和睦相处。

活动六：故事分享

接下来老师给大家分享一个关于两个朋友在沙漠中旅行的故事。

幻灯片出示：图片（带配音）。

在阿拉伯传说中，有两个朋友在沙漠中旅行，在旅途中他们吵架了，一个人还给了另外一个人一记耳光。被打的觉得受辱，一言不发，在沙子上写下："今天我的好朋友打了我一巴掌。"

他们继续往前走。直到到了沃野，被打巴掌的那个朋友差点被淹死，幸好被另一个朋友救了起来。被救起后，他拿了一把小剑在石头上刻下："今天我的好朋友救了我一命。"

一旁好奇的朋友问道：

"为什么我打了你以后，你要写在沙子上，而现在要刻在石头上呢？"

学生回答（略）。

教师总结： 朋友间相处，伤害往往是无心的，帮助却是真心的，忘记无心的伤害，记住朋友真心的帮助，你会发现你有了更多真心的朋友。

设计意图： 通过有声有色的故事分享，将呵护友谊的真谛进行升华，引导学生回想和铭记朋友对自己的帮助，忘记朋友无心的伤害，珍惜身边的朋友，要明白只有用心呵护才能让自己的友谊之树常青。

现在请同学们在书上做好笔记。

呵护友谊的主要方法：

（1）需要用心去关怀对方；

（2）需要学会尊重对方；

（3）需要学会正确处理冲突；

（4）需要学会正确对待交友中受到的伤害。

请大家在书上用红笔做好笔记，画出关键词。

友情对对碰（当堂检测）。

通过刚刚的学习，大家对建立友谊和呵护友谊都有了更深的了解，那现在老师就考考大家，我们一起进入抢答环节。出示连线题。

1. 朋友不小心弄坏我的笔 　　　　A.告诉朋友下次要按时到

2. 约好看电影，朋友迟到 　　　　B.主动向朋友请教

3. 数学题不会，而朋友很擅长 　　C.不要生气，让朋友以后注意

4. 朋友生病请假，上课听不懂 　　D.告诉朋友做完值日再一起去玩

5. 该我做值日，朋友喊我去玩 　　E.放学后主动帮朋友讲题

6. 被朋友误解了 　　　　　　　　F.朋友也有别的朋友，要学会豁达

7. 看到朋友和别人说笑，心里不舒服 G.主动跟朋友解释清楚

学生积极抢答，做到学以致用。

设计意图：抢答环节激发学生回答问题的积极性，让学生积极思考，充分发挥学生学习的主动性。友情对对碰将学生在生活中经常遇到的一些交友困惑进行了梳理，引导学生运用建立友谊和呵护友谊的方法来正确处理这些困惑，学会关心朋友，并且正确处理冲突，学会豁达，提高学生运用所学知识解决生活中问题的能力。

第四篇章：友谊圆舞曲——让友谊之树常青

我们的友谊经过前奏曲、协奏曲和变奏曲之后，现在进入第四篇章：友谊圆舞曲——让友谊之树常青。

活动七：让友谊之树常青

活动要求：

请同学们在树叶上写下对友谊的寄语，并贴到黑板上的大树上。（配乐：轻音乐）

学生认真写下寄语并贴到友谊之树上。

设计意图：通过写下对友谊的寄语，表达学生对友谊的美好期待，贴到友谊之树上，既是分享了彼此的心声，也引导学生在以后的学习生活中要主动去

建立友谊，更加注重呵护友谊，让友谊之树常青。

课堂小结：

"交友投分，切磨箴规。"在追寻友谊的过程中，希望同学们运用我们这节课学到的方法，用热忱播种和建立友谊，用真心去呵护友谊。愿同学们用真诚、关爱、理解、尊重、智慧浇灌我们的友谊之树，祝愿同学们友谊之树常青！

【板书设计】

第五课：交友的智慧

让友谊之树常青

1. 建立友谊

（1）建立友谊，需要开放自己。

（2）建立友谊，需要持续的行动。

2. 呵护友谊

（1）呵护友谊，需要用心去关怀对方。

（2）呵护友谊，需要学会尊重对方。

（3）呵护友谊，需要学会正确处理冲突。

（4）呵护友谊，需要学会正确对待交友中受到的伤害。

【教学反思】

通过授课，学生进一步了解了该如何建立友谊和呵护友谊，懂得了友谊的珍贵和美好。综观整节课，用小彬的故事一例贯通，并且配音使得故事有声有色。设计了四个篇章，由浅入深，层层深入，贴近学生生活实际，让学生有话说，激发学生兴趣。情景剧表演引人深思，学生学习积极性很高。在合作学习时能积极发言，课堂气氛活跃，学生抢答问题积极主动。写下寄语贴到友谊之树上更是成为本节课的亮点和高潮。我综合其他老师的评价和自己的反思，意识到本节课还有一些不足：①学生讨论和发言时间应在时间控制方面加强；②对学生的评价性语言还不够丰富，要更注重鼓励学生。

《延续文化血脉》教学设计

石河子第八中学 谭英

【教材分析】

课程标准第三部分"我与国家和社会"中"积极适应社会的发展"和"认识国情，爱我中华"部分："感受个人成长与民族文化和国家命运之间的联系，提高文化认同感、民族自豪感以及构建社会主义和谐社会的责任意识"；"学习和了解中华文化传统，增强与世界文明交流、对话的意识"。

本课作为本单元的起始课，帮助学生认识中华民族五千多年的历史创造了悠久灿烂的中华文明。中华民族屹立于世界东方熠熠生辉，对一个民族而言，其根基在于文化的力量。中华优秀传统文化是中华民族在世界文化激荡中站稳脚跟的根基。中华民族灿烂的文化形成了代代相传的美德。

【学情分析】

随着年龄的增长以及学科知识的积累，九年级学生对中华文化有了一定的认知。但是，随着经济全球化与信息技术的发展，历史的和现实的、本土的和外来的、先进的和腐朽的等各种各样的文化相互激荡。在这一大环境下，九年级学生受其心理发展水平、认知能力及辨别是非能力的限制，在一定程度上会淡漠对中华优秀传统文化价值的认识，容易忽视对中华优秀传统文化的继承和发展。目前，学生正处于世界观、人生观和价值观形成的关键时期，本框题有助于学生奠定中华文化底色，树立传承中华美德、弘扬民族精神、自觉培育和践行社会主义核心价值观等重要思想。

【教学目标】

情感态度价值观目标：感受中华文化的力量，增强对中华文化的认同感和归属感；培养热爱中华文化和中华传统美德的情感；增强对民族文化的自尊心、自信心和自豪感。

知识目标：知道中华文化的产生、内容和意义；知道弘扬中华传统美德的重要性及丰富内涵；了解中华传统美德产生的影响；知道如何弘扬中华文化和中华传统美德。

能力目标：描述中华文化和中华传统美德的特点及力量；列举中华文化的内容；提升思考、分析、综合的能力。

【教学重难点】

教学重点：①中华传统文化、传统美德的内涵和价值。②增强文化自信的原因及做法。

教学难点：以实际行动弘扬中华优秀传统文化、传承中华传统美德、增强文化自信。

【教学方法】

情境体验、自主学习、合作探究。

【教学用具】

媒体课件。

【课前准备】

（1）教师收集同学们在平时的学习生活中传承中华文化、弘扬中华传统美德的照片并制作成视频，视频配乐中国古典音乐《霓裳羽衣-泛龙舟》（水调，笛子独奏）；

（2）学生分小组对中华文化和中华传统美德进行了解，收集资料准备上课展示。

【教学课时】

一课时。

【教学过程】

导入。

欣赏视频：《4分钟带你领略中国文化精神，精神之火从未熄灭》

思考问题：看了这个视频，你对中华文化有什么认识？

形式：学生观看视频，感受到中华文化的源远流长、博大精深，更感悟到中华文化从古至今生生不息、薪火相传的力量，同时思考并回答问题。

设计意图：通过观看视频，调动学生学习的热情和兴趣，提高学生学习的积极性，增强学生理解中华文化价值的能力，从而达到引入课题的目的。

【教师总结】

通过观看视频和同学们的回答，我们知道了中华优秀传统文化是中华民族的根，在中华民族五千多年的历史发展长河中，为中华民族提供了丰富营养。今天，我们实现中华民族的伟大复兴梦，建设社会主义文化强国，就要继承和发展中华优秀传统文化，不断结合时代和实践的特点加以创新发展，推陈出新。下面，让我们一起走进《延续文化血脉》的学习，开启文化之旅。在今天的旅程中，我们分成四个小组来竞争，最后选出优胜小组。首先我们一起来看旅游指南。

旅游指南：

（1）知道中华文化是如何形成的；

（2）了解中华文化的内容和特点；

（3）理解中华文化薪火相传、一脉相承的原因；

（4）了解中华文化的重要价值；

（5）把握文化自信的重要性；

（6）明确增强文化自信的方法；

（7）知道中华传统美德的地位；

（8）明确中华传统美德的价值；

（9）了解中华传统美德的内涵；

（10）明确弘扬中华传统美德的方法。

学法指导：

请大家看书58—65页，在书上画出符合题意的答案，注意要有条理、简洁凝练，同时画出关键词。

设计意图：通过带着问题去看书，学生能够比较清楚地知道课文内容，并为后面的教学奠定良好的基础，提高学生分析问题和解决问题的能力。

第一站：走进文化长廊——感受灿烂文化

让我们先进入第一站：走进文化长廊——感受灿烂文化。

思考：你知道中华文化是如何形成的吗？

学生回答（略）。

教师总结：各族人民团结互助，相互学习，用自己的勤劳和智慧共同开发建设祖国的大好河山，创造了灿烂的中华文化。

活动一：小采访

中华名片知多少？

列举你所知道的中国传统节日；

我国的四大名著；

我国代表性的建筑；

能代表中华文化的人物、成就；

我国的非物质文化遗产；

……

请同学们分组回答，可以展示课前准备的与中华文化相关的资料，按小组表现予以加分。

学生分享。

设计意图：让学生通过小组展示的方式分工合作，激发了学生参与课堂的积极性，提高了课堂效率。让学生感受到文化就在身边，意识到文化已经融入了我们的生活之中，并引导学生加强对中华文化相关知识的了解。

同学们回答得非常精彩，思维都很开阔，下面我们一起来欣赏文化长廊展示出的中华文化。

图片展示：独具特色的语言文字、浩如烟海的文化典籍、名扬世界的科技工艺、异彩纷呈的文学艺术、中国建筑、中国饮食文化，还有新疆特色的十二木卡姆：维吾尔族大型传统古典音乐，2005年维吾尔"十二木卡姆"被联合国列入世界非物质文化遗产名录。

教师总结：独具特色的语言文字、浩如烟海的文化典籍、名扬世界的科技工艺、异彩纷呈的文学艺术等，共同组成源远流长、博大精深的中华文化。

设计意图：通过文化长廊图片的展示，让学生更深刻形象地感受到中华文化的源远流长、博大精深，认识到各民族共同创造了灿烂的中华文化，增强对中华文化的认同感和自豪感。

除了中华文化，历史上还有很多先进文化，下面我们一起来看看四大文明古国的文化发展比较（以表格形式出示）。请大家认真观看文化发展及结果，你发现了什么呢？

学生回答。

设计意图：让学生通过比较得出中华文明是世界文明发展史上唯一没有中断过的文明，从而坚定我们的文化自信，增强传承中华优秀传统文化的使命感和责任感。

同学们都一语中的，发现了中华文明是世界文明发展史上唯一没有中断过的文明。那请同学们思考：中华文化虽历经沧桑却能薪火相传、历久弥新的重要原因是什么呢？

学生回答（略）。

教师总结：中华文化具有应对挑战、与时俱进的创造力和海纳百川、有容乃大的包容力。

活动二：文化对对碰

欣赏了文化长廊之后，我们现在要开展一个文化对对碰的活动。有三个不同的文化馆，请同学们将文化馆和相对应的文化进行连线，抢答的小组加分。

设计意图：通过文化对对碰的活动，让学生感受到中华优秀传统文化、革命文化和社会主义先进文化各自的独特魅力，并得出中国特色社会主义文化的内涵，同时提高学生学习兴趣，引导学生为小组荣誉努力。

思考：中国特色社会主义文化和刚刚的三种文化有什么关系呢？中华文化的价值有哪些？

学生回答（略）。

教师总结：文化是一个国家、一个民族的灵魂。中国特色社会主义文化，源自中华民族五千多年文明历史所孕育的中华优秀传统文化，熔铸于党领导人民在革命、建设、改革中创造的革命文化和社会主义先进文化，植根于中国特色社会主义伟大实践。

中华文化积淀着中华民族最深层的精神追求，代表着中华民族独特的精神标识，为中华民族的伟大复兴提供精神动力。中华文化独一无二的理念、智慧、气度、神韵，增添了中国人民内心深处的自信和自豪感。

第二站：见证文化自信的力量——坚定文化自信

通过刚刚的游览，大家对中华文化都有了更深刻的认识，下面让我们一起进入第二站：见证文化自信的力量——坚定文化自信。

活动三：出谋划策

一段时间以来，有些人热衷于吃西餐、过洋节（圣诞节等），追捧美国大片和韩剧，大肆吹捧西方民主……总认为外国的月亮比中国圆，而对本国的文化却知之甚少，甚至是有意贬低。

请大家分小组思考：

（1）你如何看待这些人的行为？我们应该如何对待外来文化？

（2）为什么要坚定中华民族的文化自信？

请大家以4人为小组讨论交流。

学生分享发言。

教师总结：他们这是缺乏文化自信的表现。

对待外来文化，我们要取其精华、弃其糟粕。同时要大力弘扬中华民族的优秀文化，坚定我们的文化自信。

文化自信是一个国家、一个民族对自身文化价值的充分肯定，是对自身文化生命力的坚定信念，是一个国家、一个民族发展中更基本、更深沉、更持久的力量。没有高度的文化自信，就没有中华民族的伟大复兴。坚定文化自信，事关国运兴衰、文化安全和民族精神的传承发展。

设计意图：用生活中存在的真实问题引发学生的共鸣，并使其思考在经济全球化的时代，应该如何对待中华文化，如何对待外来文化，贴近学生生活实际，学生畅所欲言，使课堂气氛活跃；引导学生思考中华传统文化将如何传承和发展，既活跃了课堂气氛又引发学生思考，为总结坚定中华民族的文化自信的方法奠定了良好的基础。

下面我们就一起来看看我们的文化在走向世界的过程中是如何变得更加多姿多彩的，见证文化自信的力量。

活动四：文化自信图片展

我国是文化遗产大国，截至2019年7月，中国已有55项世界文化、景观和自然遗产被列入《世界遗产名录》，其中世界文化遗产32项、世界文化景观遗产5项、世界文化与自然双重遗产4项、世界自然遗产14项；

《中国诗词大会》《经典咏流传》《国家宝藏》《上新了·故宫》等弘扬中华优秀传统文化的节目热播；

《孙子兵法》一书被翻成英、俄、德、日等20多种语言文字，全世界有数千种刊印本，是美国的西点军校和哈佛商学院高级管理人才培训必读教材，被誉为中华千古奇书；

中意文化年、中法文化年等中外文化交流活动如火如荼；

截至2018年12月，中国已在154个国家和地区建立548所孔子学院和1193个中小学孔子课堂，现有注册学员210万人，中外教师4.6万人；

中国风服饰亮相巴黎时装周、中餐越来越受到外国人的青睐、越来越多的外国人喜欢过春节；

外国首脑访问中国，参观中华历史文化名城……

思考：怎样坚定文化自信，发展中国特色社会主义文化？

学生回答（略）。

教师总结：坚定文化自信，发展中国特色社会主义文化，必须坚持以马克思主义为指导，推动中华优秀传统文化创造性转化、创新性发展，继承革命文化，发展社会主义先进文化，不忘本来，吸收外来，面向未来，不断铸就中华文化新辉煌。

设计意图：文化自信图片展让学生从多角度增强文化自信，感受到文化自信的力量，此环节顺应了学生的情感规律，目的在于引导学生从感性认识上升到理性认知层面，在分享感受的同时探究背后深层次的原因，即文化自豪感和文化自信。结合教师的进一步追问以及系列图片的展示，引导学生自主探究增强文化自信的具体方法。

第三站：中华美德代代传——寻找身边的榜样

让我们一起进入第三站：中华美德传传传——寻找身边的榜样。

活动五：美德力量在践行

同学们，我们身边也不乏很多践行传统美德的榜样同学，你发现了吗？

（1）来说说他们的故事吧！

（2）学习榜样，传承美德，我们该如何做？

学生小组讨论并分享回答。

教师总结：中华传统美德已经融入中华民族的思维方式、价值观念、行为方式和风俗习惯，成为一种文化基因。美德的力量在于践行。推进社会公德、职业道德、家庭美德、个人品德建设，青少年责无旁贷；倡导向上向善、孝老爱亲、忠于祖国、忠于人民，青少年必须身体力行。

设计意图：通过问题引导，学生应该见贤思齐并身体力行，在身边小事中践行中华传统美德。分享自己日常生活中可采取的具体方法并总结归纳。

第四站：传承文化在行动——争做自信中国人

坚定文化自信，发展中国特色社会主义文化，需要我们每个人从自身做起。下面我们进入第四站：传承文化在行动——争做自信中国人。

活动六：文化强国我出力！

为了坚定文化自信，建设社会主义文化强国，让我们一起来建言献策！

要求：

以4人为小组讨论交流，一人负责记录，之后每个大组由一人负责汇总并上台分享。

（可从国家、社会、公民等角度考虑）合作交流3分钟。

学生分组分享展示。

教师总结：大家都考虑得非常全面，建设文化强国是全社会的共同责任，我们每个人更要坚定文化自信，把传承优秀文化落实到生活的点滴中。根据小组加分选出这节课的优胜小组，颁发奖状。

设计意图：在讨论交流的过程中，锻炼学生分析交流的能力，对本课的学习成果有一个归纳总结，将所学知识学以致用，引导学生将传承文化落实到生活的点滴中。选出优胜小组并颁发奖状能增强学生合作学习的意识，增强学生的集体荣誉感，引导学生积极参与。

下面我们一起来欣赏视频：

由同学们开学以来在学习生活中传承中华文化、弘扬中华传统美德点滴行动的照片制作的视频，视频配乐中国古典音乐《霓裳羽衣-泛龙舟》（水调，笛子独奏）。

八段锦进校园、打太极拳、参观军垦博物馆、剪纸、捏泥人、中国结、练书法、写春联、包饺子、跳维吾尔族舞蹈等活动的剪影。

设计意图：用图片和音乐的形式引导学生感悟传承中华文化、弘扬中华传统美德就在身边，应从自身做起，从点滴做起。

活动七：同唱《我爱你中国》，将延续文化血脉进行到底！

播放视频《可爱的中国》，发出爱的告白。56个民族非遗传承人同唱《我爱你中国》，师生欣赏视频的同时同唱《我爱你中国》，将延续文化血脉进行到底。

设计意图：师生在同唱《我爱你中国》时，既能欣赏到各民族非遗传承人的文化特色，又增强了对中华文化的认同感和自豪感，坚定了文化自信，引导学生学以致用，增强爱国情感，为延续文化血脉付出行动。

【课堂小结】

我们站立在祖国广袤的土地上，吸吮着中华民族漫长奋斗积累的文化养分。希望同学们坚定文化自信，弘扬中华美德，延续文化血脉，为建设社会主义文化强国添砖加瓦。相信祖国的明天在我们的手中必将更加美好！

【板书设计】

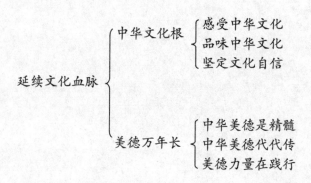

中华文化根 { 感受中华文化 品味中华文化 坚定文化自信

延续文化血脉 {

美德万年长 { 中华美德是精髓 中华美德代代传 美德力量在践行

【教学反思】

优点：

（1）导入视频切入课题，展现出了中华文化的薪火相传，激发学生学习热情，以文化之旅为线索展开这节课的设计比较巧妙，环节之间环环相扣，学生参与度较高；

（2）为文化强国建言献策环节采用小组合作学习的方式，锻炼了学生的团队合作能力，同时培养了学生多角度考虑问题的学科思维；

（3）最后的学生与各民族非物质文化遗产传承人同唱《我爱你中国》让课堂氛围得到升华，增强了学生传承中华文化的责任感和使命感，增强了学生的爱国情感。

不足：

（1）对学生的评价语言不够丰富，一些口头禅应该尽量避免；

（2）对全体学生的关注度不够，尤其要多关注一些不太发言的学生。

《公平正义的价值》教学设计

第八师134团第一中学　咸万林

【教学目标】

情感、态度和价值观：通过本课学习，增强崇尚公平正义的情感，提高学生在学习和生活中体验公平、守护正义的实践能力。

过程与方法：通过本课学习，感受公平正义是美好社会应有的价值追求；体会公平是个人生存和发展的重要保障，是社会稳定和进步的重要基础；懂得正义是社会制度的重要价值，是社会和谐的基本条件。

知识与能力：公平的含义；公平的内涵和要求；公平的意义；正义的含义、要求和作用。

【教学重难点】

教学重点：理解公平正义的重要性及价值。

教学难点：公平正义是社会制度的重要价值。

【教学方法】

多媒体教学法、小组合作学习、情境教学法

【教学过程】

（一）导入新课

多媒体展示：美国明尼苏达州美非裔死亡事件。

师：美国明尼苏达州美非裔死亡事件致多地暴乱引发了哪些思考？

引出课题：公平正义的价值。

（二）新课讲授

目标导学一：认识公平

活动一：认识公平的含义

尼日利亚籍确诊男子不配合隔离还咬伤护士，广州警方立案调查，涉案嫌疑人目前正在警方监管下隔离治疗，待其治疗结束，警方将立即对其采取刑事强制措施，并依据《中华人民共和国传染病防治法》《刑法》《外国人入境出境管理法》等法律法规，坚决依法严肃处理。

即使是外国人，违反法律也要承担责任，可见警方在处理此事上的态度是怎么样的呢？

生：警方处理事情的态度合情合理、不偏不倚。

教师总结：公平通常指人们基于一定标准或原则，处理事情合情合理、不偏不倚的态度或行为方式。

活动二：探究"公平"内涵

（1）分组活动：我们身边有哪些体现公平或不公平的事例？列举一例并模拟表演出来。

学生分组自定内容、讨论、表演，其他学生评价。

（2）思考：这体现了什么公平呢？

提示：违反了交通规则接受处罚是公平的，找朋友摆平就违背了公平原则，也是违法行为。国家的"两免一补"政策让孩子们都能上学是国家保障公平的措施。

教师讲述：公平有着丰富的内涵，包括权利公平、规则公平、机会公平等。权利公平，要求每个人依法平等参与社会活动；规则公平，要求每个人都受到行为规范的约束；机会公平，要求社会为每个人提供同等的发展机会和条件。

活动三：探究公平对个人和社会的作用

（1）我校"一人一策"确保未返疆、未返校学生"停课不停学"。

自3月23日我校开学以来，针对部分学生因疫情还未返疆、未返校的情况，学校要求各年级教师继续开展线上辅导工作，辅导内容与在校学生同步进行，确保未返校学生也能正常学习。（如图1）

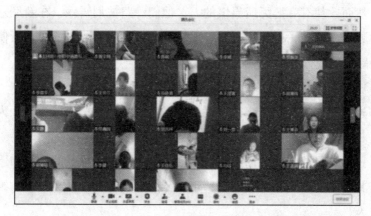

图1

（2）让学生结合线上学习的感受发表自己的见解，并思考：确保学生受到教育公平对学生个人有什么意义？对整个社会有什么意义？

提示：公平是个人生存和发展的重要保障。公平不仅能保证个人应得的利益，使个人获得生存和发展的物质条件，而且能让人感受到尊严，从而激发自身潜能，提高工作效率。公平是社会稳定和进步的重要基础。公平有利于协调社会各方面的利益关系，缓和社会矛盾，减少社会冲突，维护社会秩序，保证社会的长治久安。公平有利于营造更好的竞争环境，创造更多的社会财富，推动社会持续发展。

目标导学二：正义的力量

活动四：热点再现

2017年3月，由最高人民检察院影视中心牵头创作的电视剧《人民的名义》，正式在湖南卫视黄金档开播。该剧真实震撼地演绎了荧屏"打虎"，开播以来引起强烈反响，不但收视告捷，在社交媒体上也引发广泛热议。

思考：电视剧《人民的名义》为什么能引起广泛关注？

提示：《人民的名义》源于反腐败斗争的伟大实践，源于创作者敏锐地捕捉到时代的脉搏和人民心声，最重要的是，《人民的名义》彰显了正义的力量，必将助力清明政治生态建设，为社会传播更多的正能量。

活动五：感悟正义

春节，是一个团圆的节日，此起彼伏的欢笑声总会充满整个屋子。可今年，2020年的春节，突如其来的疫情，向我们发起了一场猝不及防且没有硝烟的战争！然而，却有一群无所畏惧的人，他们一路披荆斩棘，在新型冠状病毒面前，不顾生命危险，冲到了一线。他们就是来自四面八方的白衣天使们，是抗击疫情路上的逆行者！

（1）思考：他们身上体现了正义是怎样的一种行为呢？

（2）通过抗出疫情英雄事迹，说说你对正义的认识，谈谈为什么人们如此渴望正义。

提示：正义是社会文明的尺度，体现了人们对美好社会的期待和追求。正义有着极其丰富的内涵，一般而言，正义行为都是有利于社会进步、维护公共利益的行为。

① 正义是社会文明的尺度，体现了人们对美好社会的期待和追求。

② 正义是法治追求的基本价值目标之一。

③ 正义是社会制度的重要价值。

④ 正义是社会和谐的基本条件。

活动六：拓展延伸

观看《中华人民共和国民法典》的相关视频，每组自选一点，联系课本内容，设计一个问题，由其他组来回答。

要求：学生讨论，学生提问，学生回答，教师总结。

提示：人民代表大会制度、国家主席的职权、全国人民代表大会的职权、民法典的作用。有了正义的制度，即使是社会弱势群体，也能获得基本的生活保障，得到社会的关爱。

（三）课堂总结

通过这节课的学习，我们知道了公平的含义和意义，正义的含义和意义。公平的含义和内涵比较容易理解，公平的意义要结合具体的例子来理解；通过事例比较，分清正义行为与非正义行为，并结合例子体会正义的力量。

（四）课堂练习

1. 公平是人类历史上一个永恒的主题。在现实生活中，我们也常常会遇到是否公平、如何做到公平的问题。下列对"公平"的理解正确的一项是（　　）

A. 公平就是绝对平均

B. 公平是一种好的机遇和命运

C. 公平就是多享受权利，少履行义务

D. 公平是指处理事情合情合理、不偏不倚的态度或行为方式

2. 正义是社会文明的尺度，体现了人们对美好社会的期待和追求。正义是社会和谐的基本条件，也为社会发展注入不竭的动力。下列选项中，属于正义行为的有（　　）

①助人为乐　扶人一把　　　　②遵纪守法　遵守公德

③尊老爱幼　孝敬父母　　　　④爱开玩笑　欺侮弱小

A.①②③　　　　B.②③④　　　　C.①②④　　　　D.①③④

3. 正义是社会制度的重要价值，有了正义制度（　　）

①使处在社会最底层的人得到基本的生活保障

②使处在社会最不利地位的群体，得到社会的关爱

③保障人民生命和财产安全

④保障人民得以生存和发展，推动社会进步

A.①②③　　　　B.②③④　　　　C.①③④　　　　D.①②③④

4. 制度体现正义，正义因制度而有保证。正义通过制度的调节造福每一个社会成员。国家的下列举措不能支撑这一观点的是（　　）

A. 建立全国统一的城乡居民养老保险制度

B. 修改消费者权益保护法，充实细化消费者权益

C. 构建精准扶贫工作长效机制，实现扶贫到村到户

D. 打造"丝绸之路经济带"，扩大贸易和投资空间

5. 辨析：下列做法是公平正义的行为吗？为什么？

（1）体育中考时男生1000米，女生800米。

（2）新疆中考、高考给少数民族加分。

提示：引导学生学会换位思考。

【板书设计】

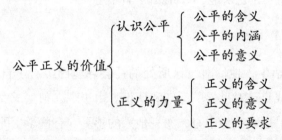

《关爱他人》教学设计

石河子第十六中学　尹　兰

【教材分析】

（一）课标要求

课程标准第二部分"我与他人和集体"中的"在集体中成长"部分：学会换位思考，学会理解与宽容，尊重、帮助他人，与人为善。课标第三部分"我与国家和社会"中的"积极适应社会的发展"部分：积极参与公共生活、公益活动，自觉爱护公共设施，遵守公共秩序，有为他人、为社会服务的精神。

（二）整体感知教学内容

本节课是八年级上册第三单元第七课《积极奉献社会》的第一框题。第三单元在前两个单元的基础上进行了更高层次的提升。经过前几课的学习，学生们已经学过尊重他人、以礼待人等社会生活规范，树立了责任意识，从而为本课"关爱他人"的学习打下基础，也为下一框题"服务社会"做了铺垫。所以，本课在本单元中起着承上启下的作用。本框题主要涉及的问题是如何关爱他人，具体包括两大方面：关爱他人是一种幸福，关爱他人是一种艺术。通过本课的学习，有利于引导学生树立关爱他人的意识，在实际生活中，关爱他人时能做到心怀善意、尽己所能、掌握策略等问题。

【设计理念】

作为八年级学生，他们对自己所处的社会环境已经有了自己的观察和了解，也在逐渐形成自己对世界的感知和认识。由于现在独生子女居多，他们在思考问题方面容易以自我为中心，忽视他人的感受。有些学生即使在关爱和帮助他人的时候，也存在计较或者方法不得当的问题。这个时候需要引导学生树立正向积极的价值观，学会关爱他人、了解他人，懂得运用策略和方法去传递自己的善意。

（1）采用情境教学法，以学生的亲身经历为依据，通过精心设问，带领学生回忆关爱他人的温馨情节，感悟关爱他人的重要作用，反思过程中的不当行为。

（2）采用自主学习探究的模式进行教学，贯穿讲授法、讨论法，指导学生开展阅读、讨论和分析。

（3）辩证引导，关爱他人讲究策略，特别是在注意保护自己的前提下做出理性智慧的选择对学生来说难度较大，教师必须对学生可能做出的各种选择进行辩证引导。

【教学思路】

（1）活动教学法。让学生在学习中活动，在活动中学习。在活动中创设情境，激发学生兴趣，触动学生心灵，体现教师的主导作用和学生的主体作用，达到教与学的统一。

（2）角色扮演法。通过模拟现实的生活情景，让学生扮演剧中的人物，在角色扮演中学习知识、理解知识、掌握知识，从而调动学生参与的积极性，提高学生运用知识的能力。

（3）演示法。通过视频演示增强形象化，吸引学生的学习兴趣。

（4）启发式教学法。通过问题来引领学生思考、讨论、解决问题，促进学生对知识的理解和掌握。

【教学目标】

（一）情感态度价值观
感受关爱的力量，增强关爱他人的意识。

（二）过程与方法
运用全面的、发展的观点分析关爱他人的意义，提高辩证思维能力。

（三）知识与技能
知道关爱传递着美好情感，了解关爱对他人、社会和个人的意义；懂得关爱要尽己所能；掌握关爱他人的策略和注意事项。

【教学重难点】

教学重点：关爱他人的作用。

教学难点：关爱他人的策略和应注意的事项。

【教学过程】

（一）故事导入

老师最近重温了一个小故事，心中倍感温馨。今天我把它分享给大家，希望同学们从中也能有所感悟。

出示故事：盲人提灯笼

在一个漆黑的夜晚，一个盲人一手拿着一根小竹竿小心翼翼地探路，一手提着一只灯笼。路人问："您自己看不见，为什么还要提着灯笼走路？""道理很简单，我提着灯笼并不是为自己照路，别人在看到路的同时也容易看到我，不会误撞到我。而且，由于我的灯笼为别人带来光亮，为别人引路，人们也常常热情地搀扶我，引领我走过一个个沟坎，使我避免遭受许多危险。"

提问：从这个故事中，你感悟到了什么？

生答：帮助别人就是帮助自己。

是啊，关爱他人，惠人惠己。今天老师就和大家一起探讨关爱他人的话题。

设计意图：故事导入，激发学生的兴趣，同时快速带领学生进入课堂内容。

（二）自主预习

首先大家需要了解关爱他人的相关知识，请同学们快速阅读课本第75页至第79页，完成自主预习。

出示自主预习：

（1）关爱他人的含义。

（2）关爱他人的表现。

（3）关爱他人的作用。

（4）怎样关爱他人？

教师观察学生自主预习情况，待大部分同学完成后，由学生快速汇报答案。

大家都快速而准确地找到了答案，那能否运用这些知识解析我们碰到的一些现象或疑惑呢？我们拭目以待。

（三）新课讲授

目标导学一：暖心时刻

1. 关爱他人的含义及表现

过渡：说起关爱，在我们的家庭生活、学校生活和社会生活中随处可见人们相互关爱的身影。请看一组图片。

出示图片：父母呵护孩子、教师鼓励帮助学生、同学之间相互帮助、陌生人之间相互关爱的图片。

提问：看了上述图片，你有何感受？

生答：关爱就是关心爱护。在长辈的呵护下，我们健康成长；在老师的鼓励下，我们增强学习信心；同学之间相互帮助，我们更懂得友谊的珍贵。每个人都被他人关爱着，也都在关爱着他人。关爱无时不在，无处不在。

教师点拨：这就是关爱的含义和表现。

2. 关爱他人的作用

过渡：在你的成长经历中也一定有过许多这样温馨的时刻，现在打开你记忆的闸门，搜索这样的片段，分享你的经历，并思考关爱的作用。

（1）分享一次你被人关爱的经历或你知道的关于关爱的小故事。

（2）你曾经关心、帮助过他人吗？当时你是怎么做的？对方的反应如何？你有何感受？

思考：从中你体会到关爱具有怎样的作用？

学生谈自己的亲身经历，教师根据学生的描述进行引导和点拨。

小结关爱的作用：

（1）关爱传递着美好情感，给人带来温暖和希望，是维系友好关系的桥梁。（他人）

（2）关爱是社会和谐稳定的润滑剂和正能量。（社会）

（3）关爱他人，收获幸福。（个人）

设计意图：通过观看生活中人们相互关爱的图片，让学生初步感知关爱，归纳其含义及表现，进而打开学生的思路，通过交流自己的亲身经历感知关爱他人对他人、对社会、对自己的作用。

目标导学二：成长时刻

1. 小组讨论，关爱他人的方法

过渡：刚才的讨论充满了温馨和感动，但有的人在享受关爱或关爱他人的过程中可能有不一样的经历。请分享：

（1）别人在帮助你的时候，有没有让你受不了的言行？你当时的感觉如何？

（2）你曾经有过好心办坏事，助人不成反伤人的经历吗？现在想一想，怎么处理更好？

学生谈自己的亲身经历，教师根据学生的描述进行引导和点拨。

当学生分享的过程不太积极的时候，教师也可以分享自己的经历。

过渡：看来我们真得学习一些方法，才能真正将好事做好。在预习环节我们已经初步学习了关爱他人的方法，我们能否正确运用这些知识解决问题呢？请看材料：

班里有个同学叫小敏，她的爸爸因为一场车祸失去了生命。妈妈也在这场车祸中身受重伤，需要巨额医药费进行治疗。小敏为了照顾妈妈经常请假不来上学。了解到小敏家的情况后，班里的同学展开了议论。

小红说：周末我们去小敏家看看有什么要帮忙的，小敏落下的功课我们帮她补习一下。

小玲说：我能力有限，但可以去安慰一下小敏。

大力说：我们写一封倡议书，号召全校师生捐款帮助小敏渡过难关，为了扩大影响还可以请电视台的记者去采访小敏，广泛宣传。

请运用相关知识评析同学们的言论。

小组讨论，分析以上同学的言行。

小结：小红和小玲的言行体现了关爱他人要心怀善意，关爱他人要尽己所能。大力的观点不太恰当，因为在帮助他人时，要考虑他人的内心感受，不要伤害他人的自尊心。

2. 突破难点

过渡：我从同学们的评析中感受到了满满的正能量，他人有难，怎能不帮？但是，受人的素质、客观情况、思维方式等因素的影响，可能使自己面临两难的境地，那我们该如何选择呢？

播放小品《扶不扶》片段。

提问：请问遇到这种情况，你扶不扶？请做出选择并说明理由。

将学生的观点分为三类：一是不扶；二是考虑看看；三是扶。教师随机采访第一、二类学生，弄清不扶或者需要考虑的原因，对症下药，对学生进行价值观的正确引导。对第三类学生进行适当的鼓舞，但也要提示注意增强安全防范意识和自我保护意识，在保护自己不受伤害的前提下采取果敢和理智的行动。

归纳：关爱他人的做法。①关爱他人，要心怀善意。②关爱他人，要尽己所能。③关爱他人，要讲究策略。

设计意图：通过分享自己或他人在关爱他人过程中出现的问题，思考归纳关爱他人的方法，并能正确评析关爱他人的方法是否恰当。通过小品《扶不扶》片段检验学生能否运用恰当的方法关爱他人，引导学生形成正确的价值观念，弘扬社会正能量。

目标导学三：传播时刻

1. 筑牢中华民族共同体

过渡：刚才我们探讨的关爱他人都是公民个人之间或者小规模的团体之间的行为，如果我们将这个团体扩大到不同的民族、不同的地区之间，并且是有组织、有领导的相互关爱，那又将产生多大的力量呢？

同学们听说过"对口援疆"吗？你知道你的家乡是被哪个省份援助的吗？你能说说援助前后你的家乡发生了哪些变化吗？

出示图片：对口援疆、新疆变化、民族团结

学生根据实际情况回答。

教师引导：这样的壮举只有在中国，也只可能在中国实现。这体现了中国共产党的号召力，体现了社会主义制度的优越性，体现了中华民族的凝聚力。它把各个民族凝聚在一起，构成了一个坚不可摧的中华民族共同体。

2. 构建人类命运共同体

过渡：如果我们的站位能更高一些，把这个群体突破国家和民族的限制，那又将是怎样的一番光景呢？

同学们听说过"一带一路"倡议吗？为什么提出这一畅想？

出示："一带一路"的相关图片

生答："一带一路"沿线国家互惠互通，合作共赢。

小结：习近平总书记曾说："欢迎各国人民搭载快速行驶的中国列车。"中国的经济在实现快速发展的同时，也没有忘记其他国家和人民。古人说：穷则独善其身，达则兼济天下。我们做到了！这就是共产党人的心胸和智慧，这就是中华民族的包容力。它把全人类的命运紧紧联系在一起，我们共同构建人类命运共同体。

3. 关爱自然，人与自然和谐共生

过渡：如果我们的站位再高一些，应该想到在地球上生活的不仅有人类，还有其他生命，我们应如何与之相处呢？

生答：保护动植物，保护其他生命，人与自然和谐相处。

对，人与自然和谐共生，这才是关爱的终极价值追求。只有如此，才能实现人与自然的永续发展。这体现了社会主义核心价值观的哪些重要内容？

生答：友善、和谐、文明、平等。

4. 落实理念，知行合一

师问：这些宏伟目标怎样才能实现呢？

生答：从我做起，从身边的小事做起，关爱他人，关爱社会，关爱自然。

设计意图：通过扩大关爱他人的范围，提高价值站位，引导学生在"筑牢中华民族共同体"——"构建人类命运共同体"——"人与自然和谐共生"——"落实理念，知行合一"的认知上层层递进，达到本课高潮，实现情感态度价值观的升华。

【课堂总结】

学习了本课知识，你有哪些收获？学生谈收获。

教师利用板书总结。希望同学们学习了本课知识后能以理论指导实践，内化于心，外化于行，关爱他人，关爱社会，关爱自然，将我们生活的空间变得更加美好。

【板书设计】

关爱他人

（1）关爱的含义及表现。

（2）关爱他人的作用。

（3）关爱他人的做法。

【教学反思】

选取贴近学生生活、贴近实际的素材激发学生的学习兴趣，使学生对关爱的重要性及怎样关爱他人有了一定的认识。但更重要的是让学生在面对复杂多变的社会生活时，学会负责任地去选择、去感悟、去践行、去升华。

优点：情感态度价值观的升华，层层递进，循循善诱，由关爱他人上升到构建中华民族共同体和人类命运共同体，实现人与自然和谐共生，凸显了社会主义核心价值观的内容，达到了情感的高潮。

不足：①整个教学设计如果能采用一例贯通，思路会更加清晰。②由于安排不够合理，结尾部分情感升华后没有足够的时间将问题落到实处。

《少年有梦》教学设计

石河子第十六中学　尹 兰

【学习目标】

情感态度价值观目标：从小树立梦想，并能把"个人梦"和"中国梦"联系在一起，以实际行动为实现梦想而努力。

知识目标：知道树立梦想应注意的问题，以及如何实现自己的梦想。

能力目标：学会树立正确的梦想，掌握"努力"的方法，会合理安排自己的努力计划。

【教学重点难点】

教学重点：树立梦想应注意的问题。

教学难点：努力就有改变。

【教学方法】

讨论法、探究法、情境教学法。

【课时安排】

一课时。

【教学过程】

导入：（教师激情引入）这是一个追寻梦想的时代，个人有梦，自身才能得以发展；国家有梦，民族才能得以进步。今天，让我们一起怀揣梦想，踏上寻梦之旅。请同学们打开课本第8页，今天我们一起学习第一课第二框《少年有梦》。

设计意图：通过教师的激情引导，引起学生学习本课内容的兴趣。

目标导学一：梦想的含义

教师引导：老师有一个梦想，就是想当一个被绝大多数学生欢迎的好老师，他们非常期待我来上课，能提前做好课前准备；上课认真听讲，及时记笔记，积极参与课堂活动；课下独立认真地完成作业。我们能愉快地沟通，和谐地相处。同学们，你们愿意帮我完成这个愿望吗？（生答：愿意）老师也在为此而努力！倾听了老师的理想，你愿意将你的梦想跟老师和其他同学分享一下吗？

提出分享要求：请同学静心思考，你的梦想是什么？你为什么确立了这个梦想？（出示幻灯片：梦想是什么）

学生分享。

教师在学生分享的同时，针对学生的回答进行点拨。

教师归纳：同学们说出了自己梦想的具体内容，让我们归纳一下梦想的含义是什么。请同学们从课本中找到描写梦想是什么的句子。

归纳一：梦想是对未来生活的美好愿望，是人类天真无邪、美丽可爱的愿望

设计意图：老师通过分享自己的梦想，暗示学生上课应该做到的内容，规范学生的上课行为；同时，抛砖引玉地请学生分享交流自己的梦想，激发学生主动参与课堂的热情。引导学生将感性的梦想材料归纳为理性的梦想含义，这对于刚刚进入中学阶段的七年级学生非常重要。

目标导学二：梦想的作用与特点

过渡：老师今天给大家介绍两个人物，他们也有着非比寻常的梦想。

出示幻灯片：莱特兄弟的故事

一百多年前，一位穷苦的牧羊人带着两个幼小的儿子替别人放羊。有一天，他们看到一群大雁飞过，很快消失在远方。牧羊人的小儿子问父亲："大雁要往哪里飞？"牧羊人说："它们要去一个温暖的地方。"大儿子眨着眼睛羡慕地说："要是我也能像大雁那样飞起来就好了。"小儿子也说："要是能做一只会飞的大雁该多好啊！"牧羊人沉默了一会儿，然后对两个儿子说："只要你们想，你们也能飞起来。"牧羊人说："让我飞给你们看。"于是他张开双臂，但没能飞起来。可是，牧羊人肯定地说："我因为年纪大了

才飞不起来，你们还小，只要不断努力，将来就一定能飞起来，去想去的地方。"

设置问题：

（1）梦想为两兄弟的飞翔成功起到了什么作用？

（2）他们确立的梦想与什么有关？

归纳二：如何正确理解梦想

（1）梦想能不断激发我们生命的热情和勇气，让生活更有色彩；

（2）有了梦想，才能不断进步和发展；

（3）少年的梦想，与个人的认识目标紧密相连；

（4）少年的梦想，与时代的脉搏紧密相连，与中国梦密不可分。

目标导学三：中国梦的内涵及实现途径

教师讲解：中国梦表现在政治、经济、文化等方面，体育强国也是重要的一个方面。今天8月在巴西举办了里约奥运会，同学们最关注的是哪些？

学生分享交流奥运精彩片段。

教师出示里约奥运会上中国军团获奖领奖的一些图片，重点分享乒乓球男团和女团中国队夺冠领奖的片段，并引导：他们成绩的取得仅仅是他们个人的努力吗？不是，这和国家经济实力的增强、民族综合素质的提高是密不可分的，只有实现了中国梦才能更好地实现个人梦。

归纳三：中国梦的内涵和实现途径

中国梦的内涵：国家富强、民族振兴、人民幸福

实现途径：实现中国梦必须走中国道路，必须弘扬中国精神，必须凝聚中国力量。

设计意图：通过莱特兄弟确立梦想的故事，引导学生思考梦想对自己的人生有重要的作用；通过展示里约奥运会上中国运动员夺冠的精彩片段，激发学生为国争光的热情，引导学生思考个人梦想的实现离不开国家和民族力量的壮大，在确立梦想时应将个人的梦想与国家和民族的需要相结合，为实现中国梦而努力。

目标导学四：为什么需要努力

出示幻灯片：莱特兄弟为成功研制飞机付出的努力的事实材料

莱特兄弟从想像大雁一样飞翔到成功研制出飞机总共用了26年，制作了两百多个不同形状的机翼模型，在不同角度下进行了上千次风洞实验；制作了三

架滑翔机，进行了近千次滑翔飞翔，试飞的时候，莱特兄弟也多次摔伤。1903年12月17日，莱特兄弟驾驶以内燃机为动力的飞机试飞成功。看来，没有人能随随便便成功。

设置问题：莱特兄弟终于圆梦了，他们成功的法宝是什么？

小组合作讨论，提出学习要求：

（1）以小组为单位，讨论莱特兄弟成功的法宝。

（2）每组选出一名记录员。

（3）各组的记录员把记录的结果向全班汇报。

归纳四：事业的成功需要付出努力

（1）努力，是梦想与现实之间的桥梁。

（2）努力是一种生活态度，是一种不服输的坚韧和失败后从头再来的勇气，是对自我的坚定信念和对美好的不懈追求。

（3）努力，需要立志。志向是人生的航标。青少年要早立志、立大志、立长志。把自己最重要的人生志向同祖国和人民联系在一起。

（4）努力需要坚持。只要坚持，即使过程再艰难，也有机会离梦想更近一步。

设计意图：获得成功的重要途径是努力，展示莱特兄弟努力圆梦的事实材料，通过小组合作学习，归纳应该怎样将梦想转化为现实。

【课堂总结】

教师总结：这节课我们围绕莱特兄弟的故事，一起学习了什么是梦想，梦想的作用，以及怎样把梦想变成现实。希望同学们能把今天所学的知识应用到实际生活中去，将自己的梦想变为现实！

学生：谈谈本节课的收获。

当堂检测：

1.少年有梦的作用有（　　）

①能激发生命的热情　②不断进取　③有正确的航向　④有梦就有成功

A.①②③　　　　　　B.①②④　　　　　　C.②③④

2.下列说法不正确的是（　　）

A.有梦就有希望　　B.有梦就能实现

C.有梦需要坚持　　D.有梦就需要努力

3.下列对"梦想"说法正确的是（　　）

①梦想就是一种让你感到坚持就是幸福的东西②梦想是对未来的一种期望③梦想是成功的基石④梦想是人类对于美好事物的一种憧憬和渴望

A.①②③　　　　　B.①②③④　　　　　C.①②④　　　　D.②③④

4.少年于敏有一个执着的信念：在那个内乱外侮的国土上，尽管自己不能像古代英雄人物那样驰骋沙场，但他相信，总会有诸葛亮、岳飞式的盖世英雄出现，能够荡寇平房、重振河山。于敏怎么也想不到，半个世纪后，自己会成为这样的"盖世英雄"。2015年，于敏获得2014年度国家最高科学技术奖。

（1）于敏少年时代的梦想说明了什么？

答：①少年的梦想，是人类天真无邪、美丽可爱的愿望。

②少年的梦想，与个人的人生目标紧密相连。

③少年的梦想与时代的脉搏紧密相连。

（2）"于敏怎么也想不到，半个世纪后，自己会成为这样的'盖世英雄'。"这启示我们要怎样实现梦想？

答：我们实现梦想，需要付出努力。

【教学反思】

七年级的学生刚从小学生的身份向中学生的身份转化，面对突然加大的学习任务和学习难度，他们中的有些人还不能适应，对自己的未来也没有一个相对合理的规划。本课的教学就是要引导学生早立志、立大志、立长志，并为了实现自己的理想付出不懈的努力。

本课的一大亮点就是补充了中国梦的内容，在讲课的过程中有效结合今年举办的里约奥运会，这是许多学生感兴趣的话题。人前中国军团在奥运各赛场上顽强拼搏，背后是祖国强大的综合实力做坚强的后盾。让学生们明白，个人理想的实现离不开祖国的强大，离不开中国梦的实现。

《成长的不仅仅是身体》教学设计

石河子第三中学　张前英

【教材分析】

本单元为七年级下册的起始单元，本单元将青春期作为教育主题，以"身体—心理—思想—精神"的演进路径向学生渗透。第一课以"青春的邀约"为题，设计了《悄悄变化的我》和《成长的不仅仅是身体》两框，分别从身体、心理和思维发展三个角度呈现青春期的发展状态，引导学生以积极的姿态应对青春期生命成长。

【学情分析】

进入初中以来，学生的身体外形、心理和精神都发生了很大的变化，会面临很多新问题。在这个阶段，青春期的学生在生理、情感、思维、人际关系、社会化等特征方面不断向成人靠近。伴随着自主自立意识的发展，学生的社会化程度也在不断提高。网络的普及使得信息的传播越来越快，但信息内容良莠不齐，青春期的各种越轨行为更加难以控制。社会价值的多元化，各种媒体中出现的价值导向偏差，引发学生更多的心理冲突，更严重的是价值虚无主义的流行，让青春期学生的价值选择更加迷惘。

【教学目标】

情感态度价值观目标：感受青春成长的力量，体会青春的美好；感受青春发展的差异性，形成接纳自我、关爱他人的心理品质；关心自己的成长，培养追求美的意识；注重外在美，更要提升内在美；发挥青春期思维的长处，学会独立思考，培养批判精神和创造精神。

知识目标：了解青春期生理变化、青春期旺盛生命力的表现和对待方法；了解青春期矛盾心理的表现及调控措施；知道独立思考和批判性思维的表现、意义和培养途径。

能力目标：学习正确认识和处理青春期生理、心理矛盾的方法；学会独立思考及运用批判性思维的方法，积极开发创造潜力，提高发现问题、解决问题的能力。

【教学重难点】

教学重点：青春期思维独立性、批判性、创造性的发展和变化。

教学难点：运用青春期思维的独立性、批判性和创造性解决问题。

【教学方法】

情景体验法、典例分析法、讲练结合法、师生互动法等。

【课时安排】

两课时完成第一课两个专题的教学。

【教学准备】

多媒体课件、典型事例。

【教学流程】

模块一：播放PPT——情景故事（如图1）

> 在一所国际学校里，老师给各国学生出了一道难题："有谁思考过世界上其他国家粮食紧缺的问题吗？"学生都说："不知道。"非洲学生不知道什么叫"粮食"；欧洲学生不知道什么叫"紧缺"；美国学生不知道什么叫"其他国家"；中国学生不知道什么叫"思考"。这则让人笑不起来的"笑话"，的确发人深省。

图1

设问：中国学生的表现引起了你怎样的思考？

（请学生结合实际情况发表意见）

教师小结：类似这样的思维模式，我们称为独立思维。这种敢于表达不同观点的思维叫作批判性思维，这种难能可贵的思维叫作创造性思维。步入青春期之后，我们成长的不仅仅是身体，还有我们的思维。

模块二：探究与分享——青春的独立思考

步入青春期之后，我们的独立意识不断发展，对问题开始有了更多的见解，也越来越渴望摆脱对父母的依赖走向独立的生活。对于独立，很多人都有着自己的思考和见解。

活动一：辩一辩："浓度越高的酒精消毒效果就越好吗？"（如图2）

> 事实与理论分析：
>
> 　　医用酒精的浓度一般为75%。这是有它的道理的，据权威专家介绍，100%浓度的酒精是不能杀死细菌的。因为它会在细菌的表面形成一个保护膜，无法进入细菌体内，而如果酒精的浓度太低，它虽然能进入细菌体内，但是无法凝固细菌里面的蛋白质，也就是无法杀死细菌。所以通常意义上，75%浓度的酒精杀毒效果较好。

图2

活动二：幻灯片出示第9页几个学生对于独立的理解

设问：你认为这是"独立"的表现吗？你理解的独立是什么？

学生的活动预设：分小组结合幻灯片教师提示内容和自己的生活实际探究青春期的独立性，并在全班分享探究结果。

"独立"的理解变、辩、辨。

1. 独立就是不再依赖父母

学生在成长的过程中对家长或者其他权威的控制，逐渐产生一种想要摆脱依赖的反叛心理，很多同学利用这种心理来反抗父母，借此表达想要独立的渴望。

2. 独立就是自己的事情自己负责

青春期的独立表现在方方面面，行动上自己的事情自己做是独立；思维上面对事情能够提出自己的观点也能认真听取他人意见是独立；人际关系上能够按照喜好结交志趣相投的朋友是独立。但这样的想法是独立吗？

设计意图： "独立"的理解变、辨、辩活动的目的是了解学生对于独立的看法，借此引导学生知道青春期思维的独立从不同的角度是有不同的理解的。

中学生对于独立的理解更多停留在摆脱对父母的依赖上，因此很多学生容易陷入"独立就是反抗父母的一切"这样的误区。借助教材中小刚的案例引导学生认识到独立不是以自我为中心，而是有标准的，在敢于有自己独特见解的同时也要接纳他人合理的、正确的意见。

模块三：探究与分享——青春的批判精神

教师：在我们的成长中，与思维的独立性相伴随的是思维的批判性。

活动三：情景再现（用多媒体展示情境）

情景一：老师在黑板上写字时，写错了……

情景二：今天我早早写完作业了，妈妈下班回家看见我在看电视，马上大发雷霆……

情景三：老师讲的这些知识点我没弄明白，我想利用课间去问老师……

思维的批判性对我们有什么要求？

讨论小结：批判要有质疑的勇气，有表达自己观点、提出合理化建议的能力，还要考虑他人的感受，知道怎样的批判更容易被人接受，更有利于解决问题。

模块四：探究与分享——青春的创意开发

导语：青春的我们思想活跃、感情奔放、朝气蓬勃，充满对未来的美好憧憬，拥有改变自己、改变世界的创造潜力。

活动四：用一组图片构建情境（向学生们展示一组科幻画和变废为宝的图片）

进入辨析训练活动：

（1）我爱幻想，能把自己想象的东西写入小说中，这种感觉很棒！

（2）我虽然没有文艺特长，但我很喜欢思考，点子很多，大家遇到问题愿意找我帮忙。

（3）班级里的活动老师都放手让我们做，我们设计的形式很新颖，大家对我们也刮目相看。

设问：

（1）你认为上述同学的表现是创造吗？为什么？

（2）小组讨论：青春的创造可以是怎样的？你希望自己有怎样的创造？

青春期的学生对于创新、创造、创意这样的词汇更多的是听到、知道，但不理解，也不知道自己是否具有创造的潜力。

活动通过几个同龄人的案例展示，启发学生知道创造存在于我们生活的各个方面，不简单模仿，不因循守旧，有自己的观点和看法都是创造的一些表现。

小结：青春的创造是多姿多彩的。不墨守成规，敢于幻想，追求生活的新奇和浪漫，上课积极思考、敢于回答问题等，都体现了创造的价值。

活动五：拓展设问：如何开发我们的创造潜力？

过渡：具有创造的思维不仅能成就自己的人生，还会关系到他人与社会，能够为国家和社会作出更具有价值的贡献。

播放视频《全国青少年科技创新大赛》。

小结：人世间的一切成就、一切幸福都离不开劳动和创造，而实践是创造的源泉。但我们的创造要关注社会和他人，看重创造的意义和价值，做一名对国家和社会有用的创造者。青春的创造意味着我们要用自己的智慧和双手去尝试、摸索、实践，通过劳动改变自己、影响世界。

播放视频《科技改变生活》。

小结：青春充满对自我的探索，对成长的渴望，青春为我们带来无限遐想。青春的到来，让我们拥有了对独立的渴望，对事情的质疑，对未来的畅想。青春用泪水记录成长的悲欢，用汗水书写难忘的故事，用创造见证未来的奇迹。让我们拥抱青春、珍惜青春，用思维的头脑、勤劳的双手弹奏出青春快乐的音符吧！

【课堂总结】

通过这节课的学习，我们知道了青春期随着生理变化，心理也在不断变化。我们要理解真正长大的含义，能正确对待独立思维，培养批判精神，开发创造潜力。掌握思维独立不是一味地追求独特，而是要有自己独到的见解，同时接纳他人合理、正确的意见。培养批判精神时要敢于提出质疑，提出自己的观点，并要掌握批判的技巧。所以，我们要争当勤奋好学、自觉劳动、勇于创造的好少年，做一名对国家和社会有用的创造者。

【作业设计】

（一）课堂练习

（精选习题，夯实基础）

1. 初一学生晓晓最近对"酷"有了自己的理解，他认为衣服要鲜艳亮丽、头发也要染成时髦色，只有这样才能彰显青春的个性和自己已经独立了的事实。如果你是晓晓的好朋友，你会跟晓晓说（　　）

A. 你真酷，以后我也要这么打扮

B. 思维的独立并不等同于一味追求独特

C. 我表哥把头发染成了"奶奶灰"，超酷，你要不要也换那个颜色

D. 我也想穿成这样，可是我妈妈不允许，她根本不懂时尚

2. 没有哥白尼的批判精神，就没有神学大厦的坍塌，也就没有我们所生活的星球的真相；没有费尔巴哈的批判精神，就没有对黑格尔哲学的扬弃，也就没有马克思主义的登场；没有共产党人的批判精神，就不会有社会主义中国的拨乱反正，也就没有波澜壮阔的改革开放……这启示我们（　　）

① 要培养批判精神

② 对事情要有自己的看法

③ 要摒弃一切传统的观点

④ 要敢于向权威挑战

A. ①②③　　　　B. ①②③④　　　　C. ①②④　　　D. ①③④

3. 当代毕昇、汉字激光照排系统之父王选说过，一定要在年轻的时候养成自己动手的习惯，一个新思想和新方案的提出者往往也是第一个实现者，这似乎是一种规律。这段话告诉我们（　　）

A. 要保护好自己的好奇心

B. 要敢于对权威下过的"结论"提出质疑

C. 要学好各方面的科学文化知识

D. 要养成自己动手、勤于实践的良好习惯

（二）课后练习

（知行合一，素质培养）

中秋节快到了，班里板报小组的同学经过几天的努力终于把中秋板报画

完，好多同学围在一起观看。这时青青走过来，说："这期的板报画面排版不够整齐，很难得奖呐！"班长说："你有什么更好的想法可以提出来。"青青说："懒得跟你们说，要是换我肯定比你们强。"

思考：

① 你认为青青的说法有何不妥？

② 如果你是她，与同伴产生不同意见时，你会怎么做？

参考答案：本题通过情境案例的形式考查学生对于批判技巧的掌握。第一问中涉及的要点有：青青的批判不仅要有质疑的勇气，还要有能表达自己的观点、提出合理化建议的能力。批判不能只是一味否定，更要考虑他人的感受，只针对事情本身，而不针对个人。第二问的解答需要围绕第一问的要点回答，合理即可。

【教学反思】

（一）较成功之处

情境创设比较贴近学生生活，体现以学生为主体的教学理念。教学流程尽最大努力为学生创设多种活动方式以激发学生的学习积极性，使每一个学生的思维能够活跃起来。

（二）待改进方面

本节课的教学内容较为抽象而且知识点较多，学生们在理解基础概念和理论上较为困难。为了抽丝剥茧般由浅入深地实现重难点的突破，课堂活动设计较多，所以在时间的把握上有些不合理，以后要以学情为基础安排得更加有效些。

《加强民族团结，维护社会稳定》
教学设计

石河子第十中学　赵　婕

【教学目标】

情感态度价值观目标：增强自觉热爱各民族人民的情感，以自己的实际行动维护和促进新疆民族团结，增强责任感和使命感，为实现中华民族伟大复兴而努力奋斗。

知识目标：知道我国是统一的多民族国家；理解民族区域自治制度是我国的一项基本政治制度；了解加快民族地区发展的措施；知道维护和促进民族团结是公民的义务。

能力目标：能掌握分析材料、寻找关键信息及语言组织的能力。

【教学重难点】

教学重点：加强巩固基础知识。

教学难点：分析材料，提取关键信息。

【教学过程】

导入：自制教师本人支教视频。

过渡：为了新疆的社会稳定和长治久安，大家都在尽心尽力做力所能及的事情，讲到这儿，大家应该也猜到我们今天将要学习什么了吧。今天，我们进入第二轮专题复习《加强民族团结，维护社会稳定》。

教师：首先对这一部分的考点进行梳理，请大家齐读本部分考点。

考点梳理：

（1）知道我国是统一的多民族国家。

（2）了解我国各民族的人口分布特点。

（3）理解我国处理民族关系的基本原则。

（4）知道民族区域自治制度是我国的一项基本政治制度。

（5）知道中华人民共和国成立后，形成了平等团结互助和谐的社会主义新型民族关系。

（6）理解我国加快民族地区经济社会文化发展的原因及采取的措施。

（7）懂得维护和促进民族团结是每个公民的神圣职责和光荣义务。

（8）懂得维护国家统一、反对分裂是每个公民义不容辞的责任。

教师：下面，我们进入第一环节——基础知识猜猜猜，看看大家在第一轮复习时，基础知识掌握得如何。

第一环节：基础知识猜猜猜

要求：

（1）判断正误，并说明理由；

（2）举手最快的人获得答题权。

易错易混知识点汇总：

（1）我国是一个统一的多民族国家，各民族血脉相连，各民族的文化趋于同一，差异正在消失。

（2）我国形成了平等、团结、共同繁荣的社会主义新型民族关系。

（3）我国在少数民族的居住区实行民族区域自治。

（4）民族区域自治是我国的一项基本民族政策，也是我国的一项根本政治制度。

（5）实行民族区域自治的少数民族地区实现了高度自治。

（6）维护国家统一，维护各民族的团结，维护国家安全、荣誉和利益是每个公民的权利。

教师：做学生这么久，每次月考的时候肯定都是一边做题一边疯狂吐槽老师题怎么出得这么难。今天老师就带大家来揭秘老师们平时都是怎么出题的。

示范题型：

材料一：2019年的元宵节，天山南北的人们沉浸在欢庆的海洋中。新疆各县乡都举行了热闹的社火巡游活动，各民族兄弟姐妹在浓浓的中华传统文化氛围中，感受着民族团结带来的美好生活。

材料二：阿克苏市兰干街道朝阳社区里，传出悠扬的歌声："我结亲，你认亲，民族团结一家亲；心相通，脉相连，携手共建大家园……"这首《民族团结一家亲》歌谣的词作者是年近八旬的夕阳红文艺队队长王瑛，作曲的是和她结为亲戚的艾尔肯。"我填词，弟弟弹曲子演唱，我们是一对好搭档。"王瑛说。

材料三：全国人大代表、新疆生产建设兵团第一师职工尤良英多年来身体力行地践行着民族团结工作，她与弟弟10多年如一日的团结故事在新疆家喻户晓。她感慨地说："一年来我和弟弟麦麦提图如普·穆萨克牢记习近平总书记的嘱托，走到哪儿就把民族团结宣传到哪儿，带动各族乡亲们一起脱贫致富。民族团结就是各族人民的生命线。船的力量在帆上，人的力量在心上。民族团结重在交心，要将心比心、以心换心。各民族同胞要手足相亲、守望相助，共同维护民族团结、国家统一。"

可考查的知识点：

（1）新型民族关系。

（2）处理民族关系的基本原则。

（3）维护民族团结的个人做法。

（4）开展民族团结一家亲活动的意义。

①上述材料说明了什么？（4分）

②开展"民族团结一家亲"活动有何重要意义？（4分）

③尤良英的事迹给我们今后参与民族团结活动怎样的启示？（4分）

教师：我们平时所做的材料分析题里也就分为是什么、为什么、怎么做三大类，只是问法不一样而已，下面我们把它们归归类。

题型指导：

①有哪些；②原因类；③意义、作用类；④启示类；⑤做法类；⑥说明、体现、反映类；⑦建议类；⑧国策、战略、方略辨识类。

是什么　　　　　为什么　　　　怎么做

教师：现在老师邀请你们感受一把出题老师的辛酸，请看要求。

第二环节：你来出题我来答

要求：

（1）迅速阅读导学案上的两则材料，根据刚才所做的示范进行材料分析，找出材料中的核心关键词，并针对材料进行设问，注意问题设置的综合性，并整理答案。

（2）每道题根据是什么、为什么、怎么做三方面进行设问，组内任务要明确，分为出题人（负责说明出题意图，并根据设问给予相应分值）、答题人（负责整理并展示答案）、阅卷人（负责根据答题人的回答给予相应的分值）。

（3）当一组展示完毕后，其他小组进行补充评价（评价出题人、答题人、阅卷人及整体情况）。

推进国语扬文化

出题人：　　　　　答题人：　　　　　阅卷人：

材料：2018年12月18日，党中央、国务院授予库尔班·尼亚孜同志改革先锋称号，颁授改革先锋奖章。库尔班·尼亚孜敢为人先，冲破思想观念的束缚，2003年拿出家里所有积蓄60余万元，创办了依麻木镇国家通用语言小学，并挨家挨户动员乡亲们送孩子学习国语，用教育改变贫穷落后面貌。不断创新教学模式，摸索教学方法，提高教学质量，源源不断扩大招生计划。积极开设国学课堂，通过设立孔子像，组织学生背诵古诗词、唱京剧、练书法等，大力弘扬中华传统文化，使千余名少数民族学生改变了命运，对新疆双语教育发展起到了示范引领作用，为弘扬中华文化、增进民族团结做出了积极贡献。

可考查的知识点：

是什么设问：

为什么设问：

怎么做设问：

学生展示。

教师设问展示：

1.库尔班·尼亚孜有哪些品质值得我们学习？（4分）

答：（1）不言代价与回报的奉献精神；

　　（2）具有高度的社会责任感；

　　（3）助人为乐、热心公益的崇高品质；

（4）强烈的爱国主义情感。

2.库尔班·尼亚孜的事迹得到了社会的广泛认同，大家纷纷为其点赞，请你说说大家为他点赞的理由。（4分）

答：（1）有利于传承和弘扬中华优秀传统文化，有利于促进各民族文化交流。

（2）有利于保障贫困地区少数民族学生的受教育权，促进教育公平，提高当地青少年的科学文化素质；

（3）有利于营造一个"我为人人，人人为我"的社会氛围；

（4）有利于促进新疆社会经济的长远发展；

（5）有利于维护民族团结，增强民族的凝聚力、向心力。

3.库尔班·尼亚孜的先进事迹给了你什么启示？（6分）

答：亲社会行为。我们要主动了解社会，关注社会发展变化，积极投身于社会实践。在社会生活中，热心帮助他人，想他人之所想，急他人之所急。

弘扬文化。我们要积极学习、了解中华传统文化，结合当今时代，继承和发扬优秀的传统文化，积极促进文化交流，做文化交流的使者。

维护民族团结。增强民族平等和团结的意识，做到三个尊重，关心和帮助少数民族同学；各民族同学之间要平等相处，多说有利于民族团结的话，多做有利于民族团结的事，努力学习，立志成才，为维护民族团结、促进各民族共同发展做贡献。

反恐维和保稳定

出题人：　　　　答题人：　　　　阅卷人：

材料：国务院新闻办公室3月18日发表了《新疆的反恐、去极端化斗争与人权保障》白皮书和《新疆的反恐、去极端化斗争与人权保障》纪录片，白皮书中指出：在以习近平总书记为核心的中共中央坚强领导下，在全国人民的大力支持下，经过新疆各族人民的共同奋斗，新疆反恐怖主义和去极端化斗争取得了重要阶段性成果。但是，"三股势力"及其影响依然存在，"东突"势力依然在伺机制造事端，新疆反恐怖主义和去极端化斗争形势依然严峻复杂。新疆将紧紧围绕社会稳定和长治久安总目标，依法反恐、保障人权、发展经济、改善民生，努力建设团结和谐、繁荣富裕、文明进步、安居乐业的中国特色社会主义新疆。

可考查的知识点：

是什么设问：

为什么设问：

怎么做设问：

学生展示。

教师设问展示：

1.《新疆的反恐、去极端化斗争与人权保障》白皮书的发布说明了什么？（4分）

答：（1）加强和巩固民族团结，维护祖国统一，是中华民族的最高利益；

（2）党和国家坚决维护民族团结、反对民族分裂、维护祖国统一的立场；

（3）我国坚持全面推进依法治国的基本方略；

（4）我国贯彻尊重和保障人权的宪法原则。

2.《新疆的反恐、去极端化斗争与人权保障》白皮书的发布有何意义？（4分）

答：（1）有利于加强和巩固民族团结、反对民族分裂、维护祖国统一；

（2）有利于维护新疆的和谐稳定和长治久安，促进国家繁荣昌盛；

（3）有利于增强公民民族团结和国家安全意识。

3. 作为新时代的接班人，我们应如何以实际行动响应《新疆的反恐、去极端化斗争与人权保障》白皮书？（4分）

答：反分裂角度：

（1）维护国家统一、国家主权和领土完整；

（2）反对一切形式的民族分裂活动，尤其坚决反对借民族和宗教之名搞暴力恐怖活动的行为；

（3）敢于向极端宗教势力和暴力恐怖势力发声亮剑，坚决同"三股势力"作斗争。

维护民族团结角度：

（1）增强民族平等和团结的意识，做到三个尊重，关心和帮助少数民族同学；

（2）各民族同学之间要平等相处，多说有利于民族团结的话，多做有利于民族团结的事，努力学习，立志成才，为维护民族团结、促进各民族共同发展做贡献；

（3）积极宣传、自觉拥护党和国家的民族政策，为维护民族团结建言献策。

教师小结：除了上述材料，现在常提的还有"扫黑除恶"这个词，而对于生态我们也在努力保护，所以新疆的发展离不开"五位一体"的总体布局，要发展就要先团结稳定，团结稳定离不开依法治疆。

【课堂小结】

加强民族团结维护社会稳定，人人有责，共建共享大美新疆，实现全面小康奋斗目标，抓住"一带一路"发展机遇，是时代赋予的责任，我们应该勇于担当，建设美好家园，感恩伟大祖国。

【板书设计】

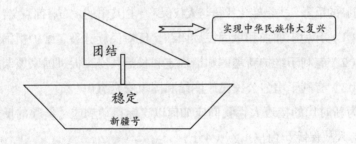

《凝聚法治共识》教学设计

石河子第十中学　石　波

【教学目标】

（1）政治认同：理解厉行法治，建设法治中国是全体社会成员的共同责任，形成凝聚法治精神，建设法治中国、法治社会、法治政府的政治认同。

（2）理性精神：培养学生对社会不良现象进行理性分析的理性精神，让学生学会理性思考，做一个理性的社会参与者。

（3）法治意识：形成全社会厉行法治的理念，增强学法尊法守法用法意识，培育法治精神，使学生学会在法治状态下生活，把法治作为基本的生活方式，能够自觉在宪法和法律范围内行使权利、履行义务。

（4）公共参与：培养学生积极参与社会公共生活的意识，在公共参与时要树立正确的权利义务观，树立规则意识。

【教学方式】

本次学习采用了让学生在"体验中学、交流合作中学、情境感悟中学"的学习方式。教学方式主要是情境教学法。

【教学重难点】

教学重点：依法行政是建设法治政府的基本准则。

教学难点：厉行法治的基本要求。

【学情分析】

对于厉行法治的基本要求，学生理解起来会觉得抽象、困难。依法行政这个问题在八年级下册第六课第三节"国家行政机关"中已有一定的知识积累。但是围绕"政府为什么必须要依法行政""怎样才能做到依法行政，形成法治政府"这样的深层问题，解决起来还是比较困难的。建成法治中国必须要处理好德治与法治的关系，这两者的关系要准确透彻地表述清楚还是比较困难的。

设计意图：教学设计第一部分从政治学科核心素养的四个维度来说明本节课的教学目标：政治认同、理性思考、法治意识、公共参与，打破了以前按照情感、态度与价值观，知识与能力，过程与方法的思路展开教学的形式。教学重点：依法行政是建设法治政府的基本准则。教学难点：厉行法治的基本要求，即科学立法、严格执法、公正司法、全民守法。学情分析准确研判，有的放矢地进行教学才能提高教学的实效性，才能引导学生进行深度学习，让学科核心素养真正落地。

【教学过程】

（一）读材料：自主链接教材

师出示两则材料：

材料一：中共中央、国务院印发《法治政府建设实施纲要（2015—2020年）》：党的十八大把法治政府基本建成确立为到2020年全面建成小康社会的重要目标之一，经过坚持不懈的努力，到2020年基本建成职能科学、权责法定、执法严明、公开公正、廉洁高效、守法诚信的法治政府。

材料二：党的十九大科学提出了未来30年法治中国建设"两步走"战略。第一步，从2020年到2035年，在基本实现社会主义现代化的同时，基本建成法治国家、法治政府、法治社会。第二步，从2035年到本世纪中叶，在把我国建成富强、民主、文明、和谐、美丽的社会主义现代化强国的同时，全面建成法治中国。

师：这两则材料，对法治政府提出的阶段性目标有哪些？为什么必须要建成法治政府？

生：依法行政的核心是规范政府的行政权，使得政府在行使行政权力、管理公共事务时防范权力滥用，更好地为人民服务，提高政府公信力。

生：依法行政，全面推进政务公开，保障公民的知情权、参与权、表达权和监督权，促进政府决策科学化、民主化、法治化。

师：结合这两则材料，说说怎样才能建成社会主义法治政府。结合教材52页相关链接回答。

生：政府及其公务员职能科学、权责法定、执法严明、公开公正、廉洁高效、守法诚信。

师：请问对于"权责法定"，政府有哪些权力，又有哪些责任呢？法律对政府的要求和对企业、公民的规定一样吗？

生：政府法无授权不可为，法定责任必须为。企业和公民，法无禁止皆可为。

师：那么作为被管理者的普通公民，应该履行哪些义务以推进法治政府建设呢？

生：积极参与、献计献策、主动监督，促进政府依法行政。

师：可从两个角度考虑，还有一个角度，宪法、制度及其监察委员会等组织也要筑牢不敢腐、不能腐、不想腐的堤坝。这样就把怎样建成法治政府分析得比较全面了。

设计意图：本节课的教学重点：政府为什么必须要依法行政？怎样才能依法行政，建成法治政府？通过两则文字材料、教材的图文资料，在师生互动、生生互动合作探究中得出依法行政的重要性和必要性。怎样依法行政才能建设法治政府呢？通过观察对比的思维方法训练得出答案：法无授权不可为，法定职责必须为。教师在学生回答的基础上启发学生从另一个角度——被管理者角度思考：公民该如何做才能促进政府依法行政呢？这样多角度、全方位的学科思维方法训练，才是让道法课核心素养落地的必备途径。

师：全面依法治国，推进法治政府、法治社会、法治国家一体化建设。厉行法治对哪些国家机关有怎样的要求呢？对公民有哪些要求呢？（请大家回忆八年级下册学过的知识并填写下表）

（二）填表格：巩固旧知

表1

立法机关（全国人民代表大会及其常务委员会）	科学立法
执法机关（公安局和政府机关）	严格执法
司法机关（人民法院和人民检察院）	公正司法

设计意图： 对于厉行法治的基本要求，我设计了一个简明的表格让学生填空，让学生做到温故而知新，学会连接前后知识点，把一些容易混淆的知识点通过图表方式让学生一目了然。

（三）看视频：小组合作完成表格

师播放视频：https://www.thepaper.cn/newsDetail_forward_10044358，习近平总书记在中央全面依法治国工作会议上的重要讲话引起强烈反响。

师： 看了这个视频，你从中获得了哪些启示呢？请快速浏览教材P53-55，小组合作完成以下表格，回答不同的行为主体在建设法治中国、法治政府、法治社会中该怎样做。

表2

国家	顶层设计：全面依法治国方略、法治德治双管齐下、厉行法治的基本要求
党和政府	带头尊法、学法、守法、用法，运用法治思维和法治方式深化改革，化解矛盾、维护稳定。党领导立法、保证执法、支持司法、带头守法
公民（中学生）	增强尊法、学法、守法、用法意识、规则意识、树立正确的权利义务观念，宣传法治，营造"守法光荣，违法可耻"的法治文化环境

设计意图： ①问通过这个视频，从中获得什么启示，其实是对全面依法治国重要性的再次深入认识，使学生认同只有严格执法、公正司法、全民守法才能建成法治国家。②下面一个表格的设计，其意图在于让学生快速从教材中捕捉有效信息，弄清楚各个行为主体到底该怎样做。

（四）辨一辨，画一画

有人说：国无德不兴，人无德不立。唯有"德"才能润人心。有人说：治国凭圭臬，安邦靠准绳。唯有"法"才能安天下。

师：你同意这两个观点吗？请用简图表示法治与德治二者之间的关系。
（法律与道德相辅相成，法治与德治相得益彰，既要发挥法律的规范作用，又要发挥道德的教化作用）（如图1）

生：

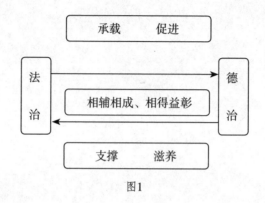

图1

【课堂小结】

师：梳理笔记，谈谈本节课的收获。

结语：凝聚法治共识，党和政府带头尊法、学法、守法、用法、宣传法律，同时发挥道德润泽人心、化育人心的力量，强化道德对法治文化的支撑作用。当各机关、各社会成员有了法治共识时，就能加快法治中国建设的步伐。

第三辑

教学案例

国有乾坤大　古今文化香

第五师九十团学校　秦桂莲

【背景分析】

中华文明流淌了五千多年，积淀了深厚的优秀传统文化，历久弥新，香飘世界。

道德与法治作为思想教育的主阵地，更是以多视角、多途径、新方式弘扬中国传统文化，让学生在日积月累的学习过程中，形成强烈的文化认同、文化自信、文化自觉，主动自觉践行社会主义核心价值观。

新教材的特点之一就是优秀传统文化的渗透。为宣扬中华传统文化，以教材中字的演变、警句、名言、古诗词为切入点，在教学中，充分挖掘课本资源，收效是否好呢？

【出示案例】

P87探究与分享

国字元作"或"，字形像以"戈"守卫"口"。后来在字的周围加方框表示疆域，构成"國"字。（如图1）

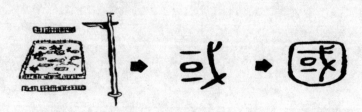

图1

结合篆书"國"字和已有的生活经验，分析国家生存和发展需要具备哪些条件。

在上这节课以前，学生对"国"字的认识，仅限于简化字和繁体字及简单的组词，对其内涵和外延、范围都不知道；对国家利益的认识也只有字面上的认识，它涉及的领域、包括的利益，尤其是核心利益，更是一无所知。

为了上好这节课，我先从"国"字的起源入手，从甲骨文到繁体字再到简化字，通过字的演变，让学生知道国有乾坤大。

【课堂实录】

学生在自学完"认识国家利益"题框内容之后，进入"实战演练一"。

教师用PPT出示"國"字。

（1）结合篆书"國"字和已有的生活经验，分析国家的生存和发展需要具备哪些条件。

学生：人口、土地、武器……

师："國"里面的"口"可不是人口，看看书上的图，利用历史知识，想想是什么。

学生：城、邦……

师：很聪明。"戈"在古代是武器，今天可以象征什么？有什么作用？

学生：军队、暴力机关、守卫国家……

师：很聪明。"戈"维护国家主权，捍卫国家政权。那外面的大"口"呢？

学生：领土、疆域……

师：有深层的含义吗？

学生：……

师（插入故事）：在秦统一六国之前，其实中国就有明长城、齐长城，为什么今天的人们只知道长城是秦始皇下令让人修建的呢？

学生：秦始皇是把所有长城连接在了一起，主要是用来抵御匈奴，守卫国家安全，巩固自己的利益。

师：说得太好了！那你们看这个大"口"除了指疆域，还应该指什么？

学生：国家安全！

师：太棒了！（出示PPT）

（2）趣味说"国"。你从中悟出了什么道理？

师：历史上，仅一个"国"字，从甲骨文演变到今天就有42种写法，很多写法和皇帝有关系，大家想听吗？

学生：想听。

师：讲故事前，找个学生到黑板上写这些字。

教师指名，学生扮演。

师：三个"秦"叠罗汉，口中有武、口中有八土、口中有八方、口中有王、口中有民……大家猜猜这些字和哪些皇帝有关系？或皇帝想通过"国"字传递什么信息？

学生：秦始皇、武则天吧？（不敢肯定）以"国"字传递皇帝的野心吧。尤其是口中有王，意为普天之下莫非王土。

师：同学们很聪明。秦始皇、武则天都是一代枭雄，他们的野心不是一般的大。尤其是武则天虽女流之辈，但对国字很用心：一开始改"国"字为口中有武。一大臣听说，言：皇帝，你这是要把自己困死在"口"中呀。武则天惊，立将国字改为口中有八土、八方。

42种"国"字，直到1956年6月1日，中央颁行的简化字中，才将"國"简化为"国"，因我国"玉"文化有着悠久的历史，玉是珍宝，又是美好事物的象征，其意思是让我们像爱护宝物一样珍爱自己的国家。

【思考与启示】

一个"国"字蕴含的国家利益至上，给我们留下思考与启示：

（1）中华文化的发展波澜曲折。文化起初是为统治阶级利益服务的。从秦罢黜百家独尊儒术开始，文化成为统治阶级用来维护统治的成熟工具，儒家思想从此成为正统文化，一直到清王朝灭亡才宣告结束，到中华人民共和国成立后文化发展才进入了新时代。而今，文化为大众服务。正印证了"国家利益是人民利益的集中表现"这句话，"国"字生辉，中华文化在新时代怒放鲜活的生命。

（2）中华文化源远流长、博大精深。"国"字自在甲骨文中诞生，就与国家的命运紧紧联系在一起，与帝王的沉沉浮浮交织在一起，在历史文化的河流里风雨穿行，曾经留下过42种"身影"，42次绽放文字的生命力，而今口中玉，香飘万里，国色天香。再把"国"与"國"进行古今串联，用于道德与法治教材中，真如水滴入油锅，炸得响。在给学生留下深刻影响的同时，也将中国历史与今天国家发展、未来开创紧系在一起，在学生心里播下一粒接续中华文化与国运使命的种子，以"国之运为己任"，不辱使命，推动社会继续前行。

（3）中华文化是一种精神力量，内化于课堂，外化于国运。道德与法治新教材中渗透着很多中华文化的典故、名言、警句、家训等，内容丰富，蕴含思想，引人思考，从家庭、生活到文豪、名人，无所不有。尤其是在学习九年级下册《谋求互利共赢》这节课时，教材一开始就用了习语用典四组："独行侠，众行远""滴水不成海，独木难成林""孤举者难起，众行者易趋""积力之所举，则无不胜也；众智之所谓，则无不成也"。习近平总书记将中国古人"互利共赢"的智慧，用于今天中国与世界的发展格局中，真是又符合国情，又符合人类命运共同体发展的趋势。"以古人之规矩，开自己之生面"，使学生将所学内化于课堂，外化于国运。

深度学习离不开学科高阶思维训练

石河子第十中学　石波

【主题】

只有教师深度解读教材，才能引导学生走向深度学习。

【背景】

八年级下册第四课教材第二节"依法履行义务"中有本学科本教材的一个核心观点和马克思主义哲学的一个重要原理：权利义务的统一性，怎样化繁为简、化难为易地处理教材，有的放矢地瞄准学生认知的盲点和理解的痛点，想方设法引导学生走向深度学习，温故而知新，将前面所学的旧知置于新的系统中，重新认识旧知在系统中的地位和作用。

师：请回忆公民的基本权利有哪些？公民的基本义务有哪些？

生：基本权利有政治权利和自由、人身自由权、经济和文化教育权、平等权、特定人群权利等。基本义务有遵守宪法法律、维护国家利益、依法服兵役、依法纳税等。

师：既是权利又是义务的有哪些？

生：劳动和受教育。

师：国家保障所有适龄儿童、少年接受义务教育，国家制定资助政策，不让一个学生因经济困难而失学，让每个孩子享有公平而有质量的教育。请问物质保障权的获得源自哪儿？

生：国家财政。

师：国家财政收入的主要来源是什么？

生：公民履行依法纳税的义务。

师：那么我们可以得出怎样的结论？

生：履行义务越自觉、越多，就越能促进公民权利的实现。

师：公民履行的劳动义务越多，获得的劳动报酬越多，那么员工就会感到公平。你看学校门口那些个体户，开商店的、理发的、开饭馆的经营者，他们起早贪黑工作，有人逼他们吗？从中我们可以看出权利的获得与义务的履行有什么关系？

生：权利充分实现可以激发履行义务的积极性和主动性，自觉承担起对国家和社会的责任。

教师画出思维导图，二者关系总结如下。如图1：

图1

【话题】

这种处理真的会把学生引向深度学习吗？

【议论】

对学科思维的训练依旧是学科核心素养达成的重要途径，没有步步推理和严丝合缝的逻辑思维训练，直接把一个貌似简单凝练的结论让学生死记硬背，对核心原理进行简单肤浅的处理，其实是没有把学生带入深度学习的方式。只有从学生已经掌握的知识里抽丝剥茧，引起学生认知的冲突，启发诱导学生发现新旧知识点之间的联系，只有把活生生的现实生活素材变为学生能感知、能理解的教学情境，丰富教育教学资源，才能让学生明白真实不虚的哲学结论。只有正确的情感态度价值观才能润物无声地渗透到学生心里，才能激发学生自觉履行法定义务和道德义务。

【观点】

深度学习离不开学科高阶思维训练，唯其如此，才能形成适应学生终身发展和社会发展的必备品格和关键能力。

化的智慧　变的乐趣

石河子第十中学　石　波

【背景分析】

八年级下册内容较多，也较深，尤其拿到新教材时看了一下第五课《我国基本制度》第一节课题：基本经济制度，本课包含三个目题：公有制为主体、多种所有制经济共同发展；按劳分配为主体、多种分配方式并存；社会主义市场经济体制。这么多抽象的内容，怎样在一节课上给学生讲清楚，而学生也能饶有兴趣地学会呢？我决定培养他们慧性图文的思维方法，以此开启学生的课堂学习旅程。

【情景描述】

师：我在希沃白板上画了三个圆，今天我们一起来分西瓜。第一个西瓜是基本经济制度，能分成哪三部分？第二个西瓜是公有制经济，能分成哪三部分呢？第三个西瓜是非公有制经济，能分成哪三部分呢？

生：快速自学，找出关键词，快速填写并记下本课基础知识点。

师：出示一些不同所有制的公司、企业。

生：快速判断属于哪种所有制形式，并说出判断依据。

师：本课有两个教学难点，第一个难点是为什么要坚持公有制为主体、多种所有制经济共同发展；第二个难点是为什么要坚持社会主义市场经济体制。为了解决这两个教学内难点，我依旧采用思维导图形式化难为易、化繁为简。（如图1）

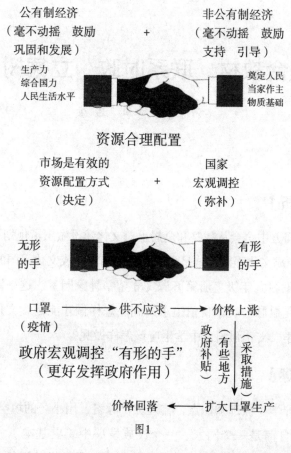

市场经济重要组成部分
经济社会发展的基础

公有制经济　　　　　　　　非公有制经济
（毫不动摇　鼓励　　　　　（毫不动摇　鼓励
巩固和发展）　　　+　　　　支持　引导）

生产力　　　　　　　　　　　　　　奠定人民
综合国力　　　　　　　　　　　　　当家作主
人民生活水平　　　　　　　　　　　物质基础

资源合理配置

市场是有效的　　　　　　　国家
资源配置方式　　　　　　　宏观调控
（决定）　　　+　　　　　（弥补）

无形　　　　　　　　　　　　有形
的手　　　　　　　　　　　　的手

口罩　——→　供不应求　——→　价格上涨

政府宏观调控"有形的手"　（有些地方　（采取措施
（更好发挥政府作用）　　政府补贴）

价格回落　←——　扩大口罩生产

图1

生：在教师引导下，化文为图，化图为文，使其抽象逻辑思维能力与形象思维能力得到开发。

观点：总之，学生对这种形象直观的东西记忆深刻，理解起来不费劲，这种慧性图文思维方法能激活学生的右半脑思维能力，即联想、想象力、创造性思维能力。教师站在学生的立场备课上课，能针对学生学习过程中的痛点、堵点来备课，收到事半功倍的教学效果，师生在此过程中都会燃起教学兴奋点，感受到道法学科思维的乐趣。

整合教材　联系时政　立德树人

石河子第十中学　石　波

【背景分析】

（1）十九届五中全会从战略和全局上对文化建设做出了规划和设计，明确提出了到2035年建成文化强国，这是党中央首次确定建成文化强国的具体时间表。

（2）学生学习九年级上册第五课《守望精神家园》。这一课共分两节，分别为：延续文化血脉、凝聚价值追求。到底怎样做才能延续文化血脉、凝聚价值追求呢？为建成文化强国，中学生应该怎样做呢？

【情景描述】

师：先引导学生梳理知识点，梳理教材脉络，用小巧的填空题形式进行。

（1）文化自信是一个国家、一个民族发展中（更基本）、（更深沉）、（更持久）的力量。文化自信是建设文化强国（最关键的引领力量）。必须坚定文化自信，坚持以（社会主义核心价值观）引领文化建设，加强（社会主义精神文明建设）。

（2）文化是一个国家、一个民族的（灵魂）；（中华传统美德）是中华文化的精髓，并且成为一种（文化基因）融入中华民族的思维方式、行为方式中。

（3）一个民族要生存和发展，就要有昂扬向上的（民族精神）。民族精神以（爱国主义）为核心，时代精神以（改革创新）为核心。中华文化的内核是（社会主义核心价值观），（社会主义核心价值观）是当代中国精神的集中体现，它植根于（中华文化）又具有当代中国特色。

生：梳理基础知识，检验对基础知识的掌握程度。

师：为建成文化强国，中学生应该怎样做呢？下面提供一张表格，根据左边的提示快速完成这张表格。（见表1）

表1

坚定文化自信	充分肯定自身文化价值、坚信自身文化生命力
指导思想	马克思主义
对待中国特色社会主义文化三部分	推动中华优秀传统文化创造性转化、创新性发展，继承革命文化，发展社会主义先进文化
面对"三来"	不忘本来、吸收外来、面向未来
高扬民族精神、时代精神	弘扬以爱国主义为核心的民族精神、以改革创新为核心的时代精神。在国家危亡时挺身而出，在他人生命财产遇到危险时见义勇为，在日常学习工作生活中勤勤恳恳、任劳任怨、敬业创优
构筑中国价值彰显美德力量	落细落小落实社会主义核心价值观，推进社会公德、职业道德、家庭美德、个人品德建设，向上向善向美

生：快速完成表格，建构知识系统。

观点：利用小巧灵活的填空题使学生既夯实学科基础知识，又强化学科专业术语的规范使用。引导学生围绕一个问题用一根主线串起散碎的知识点，利用图表形式引导学生构筑知识系统，便于学生全方位、多角度考虑问题。课外时政材料的引入，能开阔学生的视野，激活学生活学活用书本知识解决现实问题的意识，培养学生解决具体问题的能力，使学科核心素养、学生核心素养在潜滋暗长中提升，"立德树人"这一教育根本任务在润物无声中实现。

让时政成为学生深度学习的学材

石河子第十中学　石波

【背景】

部编版新教材对很多老师来说都是第一次教授，即使对于教了20多年的老教师来说，面对全新的版本也必须要进行全新解读、全新教学设计。尤其是九年级下册第二单元第三课第二节《与世界深度互动》中的第二目《兼收并蓄　交流互鉴》，教材所呈现的材料很有限，要让学生了解文化因交流而多彩，因互鉴而丰富，中华文明在交流互鉴中发展，还是缺乏有说服力的时政材料。

【案例分析】

上课前，我试图找一些新近发生的时政材料，但在2020年这样一个特殊年份很难找到合适材料。只找2019年的时政材料——5月15日亚洲文明对话大会、11月12日习近平出访希腊的时政。课堂上，我首先出示材料和图片：2019年5月15日上午，亚洲文明对话大会在北京隆重开幕。世界目光再次聚焦于北京这座千年古都。这是继第二届"一带一路"国际合作高峰论坛、北京世界园艺博览会之后，中国举办的又一场重要外交活动，具有标志性意义。一直以来，中国既是文明交流互鉴的倡导者，更是身体力行的实践者。习近平总书记指出：文明因多样而交流，因交流而互鉴，因互鉴而发展。我们要加强世界上不同国家、不同民族、不同文化的交流互鉴，夯实共建亚洲命运共同体、人类命运共同体的人文基础。

师问：为什么各国文明发展要兼收并蓄、交流互鉴呢？

生答：文明包含人类积累的宝贵经验，是世界各国各民族对人类作出的不可磨灭的贡献；中国及各国文明在交流互鉴中发展，不仅有助于自身文明发展，而且能够推动世界文明进步，与其他文明携手解决人类共同面临的各种问题；文明因交流而多彩，文明因互鉴而丰富，通过精神的交流互鉴，为人类社会发展提供精神支撑和心灵慰藉。

师：通过学习，我们知道了文明兼收并蓄、交流互鉴的必要性和重要性，那么中华文明在世界范围内与别国该怎样交流互鉴呢？

下面我们看四则材料：

材料一：2018年9月14日，在希腊首都雅典卫城博物馆，希腊总统帕夫洛普洛斯在"重文德之光华：重华宫原状文物展"上参观。这是来自中国故宫博物院的154件清朝乾隆时期珍贵文物首次出国展出。2019年11月12日，国家总书记习近平和夫人彭丽媛在希腊总统帕夫洛普洛斯夫妇陪同下，参观雅典卫城博物馆。地中海温暖的阳光透过雅典卫城博物馆玻璃幕墙洒入展厅，一座座古希腊神话人物和建筑雕像栩栩如生，展示着美和力量，诉说着希腊古典艺术的灿烂辉煌，令人仿佛徜徉于历史长河里，沉醉在文明画卷中。

材料二：提到人权宣言，人们想到的自然是法国1789年8月26日由制宪会议通过的《人权和公民权宣言》。因为它不仅是法国历史上的第一部人权宣言，也是人类历史上第一部正式的人权宣言，具有极其重要的历史意义。

材料三：在比利时，无论城市大小，都辟有步行街，行人、车辆各行其道，互不干扰。城市很少有红绿灯，却有人人知晓的交通规则；行人第一，马车第二，自行车第三，汽车最后。人人恭敬让行，秩序井然。在这里，只有人，才是万事万物的红灯。一位比利时妇女的话非常朴实："我已经享受着舒适的车，已经很优越，还有什么理由和行人争抢呢？"

材料四：近年来，我国借鉴德国、加拿大等国的生活垃圾分类处理经验，加大解决垃圾处理问题的力度。同时我国公众的垃圾分类处理意识也明显提高。

师问：以上四则材料，启示各国文明该怎样交流互鉴呢？中国能从其他国家借鉴到什么呢？

生答：学习和借鉴人类文明的一切优秀成果，坚持以我为主兼收并蓄；积极主动地与世界各国交往，从不同文明中寻求智慧、汲取营养；对其他文明的学习不能只满足于欣赏物件的精美，更应领略其中的人文精神。

师：补充人文精神材料。人文精神作为文化，是一种人情事理，一种处世方式。精确地讲，就是人的有教养的处世方式。人文精神可以说是文化中的主流特征，是文化中的理念和教养的体现。人文精神的基本内涵可确定为三个层次：①人性，对人的幸福和尊严的追求，是广义的人道主义精神；②理性，对真理的追求，是广义的科学精神；③超越性，对生活意义的追求。简单地说，就是关心人，尤其是关心人的精神生活；尊重人的价值，尤其是尊重人作为精神存在的价值。

师问：以上四则材料，折射的哪些人文精神可供我们借鉴呢？

生：希腊崇尚人的创造力，对美和力的尊崇；法国对人权的尊重，法律面前人人平等；比利时对人生命的敬畏、尊重，对规则的敬畏，对人道主义的尊崇；德国和加拿大对科学规律的探索、对理性精神的尊崇、对营造人与环境和谐关系的努力尝试。

师：文明是个体教养和开化的表征，是人类进步和发展的目标。文明在交流中多彩，在互鉴中丰富，在互鉴中发展。作为现代人，我们要领略人文精神、传承人文精神、丰富人文精神，这样才能配得上"宇宙之精华、万物之灵长"这一对人的定义。

【案例结果】

这节课我补充了一些时政材料、一些情境材料和图片，也补充了一些"人文精神"的知识。这样就开阔了学生们的视野，打通了教材和生活的障壁，也凿穿了学科间的壁垒。对于"怎样兼收并蓄、交流互鉴"这个教学难点，学生们理解得较为深刻，使培养"全球视野、能理解文化的多样性、具有人文底蕴的现代公民"这一核心素养目标基本达成。通过丰富学生的学材，有效引导学生深度学习、深入思考，政治学科核心素养和中国学生核心素养落地了。

【反思】

（1）"用教材教而不是只教教材"这一理念要植根心底。

（2）变教材为学材，以更好地服务"学生学习"为初衷来备课，来组织学生深度学习。

（3）政治课有很强的时代性、政治性，所以要选择具有时代气息的新近材料，要让学生在不知不觉中接受国家意志、顶层设计、主流价值观的教导。

第四辑

——教学感悟——

让道法课堂有温度、有思想、有专业品位

石河子第十中学　石波

　　让道法课堂有温度、有思想、有专业品位，有温度的课堂该是什么样的呢？课堂氛围是和谐的、民主的，充满生命生长气息的，春意融融、绿意葱葱的。有思想的课堂该是什么样的呢？"有思想"意味着学生会思想、能用学科专业术语表达思想，生生之间有思维碰撞的火花、师生之间有思想之流的推波助澜，学生能做到理论联系实际，分析问题和解决问题的能力较强，能找到问题的病根病因也能对症下药。正反对比思维、辩证思维、演绎推理、归纳推理能力等逻辑思维能力依旧是学科思维训练的核心。"有专业品位"意味着这堂课与一个非专业老师所上的课是有区别的，学科术语的精准性，学科知识的系统性，教学所用的材料、事例、案例、所布设的情境贴近时代、贴近生活、贴近学生，基于材料所设的问题有探究性、启智性、梯度性、趣味性，这些都不是一个非专业老师能企及的。这样的课堂流溢着诗意的美、金石的光、道法课的正味真味。

　　道法教师要德法兼修，"德润人心、法安天下"道出了道德素养与法治素养的重要性。习近平总书记在党的十八届四中全会上所讲的"用法律支撑道德，用道德滋养法律"，指出二者相辅相成、相得益彰的关系。道德与法治如鸟之双翼、车之两轮，对个人和社会发挥着作用。2017年中国学生核心素养指标出台，确立了中国学生六大核心素养：①人文底蕴。②科学精神。③学会学习。④健康生活。⑤责任担当。⑥实践创新。2018年思想政治学科核心素养出台，它是课程育人价值的集中体现，包括政治认同、理性精神、法治意识和公共参与等要素。道法课旨在提升学生核心素养，培养具有政治认同、理性精

神、法治意识和社会公共参与能力的现代公民，通过一个个课堂教学活动把人树起来，成为立于天地之间一个大写的"人"，成为立于家庭、立于班集体、立于社会、立于世界的高素养中国公民。道法教师把这样的人树起来，就真的是在"为天地立心、为生民立命"。

　　道法教师教的不只是知识，更不是让学生死记硬背一些没有深透理解的、不会灵活运用的僵死晦涩的概念、原理、理论，而是要教会学生将各种知识、自己的情感、现实的情境、未来的志向等结合在一起，综合形成最佳的生活判断、决策、行动能力，生成一种实践智慧。我们的教学是服务于学生的生命、生存、生活的，在润物细无声的课堂教学中，我们的学生能强化生存技能、富有生活智慧，能自觉提升生命品质、品位，这样的现代公民才能适应社会并能让社会变得更好。"知情意行"这些生活实践智慧的要素不是孤立的，是与"情感""情境"始终"纠缠在一起的"。我们教的不是一本冷冰冰的教科书，不是条条框框的知识体系，我们教的是"有温度""有生命"的智慧生活。让学生动起来，让课堂活起来，让学生把课堂当成自我磨炼、自我展示、自我塑造、自我教育的舞台。这才是基于核心素养的教学，是一种开放式的教学。苏霍姆林斯基在《给教师的建议》一书中提醒教师："请你任何时候都不要忘记：你面对的是儿童的极易受到伤害的、极其脆弱的心灵，学校里的学习不是毫无热情地把知识从一个头脑里装进另一个头脑里，而是师生之间每时每刻都在进行的心灵的接触。""对于我们这些人民教师来说，共产主义建设并不是一个抽象的概念，而是我们在培育、教养和把他们领进生活的活生生的人。"那么怎样才能让道法课堂有温度、有思想、有专业品位呢？

一、创设活动情境，搭建自我表现的平台

　　激活学生的生命力就要创设活动情境、搭建自我表现的平台，放飞他们想象力的翅膀。在七年级上学期学习"学习的重要性"时，学生们学得很高兴，下课时还意犹未尽。因为我将教材进行了解构，化繁为简，学生很容易接受、认同抽象道理。我们玩了一个造句游戏，模仿这种句式——学习点亮生命之灯，要说清学习与生命的关系。学生的想象力被解放了，从而产生了不少精彩的句子：学习打开了生命的视窗、学习拓宽了生活之路、学习助力我抵达理想的彼岸、学习使我的生活五彩斑斓、学习使我的生命之花绽放、学习照亮了我

的前程、学习让生命之树常青、学习让生命之泉涌流、学习点燃我生之希望、学习让我高高飞翔在理想的天空、不学习熄灭生命之灯、不学习使生命之花枯萎。我总结如下：人为什么要学习？利于我们自身生存，使我们有了更多的选择机会，让我们活得自由、独立、充实、幸福，有个性、有尊严、有价值地活，帮助他人，服务社会。从三个层面引导学生分析"意义"之类的题目：对个人、对他人、对社会。所以，"学而时习之，不亦乐乎"。

在七年级上学期学习"对友谊的认识误区"时，我和学生们共同编制了一个情境故事。故事分为三个篇章，我和好朋友要竞争一个去市上参加演讲比赛的名额，我该退出竞争吗？生：全力以赴参与竞争，公平竞争。最后好朋友赢了，代表学校去参加市区大赛，我该生气埋怨甚至与朋友绝交吗？生：真心分享朋友的快乐与成功，反省自己与朋友的差距。朋友从市区比赛场上回来，没有得到第一名，我该幸灾乐祸吗？生：帮朋友分担痛苦，鼓励下次再战。好朋友也可以是竞争对手，要讲原则，按规则做事；在分享和分担中加深友谊。

二、文以载道，以文化心

在道德法治课堂中适时穿插一些文质兼美的诗文、颠扑不破的国学经典章句，让学生开口诵读，文以载道，以文化心。在七下学习"青春的证明"时，可以提前让学生以小组为单位搜集讴歌青春的诗篇，也可以让学生自创，在台上朗诵。在学习"青春有格——行己有耻　止于至善"时，我们可以让学生齐诵国学经典《大学》第一章。在七下学习"我们的情感世界"时，共同诵读古诗词，在抒发亲情、友情、思乡、爱国情感的诗词佳句中，我们的情感之弦被拨动，我们的情感世界被润泽。我们诵读的文句有古今中外的名篇佳句：

（1）有三种简单而无比强烈的激情左右了我的一生：对爱的渴望、对知识的探索和对人类苦难难以忍受的怜悯。——罗素

（2）国破山河在，城春草木深。感时花溅泪，恨别鸟惊心。——杜甫《春望》

（3）王师北定中原日，家祭无忘告乃翁。——陆游《示儿》

（4）我到过许多地方/数这个城市最年轻/它是这样漂亮/令人一见倾心/不是瀚海蜃楼/不是蓬莱仙境/它的一草一木都由血汗凝成……——艾青《年

轻的城》

在学习九上"延续文化血脉"时，我们共同诵读经典：天行健，君子以自强不息，地势坤，君子以厚德载物。——《易经》；人而无信，不知其可也。——《论语》；恻隐之心，仁也；羞恶之心，义也；恭敬之心，礼也；是非之心，智也。——《孟子·告子上》；合抱之木，生于毫末；九层之台，起于累土；千里之行，始于足下。——《道德经》。我们选了《弟子规》《颜氏家训》《朱子家训》《曾国藩家书》中的一些熠熠闪光、经久不衰的文句。

学生们在文化的熏染下，整个人都闪着文化的光泽，气质透出书卷味、儒雅味，深厚的人文底蕴慢慢积淀。泱泱中华，文化自信建设从诵读、热爱国学经典、唐诗宋词做起，中华优秀传统文化是中华民族的"根"，是中华民族之精神命脉，是涵养社会主义核心价值观之重要源泉，是站稳脚跟之坚实根基。让我们夯实优秀传统文化根基，薪火相传，代代守护。传承中华优秀传统文化，道法老师责无旁贷！

在石河子地区教研活动中听一位年轻老师讲七下"在品味情感中成长"，教师的最后小结激情喷涌，即兴说出一串话：传递情感正能量，让世界充满希望；传递情感正能量，让我们的心更积极、更阳光；传递情感正能量，让社会正气凝聚弘扬！传递情感正能量，让我们的青春变得澄净明朗；传递情感正能量，让我们的生命丰盈饱满；传递情感正能量，让我们的人生由此厚重而芬芳！这样的语言使得整个课堂诗意流淌、春色葱茏、如沐春风，这样扎实的语言功底透出道法教师良好的专业素养。

三、熟记一些专有名词是立足学科专业领域的底气

熟记一些专有名词，对其如数家珍，信手拈来，准确无误，这该是专业老师的看家本领，是立足学科专业领域的底气。

我们把一些核心概念、核心观点梳理一下，教会学生使用表格法、图文思维法、绘制思维导图法等。比如把一些细碎易混必记的知识点做成表格让学生去填写，如表1所示。

表1

四个伟大	伟大梦想、伟大事业、伟大工程、伟大斗争
五位一体总体布局、五个文明、现代化强国的五个目标	经济建设、政治建设、文化建设、社会建设、生态文明建设 物质文明、政治文明、精神文明、社会文明、生态文明 富强、民主、文明、和谐、美丽
四个全面战略布局	全面建成小康社会、全面深化改革、全面依法治国、全面从严治党
五大发展理念	创新、协调、绿色、开放、共享
四个自信	道路自信、理论自信、制度自信、文化自信
四个意识	政治意识、大局意识、核心意识、看齐意识
三个共同体	中华民族共同体、人类命运共同体、人与自然和谐共生的生命共同体
民族团结 保护环境	像保护眼睛一样保护生态环境，像对待生命一样对待生态环境
中华文化三组成	中国优秀传统文化、革命文化、社会主义特色先进文化
中华文化地位、三精神	中华民族共同的精神家园，一个国家一个民族的灵魂。精神追求、精神标识、精神动力
文化自信三更	一个国家、一个民族发展中更基本、更深沉、更持久的力量
中华传统美德、社会主义核心价值观地位	中华传统美德是中华文化的精髓；是民族智慧；是实现中国梦的精神力量 价值观是文化最深层的内核。把国家、社会、公民个人的价值要求融为一体
建成社会主义文化强国三三三三	必须坚持马克思主义，牢固树立共产主义远大理想和中国特色社会主义共同理想、培育和践行社会主义核心价值观、不断增强意识形态领域主导权和话语权 推动中华民族优秀传统文化创造性转化、创新性发展（文化双创），继承革命文化，发展社会主义先进文化 不忘本来、吸收外来、面向未来 更好高扬中国精神、构筑中国价值
法治与德治	国无法不治，民无法不立 国无德不兴，人无德不立
文明发展道路二二三	绿色发展方式和生活方式 资源节约型、环境保护型社会 生产发展、生活富裕、生态良好

四个伟大	伟大梦想、伟大事业、伟大工程、伟大斗争
民族精神作用（三精神）社会主义核心价值观作用（三价值、二全面）	民族精神：精神支柱、精神纽带、精神动力 社会主义核心价值观：价值追求、价值导向、价值引领，促进人的全面进步，引领社会全面进步
创新	创新是引领发展的第一动力，包括理论、制度、科技、文化创新
共享三句	是中国特色社会主义的本质要求，是社会主义制度的优越性的集中体现，是我党全心全意为人民服务根本宗旨的重要体现
新时代主要矛盾	人民日益增长的美好生活需要和不平衡不充分的发展之间的矛盾
解决主要矛盾的途径	必须坚持以人民为中心的发展思想，不断促进人的全面发展，使全体人民共同富裕
社会主义初级阶段的一个中心、两个坚持、四个基本国策、四个基本战略	以经济建设为中心 坚持四项基本原则，坚持改革开放 保护环境、节约资源、计划生育、对外开放 科教兴国、人才强国、可持续发展、创新驱动
新时代坚持和发展中国特色社会主义的基本方略（14条）	坚持党对一切工作的领导　坚持以人民为中心 坚持全面深化改革　坚持新发展理念 坚持人民当家作主　坚持全面依法治国 坚持社会主义核心价值体系　坚持在发展中保障和改善民生 坚持人与自然和谐共生　坚持总体国家安全观 坚持党对人民军队的绝对领导　坚持"一国两制"和推进祖国统一　坚持推动构建人类命运共同体　坚持全面从严治党

四、道法课的专业品位体现在专业老师对初中六本教材的驾轻就熟上

备课和教学时能做到瞻前顾后、左右逢源，以线串珠，能从新近发生的时事热点、焦点中发掘出有教育教学价值的素材，教学中能尽量做到不失衡、不失重、不失策、不失真、不失联。

1. 教师要了解法条，熟记法条，并让学生爱记法条

除了七年级上学期和九年级下学期教材外，每一册书中都有专门的法律知识内容。八年级下学期是法治专册，旨在树立公民的法治意识、法治信仰，使学生自觉尊法、学法、守法用法，道法教师要显现自己法学方面的专业功底，让学生佩服你，必须自学并熟记最新出台的《宪法》《民法典》《治安管理处罚法》《刑法》等，与教材内容有关的法条要出示，这样学生才不至于茫然无

233

知，对各种违法行为、犯罪行为才能够准确无误地判断和考量。我国的根本政治制度、基本政治制度、基本经济制度、国家性质、国家根本任务、国家机关的组成和职能、公民的基本权利、基本义务在宪法法条里都明白写出，法条语言精准、简洁、严谨、规范，这样的内容要让学生读、记，并使其按法条自觉践行义务、维护权利。

2. 对于学科核心概念间的关系，学生能否学懂、深悟、活用，是道法学科深度教学的标志

比如在讲"新时代我国社会主要矛盾是人民日益增长的美好生活需要和不平衡不充分的发展之前的矛盾"时，我们可以启发学生逐层思考以下问题：①人民日益增长的美好生活需要包括哪些方面的需要呢？要答全这个问题，必须结合"五位一体"总体布局进行多角度思考：人民在经济、政治、文化、社会、生态等方面日益增长的需要。②为了解决主要矛盾，国家必须怎样做呢？要答全这个问题，学生必须连接九年级上学期第一、第二、第三单元的相关知识点：坚持以人民为中心的发展思想，不断促进人的全面发展、全体人民共同富裕；我们要在继续推动发展的基础上，着力解决不平衡不充分问题，大力提升发展质量和效益，更好地满足人民在民主、法治、公平、正义、安全、环境等方面日益增长的需要。比如在讲"五位一体"总体布局时，教师要训练学生这样一种辩证思想，五大建设之间是存在普遍联系的。在"五位一体"总体布局中，经济建设是根本，政治建设是保障，文化建设是灵魂，社会建设是条件，生态文明建设是基础，这五个方面是相互影响的。比如在讲"经济发展新理念"时，也是在训练学生的辩证思维能力：创新是引领发展的第一动力；协调是持续健康发展的内在要求；绿色是永续发展的必要条件；开放是国家繁荣的必由之路；共享是中国特色社会主义的本质要求。

3. 逆向思维训练，往往可以培养学生思维的独立性和创造性

注意设问间的逻辑关系，设问要层层递进、由浅入深，通过一系列设问将教材知识连接成一个整体。学完了初级阶段的基本经济制度后，我和学生们一起归纳复习这节课内容。我提出了几个问题：①经济制度和劳动产品的分配制度，二者有关系吗？有什么关系？②这种经济制度适应初级阶段的生产力吗？大大促进生产力的发展吗？为什么？这种劳动产品的分配制度适应初级阶段的生产力吗？大大促进生产力的发展吗？为什么？③如果实行单一的公有制经济，我们还会有充满生机活力的经济制度吗？④如果实行单一的按劳分配的产品分配制度，我们能让一切创造财富的源泉涌流吗？⑤如果只有市场在资源配置中发挥决定性作用，是真正的社会主义市场经济体制吗？

各小组讨论后，最后总结如下：

（1）初级阶段的经济制度、劳动产品分配制度，都是适应初级阶段生产力，并且大大促进生产力发展的制度。

（2）因为非公有制经济也是市场经济的重要组成部分，坚持公有制为主体、多种所有制经济共同发展，促进了生产力发展、综合国力增强和人民生活水平的提高，为人民当家作主奠定了坚实的物质基础。

（3）多种分配方式，让劳动、资本、土地、知识、技术、管理、数据等生产要素参与收入分配，由市场评价贡献，按贡献决定报酬，此外还有社会保障收入，这种按劳分配为主体、多种分配方式并存的劳动产品分配制度能让一切创造财富的源泉涌流，激发人的潜能和创造力；能体现市场在资源配置中起决定性作用；体现社会的公平、正义；有利于实现共同富裕，有利于全面小康社会的建成。

（4）社会主义市场经济体制把社会主义制度和市场经济有机结合起来，充分发挥市场在资源配置中的决定性作用，更好地发挥政府科学宏观调控作用。断去任何一只手都不是完整的社会主义市场经济，也不是真正的社会主义市场经济。

（5）道法试题重点检测学生分析现实问题、解决现实问题的能力，考查学生能否将理论联系实际，能否学会用专业术语表达思想，做到言之有物、言之有序。所以教师要启发学生多角度、全方位思考问题，只有思考全面才能答得全。

比如七年级上册"让友谊之树常青"这一节练习册上有一则寓言故事：一把钥匙插到锁芯，锁就开了。这则寓言带给我们交友什么启示？建立友谊要开放自己，呵护友谊要用心关怀对方。从钥匙和锁两个角度来思考该怎样做？学生们很难思考全面，需要教师启发学生们思维的多向度。比如在七年级上册学习"梦想的作用"时，①激发我们生命的热情和勇气，让生活有色彩有希望；②人类社会有梦想就能不断进步和发展，所以每当谈及作用、意义时，教师都可引导学生从对个人和社会一小一大两个向度来思考。比如在学习八年级下册"公平正义的价值"时，公平是人们生存和发展的重要保障，是社会稳定和进步的重要基础。"正义的力量"：正义是社会文明的尺度，正义是法治追求的基本价值目标之一；正义是社会制度的重要价值；正义是社会和谐的基本条件。我们可以引导学生从社会主义核心价值观的三个层面来思考：文明、和谐是国家层面的，公正、法治是社会层面的，爱国、友善是个人层面的。比如在九年级上册学"为什么要赋予公民监督权"时，也是从两个角度来思考才能得满分：有利于国家机关和国家工作人员改进工作、提高工作效率，克服官僚主义，防止滥用权力，预防腐败；利于增强公民的参与意识，激发公民的参与热情。

4. 对于焦点话题，教师要善于发掘教育教学资源，实现"小课堂与大社会"的链接

比如，针对2018年昆山事件，我们可以设计的问题有：

（1）在此事件中谁失去了生命？法院是如何判决此案的？是谁维护了他的合法权利？

（2）刘海龙有哪些违法行为？触犯了哪些法规？

（3）从此案例中，我们可以看出法律有哪些作用？

（4）这个案例给了我们哪些启示？

比如，2018年10月27日重庆万州公交车坠江事故，我们可以设计的问题有：

（1）可耻可恨啊！因为两个人的争执、互殴，让15条鲜活的生命做了陪葬！网评们可耻可恨这种负面情感体验对成长有什么作用？

（2）一辆公交就是这个社会的缩影。你是如何评价肇事女乘客、司机和车内其他乘客的？

（3）你如果是司机或车内其他乘客之一，你会怎样做呢？

（4）作为一个公民，你想证明你的社会公共参与能力，你会怎样做呢？

这些问题的设置都在帮助学生深度学习、启诱学生深度思考，把学习的主动权还给学生，这就改变了传统课堂中学生"被学习"的状态，真正实现了从"秀"教师到"秀"学生的华丽转身。

让道法课堂有温度、有思想、有专业品位，这是该部道德与法治教材编制者的热切呼唤，该是学生和家长的真诚期待。办人民满意的教育要从打磨人民满意的课堂做起，要做有情怀、有智慧、有信仰、有担当的道法老师，请从点滴做起！

聚核心素养　品优课魅力

石河子师范学校　张瑜遐

自2016年9月中国学生发展核心素养研究成果会在北京师范大学举行以来，"核心素养"理念逐渐在课堂实践中落实。初中道德与法治课是一门以初中生生活为基础，以引导和促进初中学生思想品德和法治素养发展为根本目的的综合性课程。其核心素养主要聚焦在"自主发展—健康生活（珍爱生命、健全人格、自我管理）"和"社会参与—责任担当（社会责任、国家认同、国际理解）"两个主要层面。

笔者依托"国家基础教育资源公共服务平台"，主要观摩初中道德与法治人教2011课标版2016学年、2017学年、2018学年部优课。这些优课的授课教师，其教学理念、教学策略、教学艺术、教学技术等都值得品味和学习。

一、品理念，课堂有高度

周荣斌指出："看得见的是由看不见的决定的。"决定课与课差距的，不是传输知识的多少，而是教师的思想、胸怀、格局和境界。道德与法治部优课教师设计的每一节课的教学目标，都对准了社会主义核心价值观的养成、学科核心素养的培育、行为方式的培养和价值观的引领，时刻不忘立德树人的根本任务，塑造灵魂、塑造生命的神圣使命。

孙伟老师执教的七年级上册《爱在家人间》，基于课标和学情，深入挖掘隐含于教材文本背后的内涵，对教材和课程资源进行了整合，设计成三个螺旋式递进的板块"平安是一种期盼""独立是一种回报""陪伴是一种孝心"。第一个板块：小时候，父母为了子女无私奉献，不求回报，只希望他们健康成长，因此"平安是一种期盼"道出了天下所有父母的心声。第二个板块：孩子渐渐长大，有的远离父母，有的走向社会，但他们依然是父母最大的牵挂，因此"独立是一种回报"要求子女能够培养自立自强的精神。第三个板块是这节课的升华与拓展。针对当前很多子女成家立业后，为了事业和前途，往往忽视了对父母的关心和照顾，尤其是缺乏精神扶助的社会现象，让学生明白"陪伴是一种孝心"，我们不应该让爱的陪伴成为渐渐老去的父母最大的奢望。这节课将一个人成长过程的不同阶段与父母的亲子关系浓缩于其中，既直面当前社会现实，又能真正触及学生心灵深处，有着深刻的生活基础和实际意义，使教学立意显得更有高度。

二、品思维，课堂有深度

课堂是属于教师和学生的，但归根到底是属于学生的，教学的落脚点永远是"立德树人"和"培养什么样的人"。为此，教师不仅要"传道授业解惑"，更应该"设疑激疑"。于无声处激疑，启发学生思考与感悟、反思与践行。道德与法治部优课教学指向学生深度学习、思维进阶，把主题情境、问题互动、主干知识这条明线和价值引领这条暗线相串联，培育学生的核心素养。

陈瑶老师执教的七年级上册《做更好的自己》，紧扣"知道为什么要做更好的自己，掌握做更好的自己的要求，培养学生接纳自己、欣赏自己的心态，确立做更好的自己的人生态度"这一教学目标，用"偶像"做关键词，"奥运偶像—班级偶像—我是偶像"三个环节环环相扣，在"奥运偶像"环节中介绍了菲尔普斯、傅园慧、中国女排，精心选择事例，深刻发掘德育元素。介绍完菲尔普斯的事例后，插入"给自己打个分"环节，鼓励学生发现自己的美，勇敢分享。对低分者提出鼓励，对高分者期望发现不足，引导学生观察自己与满分的差距，师生共同得出结论："每个人都是不完美的，都有巨大的潜能，我们可以做更好的自己"；设置有一定开放性，能调动学生讨论欲望的问题，比如"傅园慧美吗？为什么"，引导学生自信地接纳自己；播放中国女排视频，分析中国女排获胜的因素，从而得出做更好的自己的方法和途径。"班级偶像"评选环节，邀请学生为自己心目中的班级偶像写一段颁奖词。过渡到"我是偶像"，回望打分，你会怎样做更好的自己？从当时的热门话题到班级和学生个体，有分析、有总结、有辨析、有触动。

让学生在交流中分享，在实践活动中产生共鸣、萌发情感，实现由外显到内化的转变。正是通过这样的挖掘与思考、实践与感悟，学生的思维能力和道德素养得以提升，从而引导学生审视自己、不断成长。这样的深度思考能将知识和能力有效融入情感态度价值观目标中，使知识和能力具有方向感和道德感，真正落实核心素养的要求。

三、品美感，课堂有厚度

杨澜说："没有人有义务透过连你自己都毫不在意的邋遢的外表去发现你优秀的内在。"课堂亦是如此。部优课的教师衣着得体、仪表端庄，这些课堂细节就是对学生的重视和尊重，也能吸引学生主动参与。除了仪表，最重要的还有言谈。正如苏霍姆林斯基所说："用人类教育最微妙的工具——言语——去触及人的心灵最敏感的角落。"所以，教师的语言是最强大的教育手段，透露着教师的价值取向，能起到激励、唤醒学生的作用。

刘华艳老师执教七年级上册《师生交往》时，课前布置学生完成对老师们的采访，在每个摄制组上台展示时，刘老师的语言各不相同，对第一组她引导学生注意视频拍摄的角度和手法，表扬摄像同学的敬业；第二组学生展示后，她询问同学"视频的背景声音是安静的，还是嘈杂的？他们是在忙什么？"从细节处用语言勾起学生对老师工作辛苦的感受；第三组同学采访的是学校的保洁叔叔，刘老师表扬学生懂得虚心求教，善于发现他人身上的优秀品质；第四组同学展示前，刘老师设置悬念，让同学们猜一猜谁采访了校长？刘老师模拟记者采访这位同学："你采访前怀着什么样的心情？你设想过被校长拒绝会怎么样吗？"并表扬这位同学："我们同学很有自信！原来我替他捏把汗！现在我很钦佩他。"刘老师的语言润物无声，不求华丽，但求打动人心。语言成了与学生有效沟通乃至震撼心灵的桥梁。此外，课件背景、黑板板书、授课环境营造等细节，也都关系到教学效果和课堂美感。

四、品技术，课堂有热度

全媒体时代下的大数据、人工智能、5G、云计算、区块链的技术热潮，适应时代新人的学习习惯和关注热点。全部部优课都用了PPT或希沃软件或智能黑板一体机，使用的教学APP更是层出不穷，平板、手机、云桌面……将现代信息技术与初中道法教学有机融合，更好地为教学服务。信息技术不仅被作为教学的工具，也是促进学生学习的工具，利用信息技术所提供的自主探索、多重交互、合作学习、资源共享等学习环境，促进了初中道法课的内涵式发展，同时充分调动了学生学习本学科的主动性、积极性，学生的创新思维与实践能力在学习过程中得到有效的锻炼。

樊菲老师执教的七年级下册《法律为我们护航》，使用了希沃白板5，将手机端与一体机相连，手机成了翻页笔。人机互动、生生互动等小游戏，深深吸引了学生。PAD教学也在初中道德与法治课教学中出现。课堂睡觉的学生少了，参与率和讨论热度高了。本学期我校也在推行希沃白板5的使用，用屏幕批注，可以及时反馈；遮蔽隐藏，可以分批呈现；拖放组合，可以灵活互动；插入游戏，可以增强趣味。

有人说："学生的心灵是一架钢琴，当你触动它的琴键时，总会发出叮咚的声音。"一堂好课一定是真情涌动的，一定是"一片云推动另一片云，一棵树摇动另一棵树，一个灵魂召唤另一个灵魂"。只有激起学生情感的波澜，才能增强感染效果，形成一种内在的精神力量，让学生内化于心，外化于行，真正落实核心素养的要求。

"生命的思考"单元教学实践感悟

石河子师范学校　张瑜遐

　　"生命的思考"单元是七年级上册最后一个单元，由"探问生命""珍视生命""绽放生命之花"三课组成。本单元在七年级上学期教材体系中居于核心地位，既是本册书前三个单元的价值升华，也为学生一生的健康成长打上生命的底色。对生命教育的关切不仅要在本单元体现，更要贯穿学科教学的全过程。本文主要介绍笔者在"生命的思考"单元教学实践中的思考与感悟。

一、明确核心素养和课程标准要求

　　本单元教学培养的核心素养主要是"健康生活"，包括珍爱生命、健全人格、自我管理等基本要点。在教学中，笔者主要着重落实理解生命的意义和价值，守护好自己的生命。

　　本单元所依据的课程标准是："能够分辨是非善恶，学会在比较复杂的社会生活中作出正确选择""体会生命的价值，知道实现人生意义应该从日常生活点滴做起""客观分析挫折和逆境，寻找有效的应对方法，养成勇于克服困难和开拓进取的优良品质""主动锻炼个性心理品质，磨砺意志，陶冶情操，形成良好的学习、劳动习惯和生活态度""认识生命形态的多样性，理解人类生命离不开大自然的哺育。认识生命的独特性，珍爱生命，能够进行基本的自救自护""感受个人成长与民族文化和国家命运之间的联系，提高文化认同感、民族自豪感，以及构建社会主义和谐社会的责任意识"。

二、课例片段分享

在教学"生命可以永恒吗"时，课前给学生发放《成长手册》，并设置以下问题：

（1）我出生的时间是_____

（2）我的出生给家庭带来了_____

（3）阅读教材第89页"探究与分享"，举例分享你的类似生活经历。

（4）以下四种观点中，你认同的有

观点1：我的生命是来之不易的。举例_____

观点2：我的生命是独特的。举例_____

观点3：我的生命是不可逆转的。举例_____

观点4：我的生命是短暂的。举例_____

有人说"生命可以永恒"，你是否认同这一说法？为什么？

这份《成长手册》着眼于学生的生活实际，关注到基本知识的落实，设问层次清晰，由易到难，知识点简单明了，学生易于掌握。这些问题都在学生的"最近发展区"，再结合课堂上出示的情境材料，更加便于学生对本课学习目标的掌握。

本框内容中还有个抽象的词语"向死而生"，一个人知道死亡的真实，死亡的觉悟，有对死亡的深切感受，才会懂得生。对于七年级学生来说这太过晦涩难懂了，所以笔者建议创设具有强烈情感冲击力的情境，触发学生深层情感，让学生在真真切切的情境中感悟死并不可怕，面对生命发展的必然规律，珍惜当下、热爱生命的情感。

笔者选用杨绛先生《百岁答问》的视频："我今年一百岁，已经走到了人生的边缘，我无法确知自己还能往前走多远，但我很清楚我快'回家'了。我该平和地迎接每一天，过好每一天，准备'回家'。"

（1）杨绛先生的"回家"是什么意思？杨绛先生为什么这样说？

（2）杨绛先生打算平和地迎接每一天，对你有什么启发？

在教学"增强生命的韧性"时，设置了一个情境和两个问题。情境：2016年5月夏伯渝攀登珠峰，在距离珠峰顶点94米的地方，天气突变，他不得不面临一个更加困难的抉择：是为了完成自己的梦想而不顾一切地冲顶，还是为了团队的安全放弃冲顶留下终生遗憾。最终，夏伯渝选择了后者。当他在央视《开讲啦》节目中讲述这段过往时，他说"我不是一个失败者"。

问题1：夏伯渝明明登顶失败，可他为什么说自己不是一个失败者？

问题2：失败后，必须重新取得胜利或成功，才叫"战胜挫折"吗？

这个问题一出，学生就忍不住七嘴八舌地热烈讨论起来。师生讨论后形成共识：面对挫折，我们应选择成为一名挑战者，然而选择挑战，并不等于"永远不能放弃"。有时候，因积蓄能量、审时度势而勇敢地"放弃"，断而再次挑战，是更明智的选择。这样的问题引发了学生的深度思考，凸显了思维张力，引领学生走向深度学习。

在教学"感受生命的意义"时，对于第二目"发现我的生命"，笔者是这样处理的，改造第113页的"探究与分享"。用诗意的语言营造美和舒适的氛围："生命就像一条奔流不息的河流，在生命流淌的过程中，有欢乐，也有悲伤，有风平浪静，也会有朵朵浪花，这都是生命成长过程中必然要经历的。"

设问：

（1）在你的生命历程中曾发生过哪些重要的事情？这对你的生命成长有怎样的意义？

（2）这些印象深刻的生命故事对我们的成长有意义。我们生活中更多的是简单、平凡、重复的状态，这样的生活对我们的成长有没有意义呢？请描述你一天的学习生活状况，你喜欢这样的生活吗？为什么？

重在引导学生面对平凡重复的生活，明确这同样可以获得生命的意义。每个人的每一天、每个故事都在一点点地建构自己，形成自己的人生。

在教学"活出生命的精彩"时，笔者改编了第115页的"探究与分享"。

设问：

（1）16岁的时候，你憧憬的生命颜色是＿＿色，因为＿＿＿＿＿

（2）请以16岁的你，给现在的你提一个建议（初中生活），怎样让生命过得更加充盈？

主要是让学生认识自我、反思自我，并不断思考如何能让自己更优秀，从而不断调整目标，明白什么样的自己才是理想中的自己。这样的设计顺应了"健康生活"这一学科核心素养的要求。健康的思想态度和对自己的正确认识，是健康生活的根本。

我们还可以组织学生进行角色扮演、即兴演讲等，采取多样化的教学实践形式，帮助学生提升对生命价值的思考。

在具体教学中，笔者还尝试与语文学科、生物学科、心理学科等沟通"有无"，相互映衬。譬如，语文老师推荐学生阅读《万物起源》，生物老师推荐学生了解药品使用，心理老师推荐学生观看相关影片，等等。

对我校初中生生命教育的探究与感悟

石河子第三中学　雷海燕

生命，是一个古老而又时髦的话题。不仅伟大的思想家、哲学家、各形各色的艺术家们对生命有着独到的见解，我们每个普通人对生命也有着自己的看法。

但是，在教学过程中我们发现部分学生身上存在不善待自己生命和尊重他人生命的现象，有些学生因为父母教育方式失当，自我调控能力不足，教师管理理念传统单一等原因，出现了不同程度的心理不适甚至心理疾病。同时，在一线教育实践中，有的学生和家长因上述问题主动找学校咨询和求助，有些家长在带孩子去医院的心理门诊检查后，为了后续治疗的有效性，也会主动联系并争取老师和学校的帮助。这只是我校存在的一些情况，近年来未成年人轻视生命、虐待动物、残害他人、自杀自残的事件频发，都为我们敲响了警钟。究其原因，主要体现在三个方面：第一，正处于青春期的中学生们，随着生理变化，其思维能力和自我意识也在逐渐增强，但是认知水平仍有局限，容易受到外界环境的影响，在对自己或者他人生命的理解上可能存在偏差；第二，由于各种原因，生命教育在家庭中缺失，学生在第一"学校"不能够接受到正确的生命教育，以致他们在成长过程中出现各种心理上和生理上的问题而无法得到及时有效的解决，从而使得部分中学生有着错误的生命观；第三，因为中学生辨别问题和获取有效信息的能力还没有被很好地培养，所以在面对部分不良媒体的不良信息和一些腐朽的、错误的思想时，学生的生命价值观会受到影响。

面对问题频发的中学生，教师们的教学又存在哪些问题呢？道德与法治教师生命教育专业化程度较低，我校的道德与法治课由四名专职教师任教，在大学期间，我们并没有学习专门的生命教育课程，而教育心理学和心理学也只学习了一个学期，我们只能在今后的教学过程中边学边教、边教边学，而最近的继续教育或者培训活动中也没有有关生命教育的学习。而且在集团校内，有一些学校甚至由不是思想政治教育专业的教师去教授道德与法治课，而新教材的变化对思政老师提出了更高和更专业的要求，在生命教育这一单元上，就有着十分明显的体现。

自然生命的状态是从受精卵开始的，初中生应该对生命是如何产生的有一个正确的认知，就是对"生理的我"的认知，这是对其他一切生命状态认识的基础，能够让学生认识到生命的偶然性，以及生命是多么的来之不易，从而做到尊重生命、热爱生活，珍惜活着的每一天。我们要对"生"有正确的认识，也要学会正确看待"死"。死亡是生命的另一种状态，是任何生命个体必须要经历的，这是自然规律。很多学生在上课过程中就会向老师提问，既然死亡是我们的归宿，那么在短暂的生命过程中，活得无拘无束、活得快乐就好，为什么要学习？为什么要受约束？这就是生命教育中一个很棘手的问题：如何教学生做到"向死而生"？生死观是生命教育中最基础的内容，对"生"与"死"的科学认识是正确认识生命的前提，中国人自古以来对"生死"就十分忌讳，很多时候都是闭口不谈，谈"生"色变，谈"死"色变，所以我们的学生只有正确、科学地认识自己是怎么"生"、怎么"死"的，才能从容面对生命中出现的挫折、困难，坦然面对亲人的离世，从而更加珍惜自己的生命，敬畏一切生命，尊重他人的生命。

生命就是我们不断成长、不断进步、不断探索的一个过程，从出生开始，我们就与这个社会有了各种各样的联系，只有懂得生命的意义所在，才能做到关怀每一个色彩斑斓的生命个体，才能在社会关系中实现自身的价值，在奉献社会中体现生命精神。我们每个人都是这个社会必不可少的个体存在，每时每刻都与这个社会发生着千丝万缕的联系，我们每个人都是在社会中学习、成长，生命教育就是引导学生认识到我们不仅是"生理的我"，还是"社会的我"。我们对生命的尊重和珍惜，不仅是对每一个自然生命的尊重，更是对社会里的一切生命的敬畏和尊重，因此要树立正确的世界观、人生观、价值观。

生命的长度虽然是有限的，从出生到死亡不过短短几十年，和历史长河比起来我们不过是短短一瞬，我们无法增加生命的长度，但是可以拓宽生命的宽度。人类作为独特的存在，相对于其他生命而言，我们可以选择自己的人生道路，驾驭自己的生活。每一个生命个体都是与众不同的，从肉体到精神都有着特殊性和不可复制性，在不同的教育环境和生活状态中，我们都在一点一点地建构自己，形成人们所说的"我的人生"。怎样的生命是有无限宽度的？这也是我们要教会学生的。首先在面对挫折的时候，面对负面情绪的时候，发掘自己的生命力量，就像断尾的壁虎会长出新的尾巴一样，我们每个人的生命在不可抗的天灾人祸面前虽然脆弱，但是也不要低估自己的承受力、耐挫力和自我修复、自我调节的能力，要学会培养自己面对挫折和困难的勇气和意志。能够活出自己的人生，实现自己的价值，这样的生命是精彩的。当别的生命需要帮助的时候，付出自己的爱心，无论大小，自愿承担责任，这样的生命是伟大的，将自己的个人理想和国家发展、民族复兴甚至整个人类命运共同体结合起来，这样的生命是壮丽的。社会是由一个个独立的生命个体构成的，每个生命个体都处在逐渐丰富的过程中，因此要拓展生命的宽度，让生命充满色彩与活力。从我们与社会建立联系的那一刻起，社会和我们就紧密地联系在一起，我们需要社会为我们的发展提供物质帮助和精神支持，社会也需要我们每个人为它添砖加瓦。

正处于人生转折重要时期的中学生，中考、高考的压力束缚着他们自由自在的生命发展，对他们进行生命观的教育，有利于他们形成正确的世界观、人生观、价值观，使其正确看待中考、高考，并能积极应对。此时形成的正确的生命观能够成为他们人生的重要信仰，指引他们正确地看待这个世界，正确地看待生命本身，为他们日后克服困难、搏击长空奠定基础，这也是在用无数个美好的品质书写他们自己的生命价值。

在道德与法治课中学会反思自我

石河子第十中学　卢　森

在对教师的角色、地位等问题有了明确的认识之后，每一位教师还要在教学实践中积极地反思自我，看看自己究竟存在哪些问题，应当如何改进，以取得更好的教学效果。对于我们一线教师而言，有时会在课堂中出现一些尴尬的场面：学生在学习时，出现了意想不到的问题，我们有时束手无策，处理的方式显得苍白无力；课堂上个别调皮的学生出现了"扰乱课堂秩序"的现象，我们劈头盖脸地"骂"他一顿，这个问题就一定能解决好吗？这是否符合新课程改革理念的要求？当学生不按预想回答问题时，当学生在课堂上讨论某一问题时思维异常活跃时……我们将如何利用这一可能的教学资源，调整原先的教学设计，达到尽可能好的教学效果。

所谓反思，是指教师以自己的教学过程为思考对象，对自己的教学行为、教学结果进行审视和分析，从而改进自己的教学实践并使教学实践更具合理性的过程。这种教学经验或教学实践的反思，不是简单的反省，而是"一种思考教育问题的方式，要求教师具有作出理性选择，并对这些选择承担责任的能力"。它往往不是一个人独处时的静坐冥思，而是一种需要理智思考和具备批判性的态度和方法，而且常常要与其他教师合作进行。另外，反思不仅仅是教学经验的总结，它伴随整个教学过程，最终的目的是更好地指导未来的教学实践。

一、课堂教学活动前的反思

这种类型的反思主要发生在课前准备的备课阶段，它有助于发展教师的智慧技能。教师的智慧技能主要体现在两个方面：一是看能否预测学生在学习某一教学内容时可能会遇到的问题。二是看能否找到解决这些问题的策略和方法。对于本人而言，我是一名走上讲台有十个年头的教师，对很多问题还是比较熟悉的，为了突破某个知识点，我是选用老的方法，还是结合学生的心理特点进行创新呢？我们是混班教学，班级里既有汉族学生，又有少数民族学生，我们设计的活动，少数民族学生可以理解吗？所以，我觉得作为一名教师，首先应该在这个环节进行自我反思。只有这样，才会为我们的教学奠定坚实的基础。

二、课堂教学活动中的反思

课堂教学活动中的反思主要指在课堂教学活动中出现的问题，要求教师必须具备驾驭课堂教学的调控能力。课堂教学中可能出现的问题有：学生在学习时，出现了哪些意想不到的障碍，该如何处理这些问题；教学中师生之间、生生之间究竟是怎样一种关系，是否符合新课程改革理念的要求；出现了争议，你将如何处理；当学生不按预想回答问题时，学生在课堂上讨论某一问题思维异常活跃时，你将如何利用这一可能的教学资源，调整原先的教学设计，达到尽可能好的教学效果。

我曾经上了七年级下册《青春的情绪》这一课，在导入新课这一环节，在前面几个班级的教学过程中几乎都是我先设几个情境，然后让学生来谈自己的感受，在他们谈完之后，我就告诉学生他们的这些感受可以用一个词来表示——情绪，但是到后面班级上课的时候，情况不一样了。刚上课时就有几个"调皮"的学生在喊："老师，您给我们唱首歌？"其他孩子也加入这个队伍，越喊声音越大，场面越震撼。这时，我灵机一动，我想初中阶段学生的表现力和表现欲望还是很强的，让我唱歌还不如让我的学生来唱，正好可以给学生一个锻炼的机会，何乐而不为？之后，我把这个"绣球"抛给了其他学生，最后在同学的推荐下两位女同学站了起来，她们一起给大家唱了一首《遥远的你》。在她们唱的过程中我突然想到，待会儿让她们谈谈唱歌前后的感受，这些感受不正是我们今天要讨论的主题吗？在她们谈完感受之后，我又给学生补充了几个热点情境，最后我们一块走进了《青春的情绪》这节课中。

三、课堂教学活动后的反思

这一类型的反思主要是指教师课后对课堂教学过程进行思考性回顾，包括对教师的教学观念、教学行为和学生的表现以及教学的成败进行理性分析。例如：当学生在学习某些教学难点而使课堂气氛沉闷时，你是如何进行有效调控的？在课堂教学中，哪些教学环节没有按计划进行？为什么？在教学过程中是否出现了令你惊喜的亮点？这个亮点是怎样产生的？假如再让你教这一内容，你的教学方案会怎样调整？我觉得这一个环节对于新教师来说极其重要，教师只有在不断的反思中才会发现自己的不足进而改正自己的不足，最终才会让自己在教学中成熟起来。

以七年级上册《师生交往》这节课为例，这节课有一个目标是要让学生懂得：作为学生，当我们与老师发生矛盾、产生误会的时候，我们该怎么办？其实，我在备课的时候选取了一些案例，准备课上与学生进行交流，可是，在课堂上"意外惊喜"出现了。三班有个叫邵俊杰的学生，他的学习成绩很棒，品行也很端正，他上课回答问题很积极，当他举手要回答我前面的问题时，我让他站起来给大家展示，在展示的时候，我发现他嘴里好像有白色的泡泡糖。当时我有点恼火，心想："上课怎么能吃东西呢？"当他展示完之后，我没有表扬他展示得很好，相反，我直接问："邵俊杰，回答问题，怎么嘴里还有吃的？"这时，我发现他很不解地望着我说：老师，我没有吃啊！这时，我意识到自己错了，我竟然把他的牙齿误认为泡泡糖了。这时场面稍微有点尴尬，还好我反应快，这个场景正好可以作为我教学的素材啊，于是我就借着学生这个"活的资源"来突破这节课的重难点。全班同学都在看着我，我就问同学们，老师刚才误会了邵俊杰同学，我们可以通过他的表情感觉他的内心是不快乐的。其实，在我们的生活、学习过程中，会时不时因为误会等事情影响师生间的关系，那么，大家来想想，当出现矛盾、误会、冲突的时候，我们应该怎样与老师友好相处呢？学生通过讨论找出了很多化解矛盾、误会的方法。

此外，当教师提出一个问题时，如果学生的回答仅仅停留在某一方面时，教师应该积极结合学生回答的"资源"进行有效引导。以《走近老师》这节课为例，这是我上的一节公开课，整体设计还是很不错的，课堂活跃度很高，但课后我又细细地回味了课上的各个环节。我发现有一个环节是让学生说说自己与老师之间发生的、让自己记忆犹新的事情，结果这个环节学生都在说自己和班主任之间的事，几乎没有谈到任课老师。在学生回答这一问题时，作为教师，我们要引导学生也说说自己与任课教师之间的事情，让学生懂得感恩、学会感恩，进而可以更好地践行社会主义核心价值观。我想如果这样调整一下，效果可能会更好。

通过课堂上的"小插曲"，善于运用"活"的教学资源，让学生亲身体验课堂乐趣，让学生积极参与课堂，只有这样，才能构建和谐的师生关系，才能更好地体现我们新课改的理念。以学生为主体，他们才有可能真正提高学习兴趣，才会真正取得良好的教学效果，而这门学科的育人功能也会很好地凸显出来。

俗话说，国运兴衰，系于教育；教育成败，系于教师。教师的成功在于教育理念和教学模式的转变。所以，教师一定要重视反思在道德与法治教学实践中的问题，进而提升学科教学的温度和深度。

有效追问，激起学生生活涟漪

——有感于一节道德与法治研讨课

石河子第十六中学　马凌平

　　新编《道德与法治》教材遵循"回归生活"的教育理念，其价值导向是以学生个体的生活经验为起点，承认、接受不同学生个体化的生活经验，力图使学生的个体生活经验能够得以表达、分享和交流。在此基础上，考虑到不同经验之间的碰撞乃至冲突，以此为契机引导学生个体经验的反思、调整和扩展，达到"水本无华，相荡而成涟漪；石本无火，相击而生灵光"之效。这就需要教师坚持以"生活逻辑与知识逻辑相统一"的原则精心设计教学，在立足学生逐步扩展的生活基础上，充分挖掘、利用学生的生活资源开展课堂教学活动。但在此基础上的课堂教学，仍有潜在的生成资源，而追问是课堂上学生资源生成的催化剂。

　　本文想要探讨的"追问"是指，对课堂教学中的某一内容，为了使学生更好地理解，在一次提问后根据学生回答又继续提问，直到学生能够正确解答问题并理解教师所教授内容。追问，作为一种提问技巧，在《道德与法治》课堂上应用较广，是课堂教学中师生对话的重要组成部分。在《道德与法治》课堂教学过程中，教师应根据师生间的答问、讨论等课堂教学过程，对学生思维进行及时的引导、点拨，启发学生对课堂知识点的理解。课堂上教师适度的追问有助培养学生进一步思考问题的意识，拓展学生思维的广度和深度；有利挖掘学生在原有问题背后潜在的生活资源，从而让课堂更好地"回归生活"。因此，追问这种启发式的教学手段，不仅是成就课堂生成性和创造性的中心环节，更在一定程度上决定了课堂教学的成败。基于此，在课堂教学时教师应适度追问，激起学生生活涟漪。而如何才能做到适度追问呢？笔者将从亲授的《让友谊之树常青》市区研讨课中吸取经验教训，谈几点浅薄认识。

一、追问要有价值，应从重要的知识点切入

追问要有价值是指在课堂教学过程中，教师应在本堂课的关键知识点处提出问题，并且保证提出的问题可以激发学生兴趣，引发学生对知识点的思考，提升学生思维的价值。

如《让友谊之树常青》一课的教学重难点在于"学会呵护友谊"，而在教课时，教师却在第一环节"建立友谊"的讲授中进行了每个问题之后的"平均"追问。

如：学生在回答会主动结交朋友时，教师追问："你是如何主动的呢？你用了什么方法？"

学生回答："会用约他一起打球的方法。"

教师又继续追问："你为什么要选择这种方法？"

其实，这时教师追问的本意是想充分利用这位酷爱打球的同学来启发学生，主动结交朋友可以通过寻找共同兴趣爱好的方法。在学生还没有作答时，教师又开始追问："你都是用这种方法吗？"学生当即答道不是。很明显，这时的答案与教师预设的有偏差。

教师继续追问："你平时喜欢和朋友在一起干什么？"类似这样的追问在探究与分享"建立友谊需方法"这一环节，教师在所提问的学生身上进行了"平均式"追问。而这部分内容对学生来说应是自身经验的分享，却非较难理解的知识点，但教师在这一环节花费了大量的时间进行追问。这种主次不分、遍地开花式的追问，导致后半部分重点内容的讲解因时间局限只能草草了事、慌乱收场。

因此，教师应注重追问的价值性，要把握课堂教学的目标和重难点，在学生较难理解的知识点和本堂课的重难点处，根据不同学生对问题的不同回答，随机追问，引导学生思考问题，将重难点知识与学生的思维更加深入地结合起来。

二、追问要有目的，应注重问题的有效性

追问要有目的、有效果。追问不是简单的提问题，而应注重追问的质量。

教师一定要针对课堂教学的目标和重难点有目的、有效地追问，这样才能达到追问效果。

如在讲授"用心呵护友谊"这一内容时，教师设置了"想对朋友好一点儿"的情景。结合情境，教师设问："你认为主人公该用什么方法对朋友好一点儿呢？"在一学生回答后，教师追问："如果是你，你会用什么方法对你的朋友好一点儿呢？你为什么会选择这样的方法？"学生作答后，教师再次追问："如果你的朋友想对你好一点儿，你希望他用什么方法？你为什么希望他用这种方法呢？"当学生回答完后长呼一口气，极其疲惫地落座。其实，教师可以在学生回答之后追问："当你被朋友这样对待之后，你的感受是什么？这样的做法对你们的友谊会产生怎样的影响？"让学生通过自己的回答明白呵护友谊是双方共同的责任，需要用心用情。然而教师"连珠炮"式地以同一问法假设不同身份穷追不舍地问，压得学生喘不过气来，让学生找不到核心，找不到两次追问的差异，从而显得茫然无措、精疲力竭。

因此，教师在课堂教学时要把握好追问的时机，根据教学的目标和重难点找准切入点，有目的地追问，这样才有利于学生对本堂课知识点的理解。此外，教师设计问题时要有重点，注重追问的有效性，而不是将大量问题堆积起来。教师有目的地设计追问，让学生通过回答教师的问题进行思考，引导学生自己寻求知识产生的起因，探索它与其他知识的联系，在探索过程中理解本节课的重难点，加深对所学内容的理解，有效地激发学生的情感，最大限度地影响学生的行为。

三、追问要有对象性，应把握好问题的广度

教师设计的追问不能过于简单，因为简单问题不能引发学生的思考。另外，课堂中有些追问又对学生的思维要求较高，往往只有优等生能够说出答案，这与"面向全体学生"的宗旨背道而驰。因此，教师应在把握好问题难易度的同时及时提高问题的广度，以引发不同层次学生的思考。

如在《让友谊之树常青》市区研讨课中，或许是因为有许多教师听课，又或许是因为教师"多、乱、快"的问题让学生疲于应对，整节课举手回答问题的学生寥寥无几，只有两三个优等生苦撑场面。教师没有及时采取有效的措施调动学生参与课堂的积极性和热情，以致其余同学从刚开始的犹豫到慢慢放弃

想要举手的念头，置身事外地旁观教师和那两三个同学的互动。

因此，教师在教学中应积极创设情境，调动学生参与课堂的兴趣和热情，在设计追问问题时要面向全体学生，把握追问的广度，避免出现"三两人在唱，三五十人在观"的尴尬局面。针对不同类型的问题，教师可以提问不同类型的学生，让优等生、中等生、学困生都有可施展的答题平台。让不同类型的学生都能从举手回答中增强信心，体验成功的喜悦，逐渐激发学生的学习兴趣，让每位学生都能积极主动地参与到课堂中来，从而落实"面向全体学生的育人观"。

新教材致力于帮助学生搭建迈向道德与法治生活的道路。基于新教材的价值导向，每一课内容的展开都暗含着一条生活经验的线索。这就意味着课堂上将有精彩纷呈的意外资源待挖掘。古希腊学者普罗塔戈说过："头脑不是一个要被填满的容器，而是一束需要被点燃的火把。"教师应在课堂教学中实施有效的追问，使这束火把烧得更旺。有目的、有效的追问是教师课堂教学能力的充分表现。有效的追问可以激发学生的主动意识，将理论与实践相结合，调动学生学习的积极性，提高学生的理解、分析和表达能力，有助于教学目标的实现，使课堂教学效果实现最优化，从而整体提高课堂教学效率，产生良好的教学效果。

谈谈对道德与法治学科片段模拟教学的认识

——赴库尔勒参赛心得

石河子第八中学　杨红玲

随着课改的深入，授课形式也越来越多样化，现场课展示、说课、微课、翻转课堂、片段模拟教学，对教师的要求可谓越来越高。这次我参加了由树人教育组织的片段模拟教学比赛，对片段模拟教学有了认识。下面我谈谈自己的参赛心得。

一、对片段模拟教学的认识

我参赛的课题是《道德与法治》八年级上册《诚实守信》一课的同课异构，要求采用15分钟的片段模拟教学。我刚开始心想着只上15分钟的课，那还不简单嘛，设计一个教学活动就够了，可仔细一看，发现是要以模拟课堂的形式展示，而模拟课堂就意味着自导自演，教师自己编剧本，还得分角色把剧本表演出来。这可不是我的强项。说实话，工作12年了，还没上过一节没有学生的课，可是已经报名了，就硬着头皮上吧。我在网上查找了一些视频，学习他们的语言、表情技巧等。备课选材时我又犯难了，15分钟要备多少内容呢？是把一节课的内容压缩到15分钟展示出来？还是选取一部分？我发现这次比赛中的一些教师也有此困惑。

赛前听了粟克冰老师的讲座《基于核心素养的课堂改革》，他在讲座中渗透了对片段教学的讲解，我听后对这一新的教学形式有了一定的认识。那就是选取教材中的一部分内容或者一个难点进行挖掘，设计教学活动进行展示。有了这个认识，我感觉自己准备的内容不符合片段教学的要求，因此临时又删掉了一部分，只留了一个点"诚信是一个人安身立命之本"进行挖掘，我认为从内容而言符合片段教学的要求，但没有取得好成绩。在聆听了十几位选手的片段模拟教学展示后，我有了很多收获。

二、片段模拟教学展示注意事项

1. 选材方面

选材时究竟要选取这节课中的哪一部分内容很重要，此次比赛采用的是同课异构的方式，如果选材不好直接会影响设计效果，要尽量挖掘一个点。对于道德与法治学科来说，很多问题的设计思路是围绕是什么、为什么、怎么样开展的，课文内容清晰地分为2～3个板块，那我们在选材上也应该选取一个完整的板块，这样有利于教学设计的连贯性和过渡的巧妙性。而我选取的一个点，显示不出这两点，是一个失误。

2. 教师的表现力

模拟课堂要能体现一个教师的表演能力。没有学生互动，教师心里就要装着学生，自己分角色扮演。既然是"演"，那么教师的语言感染力就很重要，心理素质也很重要，这就要教师抓住机会多参赛历练自己，不断提高自身素养，把自己想象成一个受观众欢迎的演员。

3. 精心准备教学设计

片段模拟教学依然是为教学服务，所以教学设计依然是关键。教学设计要做到贴近生活、贴近学生实际，同时又不失道德与法治学科的时政性和情感方面的升华。根据课程的需要，视频是道德与法治课堂常用的教学资源，选用视频时一定注意宣传正能量。视频选用得好，既会帮助教师突破教学重难点，也会成为课堂教学中的一个亮点。

因为是模拟教学，有些教师设计的学生活动环节采用了提前拍摄学生表演视频的方式在课堂上进行展示，这也是模拟课堂中的一个技巧，预演了设计活动的效果。而我虽设计了活动，却没有提前拍摄，只是自己说，没有说服力。另外，一例贯通的形式在片段教学中依然很受欢迎，所以要尽量选择适合使用这种形式的内容。

4. 预设学生的不同答案

模拟课堂中没有学生，所以整个展示环节都是教师预设的。很多教师在预设答案时，都是根据需要预设了自己想要的答案，而真正教学中会有不同的声音，那么在模拟教学中我们也应该注意这一点。预设不同答案，并展示自己是如何处理的，这也会是模拟教学展示中的一个必要环节。

5. 自我介绍设计

因为是比赛，所以规定有1分钟的自我介绍环节，大多数教师准备得都比较随意，也有一小部分教师准备得很充分，采用快闪的形式、唱歌的形式来介绍，这样仅是自我介绍部分就给评委留下了深刻的印象。

以上就是我总结的经验教训，与大家分享。这次比赛我收获很大，正如我在自我介绍中所说的，无论结果如何，我学习了片段模拟教学，这对我就是一种提高和成长。

教研，我们永远在路上……

对七年级学生"生命认知"偏差的研究

石河子第三中学　张前英

北师大教授肖川曾说过："'生命教育最大的受益者是生命教育探索者本人。'对于'生命教育'的理解见仁见智，但最为简洁也最易达成共识的就是这15个字：为了生命、通过生命、关于生命的教育。它涉及目标：为什么而教？为生命成长与美好而教；涉及过程：它真切地关照师生，尤其是学生的处境、感受与需要，真切地关照学生已有的知识、经验以及认知发展水平；涉及内容：在教育内容的设置上，为学生提供与发掘创造幸福人生所必需的知识、技能、情感、态度与价值观。我与生命教育的结缘，并非一时心血来潮，更非为赶时髦，而是有着一定的生活与学识的积累和思想渊源。"

关于生命教育的研究在我国只有几十年的历程，却已经呈现出方兴未艾之势。与生命有关的内容已经成为一些有识之士研究的课题，甚至成为他们中的一些人为之终生奋斗的事业。生命教育涵盖了人类从出生到死亡的全过程中涉及的方方面面，如人的生存和生活、人的成长与发展、人的本性与价值。研究学生中存在的对生命认知的偏差就是为了依据学情，根据学生的精神需要和思想痛点精准有效地实施教学，使生命专题教育富有实效。

我在对七年级学生进行生命教育专题教学时，发现学生中存在的认知偏差现象主要有以下几种。

偏差现象一：生命不仅指身体的生命，还包括社会关系中的生命、精神信念的生命。但学生将生命的来之不易，每个人的生命都是独特的、不可替代的观点仅理解为每个人外貌不一样，说话的声音有差别。这些认识仅停留在身体的生命这一单一而浅表的层面，学生们对个人生命的社会性属性认识不足，对人类的生命要依靠精神信念的支撑也缺少深入的思考。

偏差现象二：生命是脆弱的、艰难的，又是坚强的、有力的、高尚的、神圣的。学生对除了生命是脆弱的、艰难的这点有所感受外，对其余的都缺少生命体验和感悟。

偏差现象三：关于生命至上中的"尊重生命、不漠视生命"，部分学生将其理解为专注自己的生命感受，他们以自我为中心，认为自己的生命至上。而有些学生把享受感官刺激和美食佳肴、狂玩喜欢的网络游戏作为生命价值的追求目标。

偏差现象四：部分学生没有认识到人类与周围的各种生命体休戚与共，对如何看待自己的生命和其他生命之间的关系不甚清楚，不知该如何做一个有道德的人，过有道德的生活。

偏差现象五：爱护身体不仅需要关注自己的身体状况，还需要养成健康的生活方式。部分学生对于何为"健康的生活方式"有错误认识，有的学生简单地把健康的生活理解为"不得病"就可以了。

偏差现象六：爱护身体不仅指使肉体不得病，而且包括关注人的内在感受，使不因遭受挫折而伤害自己或他人的身体，还包括不断增强安全意识，提高防灾自救的能力。学生们多数只能感受其一而已。

偏差现象七：守护生命不仅需要我们爱护生理生命、物质生命，同时也要养护精神生命。在适度地追求物质满足的同时，大力传承民族精神、弘扬中华民族美德。不少学生对生命守护的认知局限在延续物质性生命阶段，却没有将精神生命的价值摆在应有的位置上。

偏差现象八：部分学生认为培养"生命的韧性"就是要具有战胜困难的勇气和坚强的意志这些内在品质，而对于在培养自己的抗挫韧劲和逆商时也需要寻求他人的帮助认识不足。

偏差现象九：对怎样发现和创造生命的意义，在自己的生命和他人生命受到威胁或处于危险之中时，如何把握"不放弃、不懈怠"的分寸及取舍标准上，个体表现出来的差异也较大。

泰戈尔说过："教育的目的应当是向人类传送生命的气息。"学生对于生命认识的这些偏差现象正是我们教师应该着重关注并潜心解决的问题。这些偏差的出现显然与学生的年龄特点、认知水平和社会阅历有着密切的关系。刚刚从小学升入初中的他们，有着诸多个人知识、能力、方法上的局限性，他们认知事物普遍缺少全面性、深入性，思维上也多是见"点"不见"面"、见"表"难见"里"。

人类的生命由生理（自然属性）、心理（社会属性）和灵性（精神属性）构成。自然属性决定着人的生命长度，社会属性决定着人的生命宽度，精神属性决定着人的生命高度。所以，作为教师和成年人，我们有责任对学生因年龄、认知水平给他们带来的学习困难给以引导和帮助。

我国现在实施的生命教育以道德与法治课为主，并渗透到了生物、语文、历史等科目中，我认为学校所有的教育教学活动都应关注学生生命认知偏差现象带来的负面影响。"关注生命、尊重生命、珍爱生命、欣赏生命、敬畏生命"是生命教育的目标，也是我们为师者应该担负起的一份必要责任。当前教育改革的迫切任务之一就是把过于关注分数的教育变成以人为本，一切教育都是服务于发展中的人的教育。

那么，教师如何在教育教学实践中引导学生走出对生命认知的偏差呢？

一句话就是：力求做到生命教育应从"理论上加以澄清，实践上加以指导"。

首先，重视为人父母者个人生命教育素质的提高。以家长先培养自身生命意识作为家庭对未成年人进行生命教育的必要条件。作为孩子"第一任教师"的父母首先应该得到有效的生命教育，只有为人父母者自身的生命素质提高了，他们才会在孩子幼年生命意识形成的关键期有所作为，才会将对生命的正确认知以自身做榜样的方式潜移默化地渗透在自己的日常言行和对孩子的教育中，为孩子进入学校和社会前建构起最基本的生命认知打下影响终身的必要基础，不至于因为自身素质不足导致无力教育自己的孩子，使一个生在现代社会却在无知状态生长起来的孩子成为自己、学校、社会未来的负担。

其次，改进学校教师生命教育的理论教学方式。"生命"教育应尊重人性，并做到与时俱进地加以改进。我们可以以指导学生形成正确的生命认知作为核心着眼点针对性突破：对于在校学生这个受教育主体来说，生命教育首先表现为生命知识理论的教育。各科教师在进行文化课教学时都会提前备课，从激发学生的学习兴趣入手，指导学生尽量搞明白一个个关键知识点或观点以及相关结论是如何得到的，使学生不仅知道来龙去脉，还能追根溯源，这样才能让学生在理解的基础上信服这个理论，从而接受和使用它。对于生命教育的教学方法也是如此，教师要在尊重学生年龄特点和认知水平的前提下，以学生能理解的生命认知教育为出发点和归宿点，把学生们已经适应的文化课学习方式迁移到对生命的学习上来，而不是用短时间大容量的灌输迫使其生吞活剥，囫囵吞枣不加消化，又被迫说出一些他们不完全理解、不怎么接受却又不得不遵守的所谓"该怎么做"。当然，生命教育不仅要面向学生，也应该面向教师。教师是学生生命的守护者，教师需要尽可能多地教会学生遇到各种危机时的处理办法和逃生本领。如果教师本身不具备保护生命的基本常识和自救能力，我们又如何能教会学生做到这些呢？

毫无疑问，对学生生命认知偏差现象的研究是一个非常有现实意义，又会直接影响到学生未来是否能适应社会的课题，是每一个有着家国情怀的教师都会关注的难题，也是每一个为国育才的教育部门应该重视的话题。生命教育要起到应有的作用，就要深入学生的精神层面，家庭、学校、社会、司法各方面都应关注学生生命成长中的精神发展规律，引导他们感恩生命、敬畏生命，回归生命的本位需要，而不是留在表层，将生命手段置于生命本位之上。

可见，要引导学生建立健全的生命观，即重视自己生命的同时善待和尊重他人的生命，使学生懂得生命教育的本质是健全人格的教育。我们的生命教育如果使一个人具有主动承担生命的理性自觉，从而一个人活得更有尊严和价值，那我们对于生命话题的关注和探讨就是价值非凡了。

以思维导学　用智慧析理

——中考复习中六组易混易错概念的辨析

石河子第三中学　张前英

学生们在九年级下学期进入中考总复习阶段后，在比较频繁的训练考试中会发现有些中考考点感觉仿佛学过和似曾相识但又无法参透，一旦题目或答案中加入较多的理解要求和拓展内容时，就会有一种雾里看花的无助和迷惑感，在无法准确进行分析和判断的情形下，出现了普遍失分，尤其是一些学科重要概念，因为没有真正学明白，导致在同一个知识考点上反复受挫，这种情况会使那些找不准自身问题的同学产生无奈且焦虑的情绪。为了帮助大家解决这个难题，我为大家精心挑选了六组中考复习中易混易错的学科重要概念，分组后以各组五道辨析题的形式加以呈现。学生们可先独立地思考判断，然后认真地阅读我对每道题目的解析说明，如果你这么做了，就一定会拥有"识得庐山真面目，只缘置身此山外"般神清气爽的心境。

第一组："公民（国民）与人民"

先请看用于自测的辨析题题组：

（1）公民、国民即人民。（　　　）

（2）年满18周岁的人可成为公民。（　　　）

（3）被剥夺政治权利的罪犯仍是公民。（　　　）

（4）公民的范围要比人民广泛。（　　　）

（5）违法人员既不是人民也不是公民。（　　　）

答案提示：（3）（4）是正确的，（1）（2）（5）是错误的。

理由解析：

第（1）题　我们在八年级下册第一课第一框中学习了"人民和公民的区别"，知道"公民"是具有一国国籍，并根据该国宪法和法律的规定，享有权利同时承担义务的个人。确定公民资格的唯一条件就是国籍，再没有其他任何附加条件，而且作为法律概念的公民与国民是同义语，即公民也称为国民。那些出生在中国却已经自愿加入或取得外国国籍的人，则自动丧失中国国籍而不再是我国公民。而作为政治概念的"人民"是与敌人相对而言的，在我国，宪法明确指出"国家的一切权力属于人民"，在当今，人民的范畴较过去更为广泛，是一个群体概念，敌人只占全国人口的极少数，指那些被人民专政的对象。因而，将公民和人民混为一谈的观点当然是不对的。

第（2）题　公民资格只与国籍有关，没有年龄限制，18岁是民事法律上规定的公民成为成年人的年龄界限，而不是成为公民的标志。

第（3）题　剥夺政治权利作为我国刑法对犯罪分子使用的一种附加刑刑罚种类，既可以单独使用，也可以与主刑并用。被剥夺政治权利的罪犯在被剥夺期无法享有合法公民或没有被剥夺此类权利的其他公民享有的各项政治权利，也不能履行依法服兵役的光荣义务，但还依法享有公民的其他权利，加上公民资格只看国籍不论其他，所以在我国被剥夺政治权利的罪犯仍是我国公民。

第（4）题　由于公民包括人民和敌人，因而其范围要比人民广。

第（5）题　违法人员指违反了我国法律，要依法承担法律责任的人，他们做出了侵害他人、集体或组织合法权益的事或没有承担公民应该履行的法律义务，其作为或不作为所造成的危害仍属于人民内部矛盾，由此判定：违法人员既属于人民，同时还是公民。

第二组："法律和法规"

先请看用于自测的辨析题题组：

（1）一切违反宪法和法律的行为，必须予以追究。（　　）

（2）地方人民政府有制定法律的权力。（　　）

（3）公民有维护国家统一和全国各民族团结的法律义务。（　　）

（4）国务院有权制定行政法规。（　　）

（5）地方国家权力机关依法制定和发布的规范性文件叫地方性法规。（　　）

答案提示：（1）（3）（4）（5）是正确的，（2）是错误的。

理由解析：

第（1）题　我国《宪法》第五条规定："一切违反宪法和法律的行为，必须予以追究。"此处的法律专指普通法律，是依据宪法制定并不得与宪法相违背的普通法律。

第（2）题　错误在于：依据《地方各级人民代表大会和地方各级政府组织法》第七条的规定，地方（省、自治区、直辖市）的人民代表大会可以制定和颁布地方性法规，而地方人民政府依据《地方各级人民代表大会和地方各级政府组织法》第六十条的规定只有制定规章的权力，而不具有制定法律的权力。

第（3）题　由于法律的全部问题都可以归结为权利问题和义务问题，根据我国宪法的规定："中华人民共和国公民有维护国家统一和全国各民族团结的义务"，由此可以判断此观点是正确的，而且它是我国公民的基本义务。

第（4）题　国务院（即中央人民政府）作为国家的最高行政机关，根据《立法法》第五十六条规定有权制定行政法规，即国务院对行政法规具有立法权。

第（5）题　地方各级国家权力机关是指地方各级人大。关于地方人大及其常委会制定法规的问题，我国的《地方各级人民代表大会和地方各级人民政府组织法》中有明确说明。由此可知这个观点是可取的。

第三组："违法行为和犯罪行为"

请看用于自测的辨析题题组：

（1）不违法是人们行为的底线，违法行为是指公民做了法律所禁止的事。（　　）

（2）违法行为包括一般违法行为和犯罪行为。（　　）

（3）违法人员被称为"罪犯"。（　　）

（4）严重违法行为、刑事违法行为和犯罪行为都是违反了我国刑法的行为。（　　）

（5）犯罪不一定违法。（　　）

答案提示：（2）（4）是正确的，（1）（3）（5）是错误的。

理由解析：

第（1）题　观点的前半句是对的，后半句有偏差。违法行为是指违反现行法律规定，危害法律所保护的社会关系的行为。而违反法律规定即包括"作为了"法律所禁止的事，如有人对他人的合法财产实施非法的盗窃或抢劫，也包括"不作为"法律要求公民必须要做的事，如国家法律规定公民要依法纳税，而有些人却偷税、漏税甚至抗税这两种情况，即超权限使用权利或未依法履行义务都可能会构成违法行为。

第（2）题　违法行为按照其性质和社会危害程度的不同，可划分为一般违法行为和严重违法行为（即犯罪）。如若按照违反法律的不同可以划分为：违宪行为、民事违法、行政违法、经济违法、刑事违法。由此判断观点正确。

第（3）题　违法人员只有在对社会造成了严重危害，违反了我国刑法，被法院认定有罪，即被确认有犯罪行为的情况下才能被称为"罪犯"，而在没有确认的立案、刑侦、审问阶段则被称为违法嫌疑人或犯罪嫌疑人（视违法情况而定）。

第（4）题　严重违法行为、刑事违法行为和犯罪行为都是指具有严重的社会危害性，触犯刑法，应该受到刑罚处罚的行为，是一类行为的不同说法。

第（5）题　错误在于没有正确区分犯罪与违法的不同。违法指一切违反国家宪法、法律、法令、行政法规和行政规章的行为，涵盖一般违法和严重违法（犯罪）。而违法行为必须在同时具备犯罪的三个基本特征时，才能被判定为犯罪。违法行为的情节和危害程度是区分违法和犯罪的界限，即"犯罪一定违法，违法不一定会犯罪"。

第四组："人格权和人身权利"

请看用于自测的辨析题题组：

（1）生命健康权不仅是物质性的人格权，也是公民首要的最根本的人身权利。（　　）

（2）公民的人身权利是公民人格权的一部分。（　　）

（3）人格权因人的出生而发生，因死亡而消失，与人的生命相伴始终。（　　）

（4）人身自由权是一种具体的人格权。（　　）

（5）人格尊严作为精神性人格权，是一般人格权的核心内容。（　　）

答案提示：（1）（3）（4）（5）是正确的，（2）是错的。

理由解析：

第（1）题　公民的生命健康权包括生命权、健康权和身体权，初中阶段我们了解生命权和健康权就可以了。生命权与健康权的区别在于：在现实社会中，只有当侵害行为造成人死亡时才构成侵害生命权，否则无论受害人损伤多么严重，也只能认定侵权行为侵害的是健康权。由于生命健康是公民从事一切活动的物质前提和基本条件，具有最高的价值，所以我们要比较透彻地弄明白与它有关的法律常识。比如，它与人格权的关系：通俗地讲，人格权就是法律所承认的"人"的"资格"，即自然人对自己的生命、身体、健康、自由、姓名、肖像、名誉、隐私等人格利益所享有的权利。当人格利益以物质形态来体现时就属于物质性人格权，而生命健康权就是物质性的人格利益而不是精神形态的人格利益。同时，人身权利作为公民享有的与人身直接相关的权利是公民基本权利的重要部分，包括生命健康不受侵犯、人身自由、人格尊严不受侵犯等，所以观点正确。

第（2）题　由于人格权包括生命权、健康权、人身自由权、隐私权、名誉权、荣誉权、姓名权、肖像权、身份权等，而人身权利主要包括人格权和身份权，所以公民的人身权利比人格权的范围广，应改为：公民的人格权是人身权利的一部分。

第（3）题　由于人格权是主体对自身的权利，无论个体是否意识到这些权利的存在，个体存在怎样的差别，都平等而当然地享有人格权，而且与主体生命相一致，所以此观点正确。

第（4）题　人身自由权包括在人格权中，是人格权的一项内容。人格权又可以分为一般人格权和具体人格权，一般人格权的基本内容就是人格尊严、人格独立和人格自由。而具体人格权指法律对某种特定人格利益所规定的权利，人身自由是一种特定的人格权益，所以观点正确。

第（5）题　精神性人格权与物质性人格权是相对而言的，而在民法上，有一般人格权与具体人格权之分。人格尊严属于精神形态的人格利益，而且具有一般人格权的集合性特点，所以说法正确。

第五组："人民代表大会和人民代表大会制度"

请看用于自测的辨析题题组：

（1）人民代表大会是我国的最高国家权力机关。（　　　）

（2）全国人民代表大会制度是我国的根本政治制度。（　　　）

（3）人民代表大会由全国人民代表大会和地方各级人民代表大会组成。（　　　）

（4）我国的基本政治制度是人民代表大会。（　　　）

（5）人民代表大会制度保障了"在我国，国家的一切权力属于人民"这一宪法内容的落实。（　　）

答案提示：（3）（5）是正确的，（1）（2）（4）是错的。

理由解析：

第（1）题　人民代表大会作为我国的国家权力机关，包括全国人民代表大会和地方各级人民代表大会，处于我国最高权力机关地位的国家权力机关是全国人民代表大会，地方人民代表大会则不具有最高的地位，故说法错误。

第（2）题　人民代表大会制度是我国的根本政治制度，有全国人民代表大会之说却没有全国人民代表大会制度的说法。此处故意混淆视听，大家可要明察秋毫。

第（3）题　人民代表大会作为我国的国家权力机关由全国人民代表大会和地方各级人民代表大会两大部分组成，正确。

第（4）题　此观点的错误在于将我国的基本政治制度、民族区域自治制度与根本政治制度杂糅在一起，同时将人民代表大会与人民代表大会制度偷换概念，给那些缺少严谨学习习惯的同学设下陷阱。可改为"我国的基本政治制度是民族区域自治制度"或"我国的国家权力机关是各级人民代表大会"，注意，此处的各级人民代表大会前没有加"地方"这个词的限制，它包括全国人民代表大会和地方各级人民代表大会。

第（5）题　人民代表大会制度是广大人民通过直接或间接的方式选举人大代表，代表自己参与国家管理和社会生活的根本政治制度，它保障了宪法所赋予我国人民成为国家主人的各项权利真正得到落实。观点正确。

第六组："我国的民族关系和处理民族关系的原则"

请看用于自测的辨析题题组：

（1）中华人民共和国成立以来，我国逐步形成了平等、团结、繁荣的民族关系。（　　）

（2）"坚持一个中国的原则"是我国处理民族关系的基本原则。（　　）

（3）"平等、团结、互助、和谐"是我国民族关系呈现的特点。（　　）

（4）处理好我国的民族关系必须坚持"三个离不开"的基本原则。（　　）

（5）处理我国各民族关系的原则是"坚持民族平等、团结和共同繁荣"。（　　）

答案提示：（3）（5）是正确的，（1）（2）（4）是错误的。

理由解析：

第（1）题　由于我国各民族之间关系的基本特点是"平等、团结、互助、和谐"，所以说法不正确。

第（2）题　"坚持一个中国的原则"既是我国实施"一国两制"的前提条件，也是我国解决台湾问题，实现祖国完全统一的政治基础，但它不是我国处理民族关系的基本原则。因而观点错误。

第（3）题　中华人民共和国成立以来，在中央政府的统一领导下，我国各民族人民自力更生，艰苦奋斗，为我国各项事业的长足发展做出了自己的贡献，在各民族的相互交流融合中，形成了"平等、团结、互助、和谐"的新型民族关系。这四个词中的后一个词都以前一个词作为前提和条件。观点正确。

第（4）题　"三个离不开"的提出和主要作用是维护好我国的民族团结。而处理好各民族的关系不仅仅是搞好民族团结，所以观点有瑕疵。

第（5）题　观点正确。且三条原则中的坚持各民族的团结以坚持民族平等为前提，各民族的共同繁荣以民族平等和民族团结为条件，三者相辅相成。

其实，同学们在复习过程中还会遇到其他一些类似的考试内容，我希望今天给大家枚举的这六组重要学科概念辨析能起到引导同学们自觉使用比较法、类比法进行思想品德科目的复习，重视本学科思维习惯的养成，在使用学科术语时养成力求精准的习惯，在不断提高自己语言逻辑能力的同时，达成优化学科素养和自身综合能力的理想效果，为实现自主学习、终身学习奠定良好的基础。

第五辑

教学随笔

母亲，家庭气场的布设者

石河子第十中学　石波

随手翻看古今中外的名人传记，孕育这些伟人、名人的土壤就是由女性的善良、智慧积淀起来的，这些伟大而无名的女性因其力透纸背的母爱彪炳史册。打开伟人的传记，孟子、海瑞、胡适、老舍、季羡林等，他们的嘴唇所能发出的"最甜美的字眼，就是母亲，最美好的呼唤，就是妈妈"。他们用行动诠释"母亲对我的爱之伟大让我不得不用我的努力工作去验证这种爱是值得的"。

"气"是中国传统文化的精髓之一，人的高贵在于滋养一种气场、气势、气息、气氛。有人这样写道：多读书养才气，慎言行养清气，重情义养人气，能忍辱养志气，温处事养和气，讲责任养贤气，淡名利养正气，不媚俗养骨气，敢作为养浩气，会宽容养大气。家庭生活方式和文化氛围是构成家庭气场的重要方面。良好的家庭环境应该具有这样一些特点：有高尚的精神情趣；有浓厚的学习氛围；有团结、和谐、平等的家庭关系；有良好的家长教养态度；有严格的生活制度；有勤俭朴素的生活作风和干净、整洁的家庭环境；等等。男主外女主内的家庭分工模式决定了母亲是家庭气场的主要布设者。母亲营造的家庭气场如何，决定了给予孩子一种怎样的精神温度、怎样的人文环境。正如法国教育家卢梭所说，生活本身就是一种教育。

一、国民素质的提升源于母亲素质的提升，母亲的素质来自潜心阅读一些经典书籍

"腹有诗书气自华"，诗书的味道会在母亲的举手投足间透发出来，会弥散在家庭空间里，形成无形却有形的气场，子女氤氲其中，久而久之，受其熏蒸，会形成良好的行为习惯与学习习惯，这些深植在幼年时代的母爱之根、教育之根在成年之后不会随芜杂的社会之风轻易摇摆，携带着"纯正的家风"这种遗传基因，德行的种子会传播到更广阔的社会空间。作为新时代的母亲，在新的历史时期读什么书好呢？我认为还是要读那些经得住时光淘洗的经典书籍。如《三字经》《弟子规》《朱子家训》《曾国藩家书》《傅雷家书》《卡尔威特的教育》，诸葛亮的《诫子书》，司马光的《训俭示康》，苏霍姆林斯基的《给儿子的信》《给女儿的信》，对于这些经典书文，母亲要潜心阅读，并引领孩子走进这些经典。我认识一位母亲，是个普通的下岗女工，因为诵读《德道经》多年，与她接触越久，越觉得她不同于一般的家庭妇女，身上没有斤斤计较的世俗之气，没有被功利所拘囿的狭隘心胸，没有纠缠于鸡毛蒜皮的家庭琐事，没有穿梭于家长里短的流言蜚语。她从不吝啬家中财物，广施爱心，善做义工，邻居家的小孩，因父母工作忙碌没地方吃饭、学习，张大姐的家就成了这些孩子经常去的地方；受"北京德慧智教育中心"委托，在新疆，她成为传播"德慧智教育理念"的种子，在石河子各学校、幼儿园义务推广"中华国学经典诵读"。她还经常自费去内地学习与国学、中医有关的文化，作为一位45岁的母亲，她这样拼命折腾是为了什么呢？我问她："家务活有时间做吗？"她说："要尽女人的本分，家务活要做好，才能让家人认识到学国学的女人是个能把家庭经营得有声有色、有条有理的女人。""上慈下孝，与邻为善"，她用行动诠释"既以为人，己愈有；既以与人，己愈多"的古训。

二、"做母亲"——限制家长的"小自由"成就孩子的"大自由"

在众多家庭中，有多少家长会为了把孩子培养成栋梁之材，而心甘情愿地放弃自己的社交活动，消除自己的偏见，放弃那些个人享受，身体力行地去教育自己的孩子呢？父母忽略的往往正是陪孩子的时间和做孩子的榜样。这些是从工人农民到达官富商都可以做的事情，是最不需要物质条件、对孩子最重要，但最容易被忽略、最不容易坚持的事情。于是，我们司空见惯的是"麻将家庭""赌博家庭""牢骚家庭""暴力家庭""婚外恋家庭""网络成瘾家庭""酒来酒往家庭"……越来越多的是"单亲子女""留守子女"……家里常有酒气而无书香，常有吵闹而无宁静，常有不满之音而难得知足之笑，在这样的家里，我们仅仅凭着一点钱就可以培养好孩子了吗？"我为你付出那么多，你为什么这么不争气？"作为父母，你到底为孩子付出了什么？在这个竞争激烈的时代，女性为了在事业上打拼，与子女待在一起的时空被日益快节奏的生活挤压得越来越逼仄。在这个多元价值观并存的时代，个人主义、享乐主义、自私自利的利己主义无时无刻不在诱惑我们，有时放纵自己、迁就自己而屈从于软弱的自我，成全了"自己想要的小自由"却距离孩子的心灵越来越遥远。所以，要修炼宁静平和的心态、把持和谐的自我尤为重要，在家庭与事业、物质与精神、自我与社会，以及动静刚柔之间找到一个平衡点。只有母亲的状态好了，家庭气场的宽和、宁静、生机才能对孩子的心灵起到积极作用。

三、重视"心灵的培养"和"均衡的营养"

《卡尔威特的教育》第六章中云："把孩子培养成用世界最美好词汇形容的人。"那么，"用世界最美好词汇形容的人"应该怎样培养呢？"我尽可能均衡地去培养他的感觉""开发儿女在常识、想象力、微妙的感觉等这些很少被人考虑的方面的能力""从孩子整日依偎在母亲的怀抱时起，我们做家长的就根据道德准则，尤其是根据最纯洁、最高尚的道德品格要求去引导孩子的憎恶""我们把教育的重点放在了对孩子心灵的培养上"。人的成长是由智力、意志、品德、气概这四个主要方面构成的。智力在人的成长过程中所占比重充其量仅有四分之一。放眼社会，那种动辄只问孩子分数、只盯着孩子成功与否的母亲较多，急功近利的思想意识造成了家庭教育的短视，"意志、品德、气概"渐渐成了孩子"综合素质的木桶"中较短的那块板子。

在思想品德教学课堂上，我在比较中美两国孩子在自主创新与综合实践方面的能力时，我说："中国家长活得累源于孩子自立能力较差。"孩子们却说："中国孩子也比美国孩子活得累，源于不堪负荷的升学压力和扼杀孩子创造力的应试教育。"孩子们的话引起我的深思。我作为一个母亲，每天最想知道：你今天过得快乐吗？在家在校觉得幸福吗？觉得生活美吗？与同学和老师待在一起时发生的富有情趣的事情能与我分享吗？在与分数无关的事情上，你获得别人尊重与夸奖的次数多吗？你发现自然之美、学问之美、艺术之美、社会之美的场景多吗？你在享受你的青春吗？你在享受只有一次的生命吗？你战胜自己弱点的次数多吗？在乐于助人、开掘潜能的过程中，你获得自我实现的极峰体验了吗？

一个良好的家庭环境，不一定需要华丽的装饰，却一定需要温暖的、质朴的、快乐的氛围，这样孩子的内心才能始终处于一种美好的状态。教育做到极致就是文化。文化就是一种状态，一种情怀，一种意识，一种耕耘，一种生命与生命的对话与交流，融会贯通之后，就是一种力量，一种对心灵产生影响与感召力的力量。

四、注重孩子良好行为习惯和学习习惯的养成教育

在众多"养成教育"的倡导者之中，林格这个教育家是不得不提的，他2010年的最新教育论著《教育是没有用的》，作为教育者是必读的。书中说："一个人如果没有大理想，就没有气势；没有中理想，就会缺乏计划性；没有小理想，就不会勤奋""父母养育孩子，不仅仅是为了孩子成才，更是为了孩子成人""关系大于教育。父母和孩子之间保持亲密的关系，胜过花许多时间和精力去教育。一切成功的教育都是和谐的教育，好的关系的本质特征就是和谐"。

21世纪的今天，"理想"这个话题被束之高阁，市场经济下好像兜售什么都可以，就是别谈"理想"。越是这样稀缺的东西，在家庭教育中就要越早地给孩子输入，孩子的哲学意识来得越早越利于他的成长。时间是组成生命的材料，孩子的自觉意识一旦被唤醒，他就会自我追问和冥想：我从哪儿来？来这儿做什么？到哪儿去呢？这些问题会促进孩子人生理想的萌发。有了理想这个圆心，孩子的行为轨迹自然不会偏离，对自己时间的管理意识和对自己情绪、思想意识的自控意识也会加强。志存高远，信念坚定，专注于理想的实现，一种自我管理、自我教育的自主意识占了主导，母亲的"无为而教"就这样完成了。

我的一位同事，她的孩子在上大学期间曾在美国大学做交换生，我很羡慕她有这么一个出色的女儿。我想她肯定有独家教育秘诀。可是她对我说："女儿小学时表现特差，不爱学习，不想写作业，上课注意力不集中，手眼协调性不好，做事没有计划性。被不少老师断言：连高中都考不上。"我听后，很惊愕。在我们的真诚交流中，她认为：在教育子女的过程中，处罚、陪读、表扬、监督要融为一体；学习计划做好以后，家长要陪伴孩子，做好监督工作，坚持21天，就可以使量变到质变。孩子学习不好，习惯没有养成，第一个放弃

的人通常不是孩子而是家长。家长能坚持21天，学生也能坚持21天。妈妈有没有自信坚韧的好习惯，决定了孩子有无此习惯；母亲要坚信孩子是好的，只是自己没有找到更好的方法。

良好的家庭气场利于经典书籍的熏陶、利于孩子获得生命的"大自由"，利于孩子心灵的培养和营养均衡，利于孩子行为习惯和学习习惯的养成。而良好的家庭气场的布设与营造取决于一个民族中母亲的素质，高素质的母亲将引导控制着整个时代的气场。

2020年，我们的线上教学

石河子第十八中学　陈　敏

2020年庚子鼠年，子岁开年遭疫情。这场突如其来的疫情在中国传统佳节——春节前夕降临，这只硕鼠瞬间吞噬了春节特有的热闹、喜悦、祥和以及合家团聚的幸福，它不仅搅乱了人们正常的生活，也严重影响着经济和社会生活，破坏了各行各业正常的工作秩序。1月25日，我所在的城市石河子在武汉封城后也果断实行了封闭式管理，抗击疫情的枪声在这里打响，于是，我们迎来了一个超长的寒假，开学变得遥遥无期。在家学习、在线学习就成为摆在莘莘学子和家长面前的头等大事；在线教学则成为摆在教师眼前的头等大计。根据教育部的要求，我们学校通过视频会议组织全体教师学习了新疆生产建设兵团教学研究室下发的《关于做好兵团中小学"停课不停学"线上教学工作的通知》，并宣读了《十八中学疫情期间"停课不停教，停课不停学"教学工作方案》以及《十八中学"停课不停教，停课不停学"教师操作手册》，积极有序地开展了"停课不停教、停课不停学"的线上教学工作，帮助学生在家有规律地学习，完成相应的学习任务，解决学习上的问题，同时对学生和家长进行疫情防控知识的教育，做好居家隔离期间的心理疏导工作等，为打赢这场战"疫"做出自己应有的贡献。下面，我就来讲讲我们的线上教学。

随着信息技术在教学中的不断深入，目前线上教学已然不是什么新鲜事儿了，但是，对于我们学校的教师而言，对我而言，是第一次成为线上授课的主角儿，成为主播，毫无经验，只能照猫画虎，摸着石头过河，内心无比忐忑，甚至是焦虑，对于线上教学的效果是很不看好的；对于我们学校的学生而言，绝大多数的学生也是没有上过网课的，完全没有了教师的直接监管，新鲜、新奇、兴奋无以言表，听不听课完全靠自觉，线上学习效果堪忧。就这样，我们带着一系列的困惑，踏上了线上教学的征程。启程前，我们做了充分的准备。

"不打无准备之仗。"为了使线上教学更加高效，我们教育集团九所学校成立了各个学科的线上教学集体备课小组。作为线上教学九年级集体备课组组长，我迅速建立起集团内16位九年级道德与法治教师组成的工作群，并第一时间召开视频会议，会议上大家对线上教学的方式、内容等都提出了自己的建议，讨论正激烈的时候，有两位年纪大的女教师提出自己的计算机应用能力很差，而且没有电脑设备，问应该怎么办。很显然，这是对线上教学的一种畏惧心理，这个时候，我赶紧安抚并鼓励，且在会后及时将录屏软件、手机录屏软件等线上教学能够使用上的手机APP的使用方法录制成微视频发到了工作群，并及时解决她们的困难，最终，我们确定了以自治区教育厅推荐的电视、网络平台直播课堂安排的课为依托，结合本校学生特点，以腾讯会议、云视讯、钉钉等软件进行网上直播授课为主，在学生群里推微课视频为辅的线上教学课堂模式。依据我们统一的教学进度和内容，制订出了集备计划，也做好了教师的分工，大家群策群力，做好线上教学的备课工作，为直播服务。我首先承担了第一次集备任务，认真准备了七年级上册第一单元《成长的节拍》复习课，与大家一起沟通交流，并录制了五段相关课程的微课视频，制作了包括教学设计、教学微课、教学课件、说课稿、课堂练习在内的完整的教学资源包，并上传至兵团基础教育资源公共服务平台和群文件中，与同人分享，为九年级群里的老师做出示范。在短短的十天时间里，我们克服各种困难，历经艰辛终于完成了两周线上授课内容的初次备课工作。16位老师都深深感受到线上教学比面授要难很多，仅仅准备工作就更为复杂，别说直播授课过程中可能出现的状况了。这次疫情带给我们的是新挑战，以及对教学方式的新探索和新实践，也让我们发现了自己的不足。

2月17日，我们正式开始了线上教学。俗话说，计划赶不上变化。由于自治区网络直播平台上的直播课是我们都已经上过的内容，不符合九年级第二学期的知识进度，于是，我们统一放弃了通过网络直播平台指导学生观看教学内容的方式，开始采用网络直播的方式授课，这下我们成了真正的主播。现场直播没有回放键，第一次直播课的头一天，我紧张极了，就又将中考说明、电子书、一轮复习课堂练习等有关教学的资源上传至学生群里，让学生先进行预习，避免盲目听课。我还结合自己的教学需要，依据新课标和中考说明的内容要求，对集备授课内容进行大量的修改和修订，将考点进行详细的、精确的解析，将时政资料变成适合自己学生学情和教学需要的有效资源，以吸引学生的注意力。由于学生中有教材的人数不到三分之一，没有练习册，我便花费很多时间去设计结合时政、贴合学生实际的课堂练习和课后作业，做到讲练结合。结果，到第二天上课的时候，我发现，在利用腾讯会议的方式进行授课时，无法对学生的听课状态进行监管，导致我在电脑前激情飞扬，而有些学生在后台聊天聊得热火朝天，更有甚者，只是将自己挂在网上而已。这些都是课后我的课代表给我反映的情况。于是，我改变策略，在讲课过程中，不停地随机提问，并进行答题情况记录，课后将学生上课回答问题的情况上传至家长群，让家长进行监督，这样一来后期效果就好多了。

接着，我又发现，我口头布置的作业，完成率非常低，质量也很差。于是，我又改变方式，将练习题以"问卷星"的方式发放给学生，学生完成作业的兴趣大大提升，同时便于我统计学生作业情况。我还将抄写笔记或者材料分析题的作业以QQ作业的形式发放，要求学生在线提交，我在线批改，写上评语，将作业情况（包括优秀作业展等）及时发布在家长群里。由于我们网上授课时间只有30分钟，所以我及时录制答疑视频并将其发布在家长群，以便于学生在第一时间修正错误、掌握知识。学生能及时得到作业反馈，学习起来就更认真了。每周末我还给学生推送相关的课程资源，包括新课课件和知识点梳理。

通过这次线上教学，让我看到了一个不一样的杨朝晖同学，九年级第一个学期在学校上课的时候，他总是很不自觉，上课不是说话就是睡觉，从来不写作业，考试也从不及格，只知道打篮球。我不知和他推心置腹地谈过多少次，可他总是改不了。但这次线上教学期间，他在第一次课后就私信我，问我了很多问题，还向我索要复习资料。他告诉我，他现在想好好学，考一个好高中，随后，我和他的妈妈聊到了他的转变，让她也多鼓励孩子。往后，我每次上课时，都会不时地提问他，他居然都能回答上来，我就在课上当众表扬他，而且他的每一次作业都做得非常好。复课后，他的每一次考试都达到了优秀，进步非常大，和我也无话不说，像朋友一样。他让我感受到，做好学生的引路人是多么幸福的一件事。

　　3月15日，为期一个月的线上教学终于结束了。回首这漫长的一个月，我有了教学生涯中的诸多第一次，也有了很多精神上的收获，起初的困惑似乎也得到了解决，对线上教学更加清晰和明了。在这一特殊时期，通过线上授课的方式进行教学，突破了很多教师的思维底线，也对现代教师提出了更高的要求。我们必须在日常工作中，做到真教研、真教学、真育人，自觉学习掌握更多现代信息技术手段，要善于学习、乐于学习、勇于探索实践，做到与时俱进。同时，线上教学更需要我们关注每一个学生，引导学生树立正确的人生观和价值观，做好学生的引路人。

道德与法治中考非选择题"强力促学生接地气"

第五师九十团学校 秦桂莲

2019年新疆兵团学生中考、中考阅卷逐一落下帷幕。当时学生在走出道德与法治考场后，仰天大笑的那句"题简单"，到了中考阅卷老师手下，却是摇头遗憾"没高分"。学生的期望值与教师的现实值相去甚远，为何？细细研究考卷，才发现考卷出得很社会化，也就是说很接地气地将书本知识迁移、运用到生活中，突出思维的"活""跃"，答题的"简""凡"。

学生基本上是脱离社会且纸上谈兵的群体，开卷考试突然转了风向，表面上看试题是海不扬波，其实是暗流涌动。每道题答全、答到点子上，不细细审阅材料，不动一番脑筋或者说不看看"时令"，是不行的。

开卷有益。这个"益"就是接地气，将书上的"理"摆在试卷上，顺乎人理，接其自然。要让学生做到开卷有益，做题理直气壮，教师就要成为聪明人，即有核心素养的人，培养学生良好的逻辑思维能力和良好的审题、议题、做题的好习惯。

现在以道德与法治中考试卷非选择题为范版，引导大家做题理直气壮。在讲题之前，首先要申明，试卷上任何"言之有理"的题，在教材上都能找到对应的知识点。作为一线教师，我们不要迷信各种类型的"速查"，而要研读教材，且要深度、广泛地研读教材。

例如：

17. 阅读材料，运用所学知识回答下列问题。（8分）

新疆维吾尔自治区第三届人民代表大会第二次会议的政府工作报告指出：2018年，新疆就业、教育、扶贫等各项惠民工作取得新成就。农村富余劳动力转移就业280.5万人次，城镇居民人均可支配收入增长6.5%左右，实施棚户区住房改造47.09万套，九年义务教育成果得到巩固……一批涉及群众切身利益的民生难题得到有效解决，各族群众的获得感、幸福感、安全感不断提升！

（1）结合材料分析，党和国家保障和改善民生的意义是什么。（4分）

（2）青少年应该为"建设美丽新疆，共圆祖国梦想"做出哪些努力？（至少两点。）（4分）

这道题属于地方特色考题，也是热点了很多年的考题，关乎"民生"。现在我们学生普遍读题太"糊"或太"虚"，不聚焦，找不到关键词。

遇到非选择材料题，不管题长题短，只要思路明确，掌握分析问题的技巧，抓住关键词，聚焦问题，就一定会得高分。但这个得高分的"法"，需要长期训练，细中有巧，如此才能活学活用。

一、理论引导，分步析题

针对这道考题，本人从教学实际出发，提供一些将书面知识迁移到生活实际中的方法。

建议一：审题看符号，重看分号和句号

符号是将材料的若干信息串起来的标志。就如糖葫芦，看似是一个整体，但每一个符号又都在传递一种不同信息。

这道题中有一个句号，一个感叹号。也就是说，这道题传递了2个信息：第一句是一个信息，总说新疆在惠民工作中取得的成绩；第二句又是一个信息，分说各种惠民政策，然后在一个"……"后总结性表述"民生"（关键词挑出来）难题有效解决，以及带来的好处（意义自动出来）。

建议二：细读材料，分步思考

细读，就是按照已经划分好的信息，仔细读，提炼后分步思考。

读第一个句号的材料：新疆维吾尔自治区最高权力机关……2018年……新成就。

时间：2018年　　　　主题：新疆　　　　成果：新成就

思考对应材料，这是国家保障民生的措施。

读第二句话的材料：劳动力……人均收入……住房改造……义务教育……

这些"民生"问题，使学生最能感受到接地气的是"义务教育"，尤其是南疆及边境农牧团场学校的学生。

思考对应材料，这是改善民生的具体措施。

建议三：亮解题技巧，看分值答题

所谓的解题技巧，就是一线教师根据教材的规律性知识，总结出来的一些答题方法，有实用性和"巧"战性的题，方便学生快速掌握使用。

初中道德与法治每课的结构：是什么+为什么+怎么办（也是出题人的基本思路）。

是什么通常指含义、表现、特点、形式、种类等（不是每个必讲，用的不多，通常在做题的第一句话中需要点清是什么）。

为什么通常是指作用、意义、重要性或必要性、危害性、关系、功能、原则、理念等。

怎么办通常分国家怎么办、社会怎么办、公民怎么办、青少年怎么办等。

关于"意义"类型的题，是教材为什么的内容。其答题技巧是"有利于……"或"有助于……"。

掌握了技巧，只是解题的一半，下一步再看分值，这很重要，这其实是在暗示此题有几个观点。

如第一题按照是什么、为什么来分析，应该是"是什么"一句话，"为什么"三句话。对应4分值。

规范答题是：民生是什么？（1分）有利于……（1分），有利于……（1分），有利于……（1分）

弄清楚脉络，再翻书找答案。关于新疆民生问题，在教材九年级上册95页。

第二题是怎么做。是关于青少年怎么做的问法。这种言之有理的题，表面上看简单，实则很接地气。如果学生没有一定的思路和技巧，也是难得满分。

这一题的落脚点是"为……努力"。对于这种类型的题，答题技巧是（思想上）树立××方面的意识，增强××方面的观念。（行动上）在学习上，应该××；在生活上，应该××。

分值是4分，要求至少2点。第一点就紧扣问题，（思想上）树立我爱大美新疆的意识，增强共圆祖国梦想的观念（2分）；第二点紧扣学生学习生活（行动上）：认真学习科学文化知识，团结各民族同学（2分）。不跑题，不失分，不白话，言之有物，言之有理。

二、实战演练，巩固练习

18.阅读材料，运用所学知识回答下列问题。（12分）

材料一　2019年4月，中共中央总书记、国家总书记习近平在纪念五四运动纪念大会上深情寄语："新时代中国青年要锤炼品德修为。人无德不立，品德是为人之本。止于至善，是中华民族始终不变的人格追求。"

材料二　为中国直升机追梦40载的吴希明说："我的青春邂逅了中国直升机的春天。"少年时，他就把直升机的研发确定为自己的人生航标；高中毕业时，他报考了当时全国唯一有直升机专业的学院；工作后，面对直升机研发缺少经验、缺技术等难题，他说："必须干出来！肯定能干出来！……"

吴希明主持研发的直10取得了成功，我国直升机技术和产业发展迈入了一个新的时代。

（1）结合材料一分析，作为新时代的中国青年应该如何做到"止于至善"。（6分）

（2）运用"少年有梦"的相关知识分析，吴希明的追梦经历对我们实现人生梦想有哪些启示。（6分）

分析一：第一问里的信息量

（1）涉及的知识点在七年级下册中。

（2）第一问关键词"材料一"和"止于至善"。此材料引用习近平总书记的话，内有三个句号。用"要……是……是"串起来，再问中国青年该如何做。

（3）6分。做法至少3点（是什么+怎么办，即思想上、行动上）。

（4）翻教材，组织答案。七年级下册P29-30，根据（2）和（3）分析得出规范答案：①"止于至善"是人的一种精神境界，我们应该有自己的格调，有我们的"至善"追求（思想上，接习近平总书记的要求）。②每个人都可以从点滴小事做起，在生活中寻找"贤"，将他们作为榜样。（3）要求我们养成自我省察的习惯（行动上，接地气）。

分析二：第二问的信息量

（1）涉及的知识点在七年级上册中。

（2）关键词"少年有梦"的相关知识和启示。此问题实际上隐藏的是两个问题。一个是定点问题——少年有梦；另一个是变点问题，对我们的启示。

（3）此题关于描述吴希明追梦的经历，用了两个分号，一个省略号，也就是三句话。

（4）6分。至少3点，也就是至少3个启发，知识点都在教材上，要扣材料，抽丝剥茧。

（5）翻教材，组织答案。七年级上册P10-12。根据分析：①少年的梦想，与个人的人生目标紧密相连（对应着"少年时，把直升机的研发定为人生航标"）；②少年的梦想，不应止于心动，更要付诸行动（对应的是"高中毕业时，他报考了当时全国唯一有直升机专业的学院"）。③努力，是一种生活态度，是一种不服输的坚韧和失败后从头再来的勇气，是对自我的坚定信念和对美好的不懈追求（对应着"工作后，面对直升机研发缺少经验、缺技术等难题……"）。

三、举一反三，消化吸收

19.阅读材料，运用所学知识回答下列问题。（12分）

2019年3月，第十三届全国人民代表大会第二次会议在北京召开。某校八年级（2）班组织学生学习会议精神，下面是同学们收集到的资料：

资料一　大会审议了国务院政府工作报告，表决通过了《中华人民共和国外商投资法》，批准了2019年中央预算等多项重要内容。

资料二　李克强总理会见采访全国两会的中外记者时强调：中国现在有2.8亿多农民工，我们要善待农民工，不仅要给他们提供打工的机会，而且要保障他们应有的所得。现在不是发生农民工被拖欠工资的问题，我们要立法规，坚决打击那些恶意拖欠工资的行为，确保农民工打工有机会，而且合法权益得到保障。

（1）资料一中全国人民代表大会行使了哪些职权？请结合材料说明。（6分）

（2）请你结合资料二分析，农民工工资被恶意拖欠时应该如何依法维权。（至少3点。）（6分）

提示：

（1）全国人大四大职权，6分值，肯定是考了其中的三个职权。

资料一中的关键词是"审议"（监督权）、"表决"（立法权）、"批准"（决定权）。

（2）主题是农民工，关键词是"依法维权"。6分值，至少3种依法维权方式。在八年级上册，善用法律这一章节中能找到N种方法。

综合以上各题，发现考题完全体现考纲"三贴近"的原则，即贴近学生、贴近生活、贴近实际，也是强力促进学生接地气、有人味的。这也抛给道德与法治课教师一个很大的难题：今后怎么教？学生怎么学？

2019年3月18日，习近平总书记在主持召开学校思想政治理论课教师座谈会上说："要坚持理论性和实践性相统一，用科学理论培养人，重视思政课的实践性，把思政小课堂同社会大课堂结合起来，教育引导学生立鸿鹄志，做奋斗者。"

简言之，师生既要熟知理论知识，又要善于用理论指导实践。

分析与建议：

（1）授课+复习，既要心中有标，又要眼里有纲。

是什么、为什么、怎么办，是个由表及里、循序渐进的过程。教师一定要习惯于在平常的授课及复习中，做到心中有标，眼里有纲，手中有法，引导学生循着"是什么、为什么、怎么办"的思路展开学习，培养学生良好的逻辑思维能力，进而提升审题、议题、做题的能力。

（2）让学生在课堂上有张嘴权，即让学生有提问题、亮观点的权利。

张嘴权，主要指学生在教学活动中享有的表达个性化思想和认识的权利。教师摒弃"一言堂"和"优生优先话语权"；正确对待学生差异，扔掉"有色眼镜"，追求和营造和谐课堂，放飞学生的思维和想象，让更多有新意、有指向性的问题，在学生张开嘴后走进课堂。

（3）引导学生有机整合学习内容，构建整体结构和基本框架。

学生在三年里学到的知识"有序而零散"——因教材内容设置有序而被动有序，因教师有序教学而零散。因而，教师的职责之一就是帮助学生对学活的知识进行有机整合，构建整体结构和基本框架。一定要善于将教材中的"知"与生活中的"行"有机结合，建立鲜活的知识大厦，用的时候才能有的放矢，且取之不尽、用之不竭。

（4）培养学生质疑能力——敢于怀疑教师和教材。

现阶段，多数学生的认知水平和需求处于"是什么"的层面，少数学生处于"为什么"的层面，极少数人处于"怎么办"的层面。也就是说，真正敢于并善于质疑的学生少之甚少。对教师言听计从，对教材俯首帖耳，学生失去了个性和独立性，也失去了创新的思维和能力，更别谈接地气了。

　　作为一线教师，我们要培养学生学会质疑、辩证思考问题的能力；课堂上珍视学生的创新思维，及时拍捕捉创造性思维的火花。苏格拉底说得好："问题是接生婆，它能帮助新思想诞生。"

浅谈对电子书包的爱恨情仇

第八师134团第一中学　咸万林

为了响应国家提出的"互联网+"工程，推进电子信息化教学的普及，2015年秋季开学，我校新初一年级招收了两个电子书包班进行试点。本人有幸担任了电子书包班思想品德课的教育教学工作，转眼快三年了，其间的爱恨情仇，感触颇深。

我校选购的电子书包是深圳市快易典教育科技有限公司生产的快易典学生平板电脑D90。其主要功能有快易学堂、智能组卷、同步课堂、黄冈中学、全科词典等，扩展功能有教育商城、家长空间等。兴趣是学生学习的最好老师，电子书包所有模块的设置都是围绕"兴趣"进行的，这也是电子书包最大的优势。正是这一优势，让我迷恋其中，欲罢不能，以至于假期外出都把它带在身边。

一、电子书包的优点

1. 内容丰富，灵活生动

电子书包中有一个模块叫同步学习，学生可以自行下载与现行教材同步的电子课本。如：在英语学习中，学生可以在电子课本中通过点读的方式实现听范读、跟读、智能英汉互译，达到听、说、读、写、练的目的。在练习阶段，通过游戏"植物大战僵尸""洛克投篮""洛克矿工"等来训练单词拼写；通过游戏"水果快刀"训练听力；通过游戏"连连看"来训练中英互译。每一个过程都充满了乐趣，告别了传统的"学海无涯苦作舟"的学习模式，学生真正实现了在玩中学，在学中玩，提高了学习效率。

2. 丰富了教学模式和内容

"快易课堂"是该电子书包主打的用于课堂教学的一项功能，也是电子书包的"脊梁"，教师可以用声音、视频、动画等多媒体形式创设生动、形象的教学情境。其表现形式比传统书籍更加丰富、更加直观，学生更加愿意接受。在上课期间，教师为了管理学生，可以对学生机进行监控，一旦进入监控模式，平板则被锁死，学生无法控制自己的平板，平板上显示的内容与教师的平板同步，教师也可以将学生的平板息屏，这时学生机处于黑屏状态，便于学生集中注意力听老师讲课。在练习阶段教师可以解除对学生机的监控，便于学生自由练习。课后学生还可以运用平板拍照功能，将自己做好的习题或者相关资料上传到服务器，供所有师生观看，不但丰富了平台资源，而且极大地提高了学生学习的积极性。

3. 师生互动丰富了学生体验过程

抢答和随机抽答功能是"快易典"电子书包最新开发的用于师生互动的一个功能，学生可以通过自己的平板，抢答教师提出的问题，抢答最快的学生其姓名和头像会放大显示在投影上，能增强学生的自豪感。教师也可以针对当堂情况随机抽取某个学生回答问题，该情景就像电脑抽奖一样，倒计时3、2、1，学生的姓名和头像出现在大屏上，抽中的学生一般会在掌声中回答问题。整个过程学生会很放松，像玩游戏一样，充满了乐趣。

4. 教师实现了减负增效

教师根据课堂时间的安排和学生的实际情况，灵活地将题库中的习题组合成自己需要的电子试卷，也可以将手头的习题使用拍照功能拍照上传，发给学生供学生随堂测试。该系统的最大好处是能够智能地将每个学生的测试结果详实、直观地分析总结在教师的平板上，教师可以清晰地掌握每个学生的学习状态和学习效果，为教师灵活教学提供了依据，其中的组卷功能也减轻了教师的工作负担，提高了工作效率。

总之，电子书包教学法最大的特点应该是促使学生利用信息化的工具，自主学习、个性化学习，实现师生之间的信息交互，变更现有的学习方式。如果运用好了，能够将学生、教师、家长三者连接在一起，学生可以随时收听教师的讲课内容，教师可以即时了解学生的最新学习进展与状况，而家长不但可以随时对孩子上网进行访问控制，还可以全面地了解孩子的学习情况，并根据提示进行学习指导与监督。

激情过后，头脑开始变得冷静，随着时间的推移，电子书包存在的问题也逐渐凸显，运用带来的烦恼也一直困扰着我，让我爱恨交加。

二、使用中存在的问题

1. 部分学生背离主道，沉溺于网络游戏不能自拔

经过实践，存在的最大问题是学生不能应用电子书包进行有效的学习，大部分学生利用平板玩游戏，如"王者荣耀""酷跑"等。部分学生甚至沉溺其中不能自拔。每天看到最多的是学生玩游戏的场景，早读前、课间、自习课，个别学生甚至课堂上也偷偷地玩。

虽然说平板电脑有"家长空间"功能，家长可以设置密码，但密码长度只有4位数字，学生极易破解。根据老师的要求，两个月后快易典公司又对"家长空间"进行了升级，密码由原来的4位数升级到了7位数。"道高一尺，魔高一丈"，没几天学生学会了恢复系统，一键初始化到出厂设置。"猫鼠游戏"何时休，家长更多的是抱怨，教师们更多的是无奈。

2. 平板功能、资源有限，服务有待提高

目前，电子书包的英语学科已经较为成熟，预习、上课、小测、复习等各个环节的资源应有尽有。语文、数学、生物、地理、历史资源也较为丰富，可以满足正常的教学需要。思想品德资源单一、更新慢，缺乏时效性，教学资源拼凑痕迹明显。所用功能除了作业和讨论外再无法拓展资源，作业形式非常单一，除了选择题外，其他类型的试题无法正常、灵活、有效地使用。另外，教师在使用中经常会遇到网络连接速度慢、卡顿、频繁掉线和无法关联班级等问题。每节课总有个别学生的平板无法监控，影响了教师们使用平板教学的积极性。

3. 使用电子书包后，学生的书包反而变重了

部分教师思想保守，接受新事物的速度慢，经常"穿新鞋走老路"，虽然用上了电子书包，却没有认真学习其功能，没有领悟电子书包的精髓，在使用中仅将其作为课件的显示器，教学方式换汤不换药。学生书桌上摆放着两本书：电子书和纸质书。导致的结果是：电子书包班的学生揣上了"电子书包"，传统书包却还背在背上。再加上目前，电子出版物比较少，和电子书包

配套的教材与软件都不完善，电子书包只能作为辅助教学工具，学生平时的纸质作业量并没有减少，学生的实际负担不降反升。

4. 价格偏高，难以普及

我校使用的"快易典"平板加上资源和服务，三年共3600多元，市区部分学校使用的"优学派"价格更高。对一个农村家庭来讲这是一笔不小的开支，好多家长望洋兴叹，选择了放弃，电子书包的普及遇到困难。

三、对电子书包的使用建议

1. 加强培训，转变教师观念

科学技术是第一生产力，信息化是社会发展的趋势，所以教师要提高认识，主动接受新事物，为信息化教学增强自身实力。

2. 学校要加强管理，净化网络环境

为了保证学习效率，学校一定要对网络权限进行设置，使学生在校期间只能浏览学习网页，杜绝上网做其他事情。此外，家长还要足够重视，家校勤沟通，齐抓共管。没有家长的监督，学生就会沉溺其他事中无法自拔，自然不会有好的学习效果。

3. 商家要提高服务质量，做好售后

不能认为平板卖出去了，任务就完成了。恰恰相反，平板卖出去只是服务的开始，商家要针对学生实际，不断完善平板功能，及时更新资源，帮助解决平板使用中遇到的困难，真正做到让教师省心、让学生用心、让家长放心。

总之，电子书包是一把双刃剑，但愿通过商家、教师和家长的共同努力，电子书包能实现软着陆，让教师们爱不释手，真正实现"减负增效"的目的。

抓住课堂，强化作业，
切实提升道德与法治教学质量

石河子第十六中学 尹 兰

初中道德与法治课程在中学生的综合素质教育中占据着重要的地位，发挥着举足轻重的作用。同时，道德与法治学科也是中考的重要课程，直接影响着学生的中考成绩。如何提升道德与法治教学效果，较好地达成教育教学目标呢？我认为要从两个方面入手：一是提高课堂效率，二是强化作业质量。

一、提高课堂效率是提升教学质量的关键

课堂是师生的主战场，学生是奋勇杀敌的战士，教师是统筹全局的将军。苏联教育学家苏霍姆林斯基曾说"善于鼓舞学生，是教育中最宝贵的经验"，在这个战场中必须激发战士主动杀敌的昂扬斗志，教师制定正确的战略战术，才可能战无不胜、攻无不克，因此师生的作用都不可忽视。如何才能提高课堂效率呢？笔者从以下几个方面加以攻克：

1. 教学手段要多样

以多种教学手段激发学生的学习兴趣，是教师必须具备的素质和能力。①以创设情景法、讨论法、活动法、辩论法等方法活跃课堂气氛，激发学生主动参与课堂活动的热情，在活动中感悟道理，在活动中提升能力。②多媒体教学的优势毋庸置疑。多媒体教学不仅可以把大量的图片和视频以形象直观的形式展示给学生，而且可以把更多容量的知识在较短时间内展示给学生。③联系国内外重大时政新闻，引导学生关注国内外经济社会各方面的发展，为学好国情国策等相关知识打好基础。④社会调查等实践形式有利于理论联系实际，培养学

生了解关心社会的意识和服务奉献社会的能力，养成亲社会的行为。

2. 教学思路要清晰

教师在备课时必须对教材的知识体系有清晰的认识和准确的把握。在讲课的过程中，除了对每个知识点进行突破外，还需对整体的知识脉络进行梳理，构建成点、线、面、体的知识体系。比如，在执教《少年有梦》这一框题时，如果单独击破重难点：梦想是什么、中国梦是什么、怎样实现中国梦、努力有什么作用，知识点讲完了，但是学生很难从各个知识点中构建起它们之间的联系。教师必须引导：梦想是什么？将个人的梦想加以拓展即中国梦。梦想与现实之间是有差距的，要想实现梦想必须付出努力，努力是梦想与现实之间的桥梁。如此一来，学生对本节课知识的内在联系便有了清晰的认识，掌握得就更牢固了，在作业环节就不会疏漏知识点。

3. 教学语言要风趣有理

教师的语言艺术在课堂教学中也起着不容忽视的作用，诙谐幽默的语言能帮助构建轻松和谐的课堂氛围。比如，在一次批评学生的作业时，我所教的一个学生名叫"外力"，他学习态度不太端正，作业敷衍了事，我教育他说：外力，我们不仅要增加"外力"，还要学好文化知识，提升内涵修养，增加"内力"才行啊！同学们都心有灵犀地笑了，外力同学也不好意思地低下了头。又如，在讲解共同富裕时我提出了一个问题：你心目中的共同富裕是怎样的？有的同学回答：生活富裕；有个男孩回答：能公平地享受教育资源。我对他伸出大拇指，称赞道：在别的同学的思想还徘徊在满足基本的物质生活的时候，你已经站在了更高的角度开始关注精神生活了，可见你是一个有思想、有内涵的男孩！这时有更多的同学从医疗保障、就业、生态环境等角度回答问题了。还有一次在讲到家庭中与父母相处的艺术时，我提出了一个问题：当父母错了，我们该不该让父母给我们道歉？有的学生答：人人平等，父母错了也应该认错道歉。我适时点拨他：家不是一个讲是非对错的地方，争赢了道理却输了亲情，有什么意思呢？其实父母有判断对错的能力，只是有时候不好意思向我们表达罢了。懂得原谅父母的错误也是相处的一门重要的艺术。这时有同学赞同地对我说：老师，您说的话好有哲理啊！由此可见，教师风趣幽默的语言能缓解课堂紧张的气氛，能激发学生的思维，提升课堂的内涵。

4. 教学能力要增强

苏霍姆林斯基说过："要记住，你不仅是教课的教师，也是学生的教育者、生活的导师和道德的引路人。"因此，教师的格局直接影响着学生的格局，教师的水平和能力也制约着学生的学习空间。提升教师自身的教育教学水平和教科研能力是拓宽教师职业道路，引领学生更快进步的阶梯。为了提升自己的综合素质和能力，我积极参与"名师工作室"，参加各级各类的录像课、现场课，论文、教学设计等大赛活动，积极参加各类培训，与学科骨干教师多交流经验，及时对自己的教学效果进行反思……通过多种途径，我的教育教学水平和能力均得到了有效提高。

课堂效率的提高有利于作业环节的顺利开展。

二、强化作业质量是提升教学质量的保障

作业是联系教学课堂与教学效果的桥梁，作业能否高效完成关系到学习目标能否实现，关系到教学效果是否达标。因此，教师必须高度重视作业环节。如何才能让学生高效完成作业，充分发挥作业环节的作用呢？从多年的教学实践中，我摸索出以下几点经验：

1. 布置作业有技巧

布置作业不是搞题海战术，而是应该精挑细选，可以花样百出。作业的形式可以是针对某一社会现象的调查分析，可以是关于某一主题的手抄报，可以是针对一条与本课相关的新闻的评析，当然也可以是教师精挑细选的题目。无论是哪种形式的作业，其目的都是激发学生学习的兴趣，将理论与实践相结合以所学解所惑，既能有效巩固复习课堂知识，又能体现道德与法治课程的实用性。

2. 书写作业有要求

作业书写的过程能够反映学生思维的过程，因此我严格要求学生做到以下几点：①选择题留下做题的痕迹。首先在审题时标出关键词，其次在选项中标记出错误的说法，最后选出正确的选项。②非选择题严格按照老师要求的步骤答题。首先看清本题有几个问题，避免漏题；其次带着问题看材料，找到与课本中对应的知识点；再次多角度思考问题，尽可能全面思考；最后分要点有条理地书写答案。③书写作业要求字迹端正，态度认真。

3. 批改作业有温度

作业的批改是连接学生和教师心灵之间的桥梁，教师必须及时、认真、全面地批改学生作业。批改作业时，我看到优秀的作业会忍不住夸他一句：看到如此优秀的作业，仿佛看到勤奋认真的你，感动！当发现某些同学有了一定的进步时，我也会为他写上一句：你的努力老师看到了，坚持下去必有所获！当看到不理想的作业时，我会为他写上一句：认真是成功的法宝！……每当课代表发作业的时候，看到同学们争先恐后地打开自己的作业，或者开心一笑，或者若有所思，种种表情都是对我最好的回馈。通过这样的方式，学生对道德与法治课更感兴趣了，对待作业也更认真了，提高教学质量更是水到渠成。有一点遗憾，那就是一般情况下道德与法治教师代课较多，批改的作业量较大，只能在每个班级中找到几个典型的人物进行如此批改，如果使用的面再广一些，效果会更好。

4. 讲解作业有方法

讲解作业不是简单地公布答案，而是要引导学生思考，找到学科思维的金钥匙。著名的教育学家斯宾塞说过：教育中应该尽量鼓励个人发展的过程。应该引导学生自己进行探讨，自己去推论。给他们讲的应该尽量少些，而引导他们去发现的应该尽量多些。因此，在讲解作业时，我以学生为主体，思维能力较强的学生解析难度较大、迷惑性较强的题目；思维能力一般的同学也鼓励他们积极参与。当学生解析得不够全面或不够准确时，教师加以点拨、引导。刚开始使用这种方法讲解作业时速度较慢，学生的思维不够灵活。但是长期坚持，学生就能较好地在选择题中使用排谬法、排异法、排重法、排二级延伸法等方法进行解答。漫画型题目有"三看"：看标题、看文字、看画面。图表型题目有"三比"：横向比、纵向比、综合比。认识型题目有"三宝"：是什么、为什么、怎么办。启示型题目有"两点"：反映了什么知识和道理，我们应该怎么办。在平时的练习中多运用这些方法，我相信考试中的难题也会迎刃而解。

课堂效率提高了，作业环节理顺了，提高道德与法治教学质量就不再是难题。

优化"规则"教育方法之我见

石河子第三中学　张前英

"规则"教育贯穿每个人的终身,通过"他律"和"自律"完成。纪律、道德、法律等是我们常见的社会规则。规则的遵守、维护和改进必须以个人对规则的认可接纳为前提,内化为基础。纯理论化的规则教育或形式化的德育管理由于缺少心理认知基础,是现在学校德育教育实效不尽如人意、被人诟病的根本原因。

一、自觉守规为何难

学校德育处规定课间及上学、放学时需要学生排队安静"右行"。为使全校学生能遵守这一维护公共秩序的规则,学校专门在楼梯中间位置贴过标记红线,在标记崭新清晰时,确实对大部分学生起到了提醒的作用,这其中一部分学生是在学校德育处的教育要求下,在对班级进行相关考核评价,并对违规学生个人进行通报批评,在来自学校和班级班主任的警告,值周生的管理扣分等三重压力下,加上发现大家都靠右行确实给自己带来了便利,这些学生才愿意反复去执行这一规则,当然有些是从众心理使然;但仍有一部分学生对此标记线视而不见,任意行走,甚至与反向行走的人撞在一起也不改正,觉着小事一桩,不足挂齿,奉行"空间充分利用"原则。在标记线变淡甚至看不见后,这种显性提醒的作用几乎消失,学生们之间的亲密关系以多人并行作为标志,加上值周生在多次反复劝说无效或效果甚微的情况下就会选择装作不见,得过且过,当学校最为基础的管理力量失效后,规则的遵守就变成了空谈。那么,让学生自觉守规矩为何这么难?据我与学生的谈心交流与课堂调查发现,这是由于学生觉得时时右行很受约束，受制于他人的行走速度，在学校其他规则（如不迟到，班级到场的时间要比赛先后）也要同时遵守的情况下，很难做到兼顾全部而不触犯其中一个，而任何一个规则的触犯都会付出代价，这时，他们就会选择最有可能"法不责众"的规则去违反。事实说明，学生因为不知如何兼顾很多单个执行起来没问题，合起来在同一有限时间内全部遵守彼此之间可能会发生"矛盾"的规则，才会出现顾此失彼的无奈、无助和避重就轻。

同时，现在独生子女对自我的关注越来越重视，缺少自觉为他人考虑、为公共利益着想的基本思维意识，那种时刻顾全大局、方便他人、为别人留足行走空间的价值观被追求自己的便利性满足所战胜。这种"以自我为中心"的取舍习惯根源在于他们最初的家庭教育，父母等长辈多以最大限度地满足孩子的各种需求甚至包括不合理的要求，还以"孩子那么小懂啥"作为自己对他们进行宠溺的借口，也有的父母有心教育孩子懂规则，却没有能力也没有有效方法落实，还有的父母认为：只要把孩子养大送到学校，老师会替他们将孩子管成自己想要的样子，这些父母在"树大自然直"的误区中在自己孩子规则意识形成的关键期留下一片处女地，任其长满了无视规则的野草。

在这些无规则的孩子进入学校教育系统后，从小学到中学，教师们关心的是学生会哪些文体特长，他们文化课的成绩是否优秀，而对于规则教育则会告诉他们什么能做什么不能做，遵照执行就行，学生们心里却会认为不少的规则是外力强加给他们的，而且不清楚做或不做和自己或他人有什么具体的利益关系，这与我们中国教育过于重视结果，急功近利，德育教育不够务实，长期忽视人性的基本需求，长辈和教师把自己放在未成年人之上，认为自己各方面都具有相对优势，站在道德的制高点来评判成年人的是非得失有关，如此模式的规则教育使得中小学学生的思想、情感因不被重视、不被平等尊重而变得懒得思考、不再取舍，盲从成人，自卑又自大，因为并没有从内心认可规则，所以只在逃不过惩罚时才愿意被迫遵守它们。

二、劝人守规矩为何难上加难

"课前两分钟预备"是中学生一日常规的内容，虽然在初一建班时就进行了学习和训练，可为什么到初三时有些班级仍然混乱无序呢？

首先，部分学生对于打完预备铃后要停止讲话，将上节课的学习资料收掉的同时把即将开始的课所需各类教材资料文具等一并准备好的要求不是不知，而是表现为更喜欢在教师的督促或班委的提醒下再行动。这种被动遵守规则，不到最后不得不准备时才去做准备的行为特征，还表现在不少学生面对学校和家庭要求他做的其他多种事情上面。从心理学角度分析，这是"最后通牒"效应在起作用。部分学生的普遍被动处事特征背后的原因是父母和教师对学生自己应负责的事情包揽太多，学生认为这件事不是我自己需要自觉做好的事，而是大人要我做的事，他们不来监督管理，我就可以不做，因为这不是我的事。

其次，一些班委的"上课了，安静！不要再说话了！"的管理语言往往实效有限甚至无效，由此可见班委的提醒管理是否有效，劝说他人遵守规则是否取得效果也一样受制于班级对规则遵守的重视程度和学生们对遵守规则是否能获得好评和肯定，违规是否会受到自己不愿接受的惩罚有关。有些班委在班级由于自己的优秀和公平受到了同学们的认可，劝告他人遵守规则的倡议就会得到较好回应，而那些自身实力不够强大，自信不足的班委因为职务角色被要求管理他人，一旦发现无人响应就会放弃对规则的继续维护，并且还会把管理的任务推还给其他班委或科任教师。

最后，即使有些教师进入课前习惯养成不力的班级，也要面对"充耳不闻铃声，两眼不见老师"的尴尬局面。这些在小节上完全无视，缺乏规则意识的班级一般都是因为初一建班之时，科任教师尤其是班主任没有持之以恒地把抓班级学生规则意识放在首位，对不守规则的学生制止不力，才会形成三年来班级学生集体受害，教师管理课堂纪律困难，班级缺乏正气，纪律涣散，人心不齐，处处落后，实力匮乏的局面。规则的维护不仅需要自律也需要他律，他律方式之所以困难重重，是因为学生在家庭对其进行规则启蒙教育时没有形成对社会规则的敬畏之心，学生没有因违反规则会付出应有代价的顾虑。

三、"规则"教育应尊重人性且与时俱进地加以改进

首先，重视为人父母者个人素质的提高，以先把培养家长自身规则意识作为家庭对未成年人进行基本规则教育的必要条件。作为孩子"第一任教师"的父母，应该得到有效的"规则教育"培训和施教方法培训。只有为人父母者自身素质提高了，他们才会在孩子幼年规则意识形成的关键期有所作为，将社会规则的基本要求以自身做榜样的方式潜移默化地渗透在自己的日常言行中和对

孩子的教育中，在孩子进入学校和社会前为其建构起最基本的规则认知打下影响终身的必要基础，不至于因为自身素质"瓶颈"导致无力教育自己的孩子，使一个生在现代社会却在无知野蛮状态下成长起来的孩子成为自己、学校、社会未来的负担。

其次，要改进规则教育的理论教学方式。以学校内化学生对社会规则的认可教育作为核心着眼点进行针对性的突破。对于规则教育的方法也应如上，教师要在尊重学生年龄特点的认知水平的前提下，以学生能理解性地接受规则教育为出发点和归宿点，把学生们已经适应的文化课学习方式迁移到对规则的学习上来，而不是用短时间大容量的灌输迫使其生吞活剥，囫囵吞枣不加消化，又被迫遵守那些他们不完全理解、不怎么接受又要不得不遵守的规则。

最后，改进规则教育施教的具体做法。如为了让学生逐步养成自我监督习惯，强化考试时的诚信底线，使其意识到失信会使一个人无法在社会上立足，代价承担不起这一规则，我校改革了监考形式，除了选择年级品学兼优的学生进入无人监考的诚信考场外，其他被放在仍然采用教师监考的考场中，将教师面对学生监督改为在学生背后监督的方式，由明处监考变成暗处监考，这种改变使学生明白人的一生中遇到的很多社会规则"藏"在暗处，我们要心有敬畏，否则就会因违规受到严惩，考纪的严明是保障同学学业竞争公平的前提，是促进社会平正义的基础。这种以服务学生终身发展的常用、必用规则教育为主，以改变具体行为方式习惯达成社会规则养成的做法，经实践证明是很有实效的。

优化"规则"教育方法的探讨是一个非常有现实意义，又会直接影响到学生未来是否能适应社会的课题。社会中的"伪教育"留下的规则意识淡薄，给受教育者个人埋下了害己、伤人、误国的可怕后果，没有把"立德树人"真正放在首位的各类教育为这个社会培养出了太多的利己主义者。在我国已经和平崛起为世界第二大经济体的今天，没有规则能力的人连做一个合格公民都不称职，更无法拥有参与国际竞争的素质。探讨优化"规则"教育的有效方法，是我们教育者义不容辞的责任与担当。

品析板块设计的精妙

石河子师范学校　张瑜遐

初中道德与法治"板块教学"，是指教师在研究分析教材的基础上，根据实际需要，将某一节课的教学内容及教学过程整合为彼此之间有密切关联的教学环节，使其呈板块状有序地分布排列，逐层推进，步步深入，使课堂教学更加规范，更加科学，更加高效。

初中道德与法治"板块教学设计"，整合凸显逻辑美，简约体现设计美，创新彰显独特美，有利于核心素养"落地生根"。在板块式教学模式的引领下，基于核心素养时代的道德与法治课教学思路会更加清晰，更有利于达成课程追求目标。

一、整合凸显逻辑美

板块教学是建立在教师对道德与法治教材整体掌控之下的，这就要求教师在精心研读教材、有效把握教材的前提下，从课堂整体甚至课堂系统的高度来重新整合教材内容，把教学内容科学合理、严密有序地安排到各个教学板块之中。

一节好课的结构，既要搭配合理，又要排列有序，给人一种逻辑美。例如，在设计七年级下册第九课"生活需要法律"这一框内容时，通过研读教材，我们将教材中"生活与法息息相关""法治的脚步"这两个知识点的内容重新整合、取舍与提炼，设计为"生活与法我链接—法治脚步我探寻—法治建设我参与"这三个板块，并力求设计有梯度、有深度且富有思想含量的问题，引导学生参与其中，养成解决实际问题的学习习惯，以提高学科素养。我们在

"生活与法我链接"中，引领学生展开"法律名称知多少"的竞赛；在"法治脚步我探寻"中，引领学生辩论"法律就是法治"；在"法治建设我参与"中，引领学生初步形成参与法治建设的意识。这一设计，着眼于学生深层思考和价值观生成，着力发展学生思维品质和学科核心素养。

二、简约体现设计美

教学设计的最高境界是简约，课堂教学的终极目标是高效。板块式教学模式追求的就是简约的境界和高效的目标，它犹如我们身体中的骨骼一样，支撑起整个身躯。（课堂）教学环节的简约设计、教学过程的适度预设，会使一堂课的教学节奏从容自如、张弛有度，课堂能随板块的推进而逐渐丰盈起来；同时，由于设计时的适度留白为学生合作学习的有效开展拓展了空间，使教师能够及时关注学生，邂逅更多的精彩生成。

八年级上册第四课"诚实守信"这一框，教材内容依次是"诚信无价"和"践行诚信"。如果按照传统的教学设计，选取相关素材，设置相关问题，让学生依次探究诚信的含义、诚信的意义、如何做诚信的人，课堂教学便容易出现材料堆砌化、讲不清悟不透的现象，更难以实现课堂教学高效化。全课按"探寻诚信—追问诚信—践行诚信"三个板块展开，用两条线交叉贯穿全课：一条是吴良材眼镜店，将素材按照上述三个板块分层呈现，步步深入，引导学生在他人的经验里探究思考、借鉴、学习，实现了一例多用、一例多解。另一条是学生的实际问题，让学生分享自我的体验和感受，引发情感共鸣，并学以致用，促进道德践行，让核心素养落地。

三、创新彰显独特美

叶澜教授指出："任何一门学科的教学，都要认真学习分析本学科对于学生而言独特的发展价值，为他们在这个世界中形成实现自己的意愿，提供不同的路径和独特的视角……提升独特的学科美的发现、欣赏和表现能力。唯有如此，学生的精神世界发展才能从不同的学科教学中获得多方面的滋养。"

在学习九年级上册第七课第二框"维护祖国统一"时，初步打开教材，"反对分裂""一国两制"这两个目题都指向维护祖国统一，但是两目之间的联系略显疏淡。仔细研读教材和教参后，我们决定将其设计为"维护祖国统一原因篇—维护祖国统一挑战篇—维护祖国统一对策篇"三个板块。这种整体化的教学设计遵循"发现问题—分析问题—解决问题"的逻辑思路，以学生已有的生活经验为背景，注重选取学生喜爱的素材，引导学生在体验教学中学会解决问题的方法，将所学知识在无形之中内化为自身的学科素养，直指本课教育价值。

"不为积习所蔽，不为时尚所惑。"相对于传统的教学模式而言，板块式教学是对原有常规教学模式的创新与突破。板块式教学设计多种多样，这就需要我们每一位道德与法治教师，立足教材且根据实际需要，多管齐下，整合、简约、创新，开展有深度、有智慧、有美感的板块教学之旅。我们深信，在板块式教学模式的引领下，基于核心素养时代的道德与法治教学必然会达成自己课程追求的目标。

让生活走入初中道德与法治课堂

石河子第十中学　赵　婕

初中道德与法治课堂上要让学生将道德品质与法律常识，以及一些简单的社会学和哲学思想有初步的了解，针对如此复杂的教学体系，如果课堂活动仅停留在感性认识的层面，学生对学习的知识思考不深刻，课堂思想性不足，那么就是失败的课堂。为了避免和转变这种局面，本文结合教学经验提出了要让生活走入初中道德与法治课堂，以期增强课堂教学的时效性的建议。

一、抓住生活与教学的切入点

让生活走入初中道德与法治课堂，就要抓住生活与教学的切入点。新课程倡导探究性学习和生活化学习，但并不是说所有的学习内容都需要以生活为切入点，也不是说所有的教学环节都有生活化的切入点，教师要从教学的重点、教学的难点、知识的冲突、学生的兴趣、生活的联系等方面加以考虑，实现大量的课程实践和观察，并且依据课标进行生活切入点的教学设计。例如：在人教版七年级上册《友谊与成长同行》的教学过程中，教学重难点就是让学生真正地感受到友谊的力量，而初中生正处在经历友谊的关键阶段，他们这个年龄段重视友谊但又不是很理解友谊的真正意义，所以教师可以从学生的实际经历出发，让学生思考：随着年龄的增长，寻找友谊更难了吗？你会因为怕麻烦而拒绝友谊吗？为什么？还可以让学生辨析"君子之交淡如水"和"多个朋友多条路"两种观点，这也能引起学生的讨论热情。在接下来的教学设计中，这两种方法都值得借鉴。最终，让学生明白友情是双向的，有付出才能有收获。我们要获得真挚友情，交到更多的知心朋友，就要消除闭锁心理，敞开自己的心扉，以积极开放的心态主动与他人沟通与交往。总之，教师要抓住生活的切入点，有效开展教学问题设置，提升教学效果。

二、避免教与学的形式空洞

让生活走入初中道德与法治课堂，必须要避免教与学的空洞形式，要提高有效性，培养学生的思辨能力。一直以来，多数道德与法治教师的观点是与德育内容相融合的，所以教师往往会走入不停说教的误区，在这样的情况下教师要重视不断地发挥生活资源的作用，让学生自我感受理论知识，而不是让其空洞乏味地接受教师的讲解。例如：在教学七年级下册《集体生活成就我》的时候，教师如果让学生阅读，然后总结集体生活的作用等就变成了纯理论性的讲解。教师如果能够让学生分小组进行表演生活模拟情境小品，就会更有成效。一小组就设计了"集体生活之中互相帮助，在学习上获得了集体进步"的相关情节；二小组设计了"个人犯错误，影响了集体荣誉"的情节；三小组设计了"集体获得荣誉后，学生个人获得了奖励，提升了学习积极性"的情节。在表演之中进行理论学习与渗透，这样的教学就是成功的。总之，教与学的活动应该借助生活信息内容来避免教育空洞，从社会公民教育的有效途径、学习生活中德育意识的有效渗透，建立"小中见大"的教学策略，确保在教学过程中，不仅要让学生学习到相关理论知识，还要培养学生的综合素质。

三、不断拉近生活与教材的距离

让生活走入初中道德与法治课堂，必须要不断拉近生活与教材的距离，因为道德与法治是社会生活的规范和基础，道德与法治原本蕴含于生活，道德与法治教育与社会生活的脱离阻断了学生品德发展的源泉和途径。首先，教师要让教学案例时刻贴近学生的生活，创设多样化的生活情境。例如：在《美好集体有我在》的教学过程中可以让学生讨论"班级现行制度""班干部的选择制度"等，从真实的生活中形成理论知识体系。其次，自《思想品德》教材更名为《道德与法治》以来，如何在课堂教学中培养学生的法治意识，就成了教学研讨的热点。法治教育，应与学生生活相结合，与学生的理解能力相适应。例如：在《生活需要法律》的教学过程中，教师可借助互联网资源来进行视频播放，主要播放一些社会热点新闻内容等，让学生从生活之中感受法律的重要意义，感受法律与道德要求之间的关系等。总之，道德与法治课对学生的健康成长和发展有重要意义，教师在教学中要善于拉近课堂与生活的距离，提高学生的自我修养，开发学生潜力。

四、利用互联网形成生活化情境

为使生活因素走入初中道德与法治课堂，教师就要多利用互联网来创设生活化的情境。如今，互联网技术走入了千家万户，教师更可以利用互联网进行更多生活化场景的创设。目前的微信、微博、QQ 等都是可移动的有效学习设备，在这样的设备支持下学生就可以拥有更多的信息知识平台，让学生更多地理解法律学的相关知识，并且潜移默化地体会到良好道德对于个人发展的重要作用。例如：在进行《集体主义的观念》的教学过程中，教师如果不利用互联网时时刻刻地传递教育，那么教学效果就是不理想的。因为，课堂上教师只是单独地进行某几节课的教学，学生虽然理解了相应的理论，形成了"集体主义的观念"，但是时间一长学生就忽视了这些道德理论和道德观念。如果利用互联网进行随时随地的思想强化，那么"集体主义的观念"就会深入初中生的内心，使得理论学习与个人素养实现双向发展。另外，互联网能够形成生活化的沟通平台，初中生喜欢在互联网平台上进行沟通，这种沟通是更为自然和谐的，如果教师能够积极利用互联网展开针对学习内容的讨论与探究，那么学生就会在生活之中自然进行知识交流与思想交流。当然，教师要在这个过程中重视对平台交流主体思想的把握，避免出现不良思潮。随着素质教育的推进，生活化教育越来越受到重视，生活化教育的关键在于培养学生的创新能力。初中道德与法治教学中如何融入生活化教育，培养具有创新能力的现代化人才，是每一位初中道德与法治教师必须深入探讨的重要问题。

综上所述，让生活走入初中道德与法治课堂，要抓住生活与教学的切入点；要避免教与学的形式空洞，要提高有效性，培养学生的思辨能力；要不断拉近生活与教材的距离，因为道德与法治是社会生活的规范和基础。道德与法治原本蕴含于生活，要实现生命课堂视域下道德与法治课堂的高效性选择。

参考文献：

［1］陈燕.生命课堂视域下道德与法治课堂主题化情境的选择［J］.亚太教育，2019（02）.

［2］包蕾.在实践活动中渗透道德与法治教育：谈提升新市民子女品格的创新路径［J］.课程教育研究，2019（31）.

［3］周小燕.基于生活的道德与法治教学摭探［J］.成才之路，2019（13）.

［4］郑莹真.辩论教学法在道德与法治课程中的运用：以"敬畏生命"一课为例［J］.新课程研究（上旬刊），2017（04）.

后 记

　　一本书的出版很不容易，首先感谢我的学生，日复一日、年复一年的课堂在场对话，每一节课都是我们共同完成的作品，有了真实可感可回味的课堂教学实践才有了今天的作品；其次感谢我的工作室成员——15位优秀的一线教师乐此不疲地耕耘在三尺讲台，不厌其烦地修改自己的作品；再次感谢石河子第十中学领导，一如既往地支持工作室工作；最后感谢石河子市政府、兵团教育局给我们工作室开展各项工作提供的可靠经费保障。

　　作为一名思政教师，也是个诗歌爱好者，一生心事为花忙。最后以我的一首原创诗歌答谢所有的读者，激励更多的同行向着道法教师的春天义无反顾地潜行、前行！

即使被亏待很多

石 波

有人伤害我们

更有人温暖我们

有人让我们失望

更有人让我们燃起更大的希望

我的眼我的心

始终调好焦距

聚焦值得关注的——

脆弱的珍贵

不起眼的美丽

经久耐磨的情义

素以为绚

常以为非凡

拙以为巧

讷以为辩

即使被亏待很多

春天一定要来

整个大地就使她一点一点完成

整个天空也在扩散她的柔曼

干枯的柳树尖儿被她抹成轻烟绿云

天若有情天不老

真的

不老的依旧是春天的

叮咛嘱咐牵念祝福

愿永不倦怠这无休止的生

无休止的劳碌

无归路的逝去的光阴啊!

即使被亏待很多

不变的恩宠

纷披着

每一个走向春天的

修行者!